kommerzielle datenverarbeitung

Eine Schriftenreihe herausgegeben von

Prof. Dr.-Ing. Arno Schulz

Optimierungskriterien in der Organisation der betrieblichen Datenverarbeitung

von

Gerhard E. Ortner

Walter de Gruyter & Co · Berlin · New York 1971

Satz: Fotosatz Prill – Druck: Mercedes-Druck, Berlin. – Printed in Germany.

ISBN 3 11 002049 1

Vorwort des Herausgebers

Die betriebswirtschaftliche Organisationslehre hat sich im letzten Jahrzehnt zu einem eigenständigen Fachgebiet entwickelt mit einem umfassenden, in sich abgeschlossenen Begriffssystem, das auf empirisch-induktiver Organisationsforschung aufbaut. Wenn wir auch die Relevanz dieses Gegenstandes im Hinblick auf die organisatorischen Probleme, mit denen der Unternehmer täglich konfrontiert wird, nicht absprechen wollen, so ist doch festzustellen, daß dabei der Organisation der Information im allgemeinen und der der automatisierten Datenverarbeitung im speziellen, die doch eingebettet ist in jede Betriebsorganisation, zu wenig Beachtung geschenkt wird.

Die vorliegende Arbeit leistet zu dem aufgezeigten Fragenkomplex einen wertvollen Beitrag, indem der Verfasser vor allem Optimierungskriterien maschineller Informationssysteme herausarbeitet und damit versucht, eine Brücke zur Entscheidungsforschung zu schlagen, um ihre Ansätze der Organisation der betrieblichen Datenverarbeitung – und zwar Organisation als Tätigkeit verstanden – nutzbar zu machen.

Berlin, im März 1971

Arno Schulz

Vorwort

Literatur über die Anwendung von EDV-Maschinen gibt es in ausreichender Quantität und Qualität. Erfahrene Systemanalysatoren lösen Probleme oft viel schneller und störungsfreier durch einen Griff in die EDV-Bibliothek als durch Nachdenken und Selbstversuche. Für die laufende Problemlösung und Programmierung haben Hersteller und Anwender vorgesorgt. Nicht so günstig ist die Situation, wenn man daran geht, entweder erstmals eine EDV-Maschine zu installieren oder eine vorhandene durch eine neue, größere, schnellere zu ersetzen. Der Verfasser hat in seiner mehrjährigen praktischen Tätigkeit als Programmierer und Systemanalysator an einigen Erst- bzw. Ersatzinstallationen teilgenommen und daher diese Informationslücke selbst erfahren. Wohl gehen die EDV-Hersteller den Kunden an die Hand, aber sie verkaufen eben ihre Produkte – und das bedeutet in jedem Fall eine „Vorauswahl" der Information, die erst insgesamt eine Auswahl unter der Optimalitätsbedingung möglich macht.

Das vorliegende Buch stellt sich die Aufgabe, diesen Problemkreis – den Einsatz im formellen Sinn – unter Einarbeitung der Ergebnisse praktischer Arbeit mit EDV-Maschinen darzustellen. In vielen Fällen wurde der praktischen Anwendbarkeit vor der theoretisierenden „Absicherung in der Wissenschaft" der Vorzug gegeben. Zwei Prinzipien sollen besonders hervorgehoben werden,

- das Prinzip der „Offenheit" des Begriffes „Optimalgestaltung", der alle mathematischen aber auch alle anderen Verfahren, die in Unternehmen angewendet werden, umfaßt,
- und das Prinzip, die Betriebswirtschaftslehre als Entscheidungslehre und nicht als darstellende Wissenschaft aufzufassen.

Demzufolge genügt es nicht, theoretische Formallösungen zu vermitteln und die Ausführung den Praktikern zu überlassen. Das aufgenommene empirische Material soll den Praxisbezug erleichtern. Über die „Anwendungsfreundlichkeit" hinaus wurde versucht, einen ersten Beitrag zu einer denkbaren „Betriebslehre des DV/Rechenunternehmens", deren geschlossene Darstellung schon äußerst dringend geworden ist, zu liefern.

Dr. Dr. Gerhard E. Ortner

Inhaltsverzeichnis

1. Unternehmensinterne Informationssysteme und Elektronische Datenverarbeitungsmaschinen

1.1. Der Systembegriff und wirtschaftliche Unternehmen

Ein System [65, S. 133 ff.; 121, S. 32 ff] läßt sich nach *van Court Hare* wie folgt definieren bzw. graphisch darstellen:

"From a large set of elements, or black boxes (circles), a smaller set, indicated within the boundary, is seletected because of the relevant connections, or transactions, between those so indicated. Arrows into the boundary are inputs to the system. Arrows from the boundary are outputs from the system. The dotted arrows indicate connections which may be of interest, but which are not included in the present definition of the system."

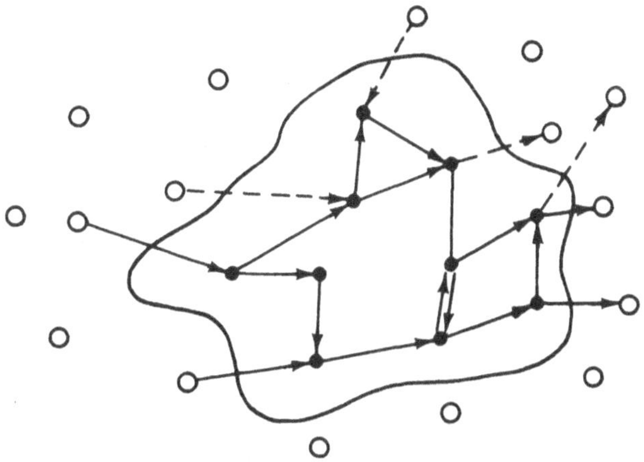

Übertragen auf wirtschaftliche Unternehmen (begriffen im Sinne der „Unternehmenstheorie" nach *Illetschko*) können diese als „System Wirtschaftliches Unternehmen" wie folgt vereinfacht dargestellt werden [94, S. 130]:

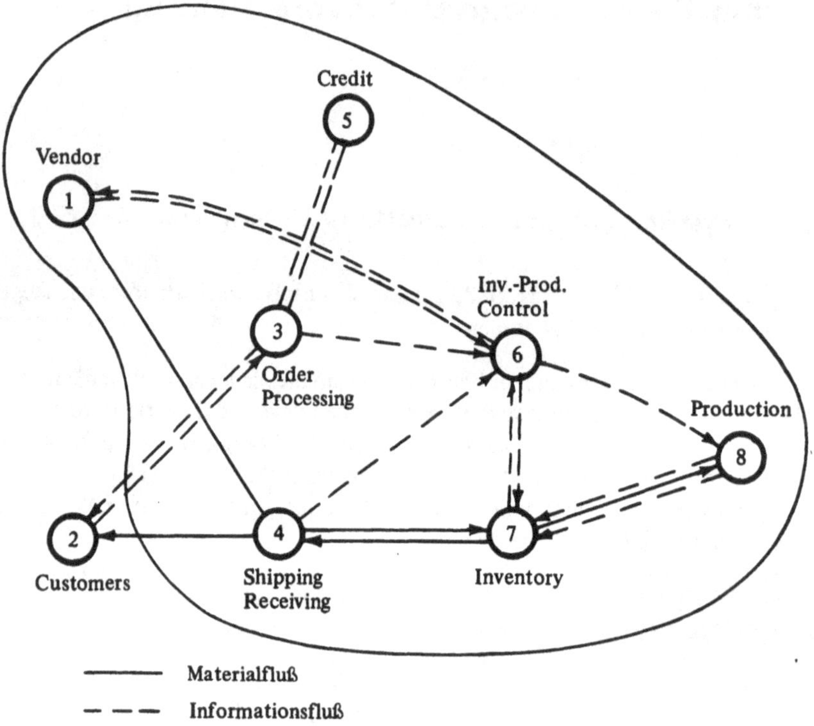

Allon postuliert darüber hinausgehend willkürliche Anordnung und Zielfunktion als konstitutive Elemente der Systemnatur:

Systembegriff nach Allon	
"entitiy of components,	– Elemente (operationen)
(both human and physical)	– Charakteristikum für die Art des Systems
organized	– Willkürliche Anordnung (vs. Zufälligkeit)
to achieve a common goal [21, S. 3 ff.]	– Zielbezogenheit

und stellt grundsätzlich den Systemstufenbau fest. Dementsprechend stellt sich jedes System als Teil eines Systems höherer Ordnung und gleichzeitig als Summe von Teilsystemen niederer Ordnung dar [98, S. 282 ff.].

Dementsprechend kann das System „Wirtschaftliches Unternehmen" (als Unternehmung) als Teil des Systems „Wirtschaft" (makroökonomischer Aspekt) aufgefaßt werden, das sich selbst wiederum aus Systemen, Teilsystemen, Subsystemen (mikroökonomischer Aspekt) zusammensetzt. Der Systembegriff darf jedoch in keinem Fall institutionalisiert mißverstanden werden, sondern bleibt sinnvollerweise ein funktionaler. Das bringt die Möglichkeit der Variation der Systemanalyse je nach Betrachtungsweise und Betrachtungszweck mit sich.

In der vorliegenden Arbeit wird Datenverarbeitung als Subsystem des Teilsystems „Unternehmensinformation" des Systems „Wirtschaftliches Unternehmen" verstanden.

Eine mögliche Untergliederung des Subsystems „Datenverarbeitung" schlägt *Marwedel* (nach dem Zeitbezug der Verarbeitung) vor [65, S. 134].

(1) Berichtssysteme
(2) Steuerungssysteme
(3) Planungssysteme
(4) Systeme ohne spezifisch zeitbezogene Daten

Kann der Systembegriff funktional aufgefaßt werden, so entsprechen dem auch zieldifferenzierte Beurteilungsprozeduren:

Die Beurteilung von Subsystemen im System „Wirtschaftliches Unternehmen" kann erfolgen:

(1) hinsichtlich der Systemeigenschaft an sich
(2) hinsichtlich der Systemfunktionen
(3) hinsichtlich der Eigenschaft als wirtschaftliches System

Eine betriebswirtschaftliche Beurteilung der Systeme wird durch Möglichkeit bzw. Unmöglichkeit der Quantifizierung des Systems und Umwandlung der Quantitäten verschiedener Dimensionen in Kosten einerseits, in Erträge andererseits vorbereitet.

Als konstitutive Zielfunktion kann folgende Trivialgleichung der betriebswirtschaftlichen Systembeurteilung vorgegeben werden:

$$E_g - K_g \Rightarrow \max!$$

E_g – Gesamtertrag
K_g – Gesamtkosten

beziehungsweise dem Systemstufenbau folgend:

$$\sum_1^m \sum_1^n{}_i \, e_j - \sum_1^m \sum_1^n{}_i \, k_j = \max!$$

k – Summe der Subsystemkosten
j – Anzahl der Subsysteme
i – Anzahl der Systemstufen

Auf die Fehlermöglichkeiten bei der Systembeurteilung hinsichtlich der Ertragskostendifferenzmaximierung bei Nichtanpassung der Teiloptimierungsziele der Subsysteme an das Gesamtoptimierungsziel sei an Hand des Beispiels antinomischer Zielfunktionen von Subsystemen des Systems „Wirtschaftliches Unternehmen" hingewiesen.

Subsystem	Subsystemzielfunktion
– Produktion:	„maximal elastisches und marktentsprechende Produktionsausstattung bei gegebener Investition" [21, S. 4]
– Lagerhaltung:	„minimaler Lagerbestand im Verhältnis zur anfallenden Nachfrage (Bestellungen)" [21, S. 4]

1.2 Das Subsystem „Unternehmensinformation"

1.2.1 Informationssysteme in wirtschaftlichen Unternehmen

Informationssysteme sind konstitutive Elemente jedes Unternehmens, das heißt unternehmerische Aktivität und zwar auch jene eines einzelnen Individuums ist vom Bestand eines wirksamen Informationssystems abhängig. Während sich das unternehmende Einzelindividuum oder die sich auf quantitativ und qualitativ begrenzte Unternehmen beschränkende Individuengruppe der Existenz und der Notwendigkeit eines solchen Systems freilich nicht bewußt wird, wird die Unabdingbarkeit von wirksamen Informationssystemen mit wachsender Unternehmensgröße und mit der damit verbundenen steigenden Anzahl der im Unternehmen zu verknüpfenden Operationen zunehmend erkennbar. Und zwar derart, daß man (bei steigender Unternehmenskomplexität) die Abhängigkeit der Zielerreichung von der Beschaffenheit des zur Verfügung stehenden Informationssystemes behaupten kann. In der älteren Literatur wird die unternehmerische Aufgabe der Informationsbeschaffung im Unternehmen und aus der Unternehmensumwelt zunächst noch nicht getrennt behandelt. Sie findet erst in der neueren Deutung des Rechnungswesens als „instrumentales" ihren Platz.

Obwohl theoretisch die Ausbildung eines betrieblichen Informationssystems vom Vorhandensein einer (elektronischen) Datenverarbeitungsmaschine unabhängig ist, hat sich dennoch die intensive Beschäftigung mit diesem Themenkomplex durch Wirtschaftspraxis und Wirtschaftswissenschaft erst nach dem Entstehen der spezifisch technischen Voraussetzungen ergeben. In der relevanten Literatur findet man für die Betriebswirtschaftslehre zunächst nicht primär brauchbare Ansätze in der Entwicklung der formalen „INFORMATIONSTHEORIE" [110].

Erst in jüngster Zeit beschäftigt man sich mit der realitätsbezogenen Erforschung der betrieblichen Informationssysteme, deren Beschaffenheit und Realisierungsmöglichkeiten, sowie mit der Bewertung der Ergebnisse der geplanten oder geschaffenen Informationswege [115, S. 534].

Hierbei steht der mikroökonomisch Untersuchende durchaus anderen Problemstellungen gegenüber als der Informationstheoretiker, insbesondere deshalb, da jener die Errichtung und Ausnutzung seiner Systeme einer vorgegebenen oder selbst postulierten Zielfunktion unterwerfen muß.

Die Kenntnis der formalen Beschaffenheit eines Allgemeinen Informationssystems mit Input, Output (Sender/Empfänger) und Kanälen kann als trivial vorausgesetzt werden. Das betriebswirtschaftlich Essentielle eines Informationssystemes stellt jedoch noch nicht der Durchsatz von Informationen in einer beliebigen Richtung dar; erst der geschlossene Lauf im Informationssystem (als Steuerungssystem) hat betriebswirtschaftliche Bedeutung. Mißt man das Verhältnis des *Informationsverarbeitungsinstrumentes* (und nichts anderes ist ja das DV-Subsystem im Unternehmen) an seiner Wirkung auf das durch es abgebildete Urbild, so ergibt sich nach *Weinwurm* folgendes Stufenschema [101, S. 121]:

Funktion des Subsystems ‚Datenverarbeitung'	Wirkung auf das System ‚Wirtschaftliches Unternehmen'
– „PROCESSING" –	das DV-System (das Informationsverarbeitungssystem) bleibt auf (eine erweiterte) Datenaufbereitung beschränkt, die Steuerung des abgebildeten Urbildes erfolgt nicht aus dem System, sondern in der weiteren Bearbeitungsfolge.
– „MONITORING" –	Das DV-System bleibt auf (eine erweiterte) Datenaufbereitung beschränkt, zur Überprüfung neu erfaßter Daten wird jedoch eine FEEDBACK-Schleife gebildet.
– „CONTROL" –	Die FEEDBACK-Schleife des DV-Systems beeinflußt unmittelbar die Operationsfolgen des als Output des Informations-Verarbeitungssystems abgebildeten Urbildes.

Der höchsten Stufe „CONTROL" entspricht als notwendiges Instrument ein fortschreitend-integrierbares Unternehmens-Informationssystem. Strebt man im Unternehmen die optimal objektivierte Steuerung (im Sinne einer Entscheidungsfolge auf Grund der optimalen Information) und damit die zunehmende Rechenhaftigkeit bzw. Algorithmierbarkeit der Unternehmens-Operationen an, so wird ein Unternehmens-Informationssystem notwendige Bedingung. Ein optimales Informationssystem liegt theoretisch nur dann vor, wenn die volle Deckung

Abbild – Urbild erreicht wird und dieser Zustand bei dynamischer Anpassung über den gesamten Operationszeitraum und mit einer nach Null gehenden Verzugszeit zwischen Informationsaufnahme- und -abgabe aufrecht erhalten wird.

Das bedeutet, daß nur die *permanente, umfassende, wahre* und *verzugslose* Information über die Operationen der Systeme (und zwar in beiden logischen Richtungen) die optimale Steuerung des Gesamtsystems realisieren kann. Darüber hinaus ist das Unternehmens-Informationssystem als notwendige Bedingung für die Optimalgestaltung aller Subsysteme a u c h Voraussetzung für die Optimalgestaltung des Subsystems „INFORMATION", also Voraussetzung seiner eigenen Optimalgestaltung.

1.2.2 Informationsprozesse im wirtschaftlichen Unternehmen

Durch die in den Betriebswissenschaften gebräuchliche Aufspaltung aller Unternehmensprozesse in Arbeitsprozesse und Informationsprozesse [53, S. 88] isoliert man diese als Steuerungsvorgänge. Im selbständig arbeitenden Einzelindividuum, das sich nur seiner eigenen Zielfunktion unterworfen hat, fallen Arbeits- und Informationsprozesse (im Sinne von Steuerungsprozessen) zusammen. Jedes andere Unternehmen ist durch fortschreitende Ausgliederung von Elementen des Informationsprozesses gekennzeichnet. Dies beeinflußt jedoch nicht den Umstand, daß bei jeder menschlichen Aktivität ein individualfixer Informationsprozeß ablaufen muß: ***Steuerung der eigenen Tätigkeit in einem für das Individuum geschlossenen Informationskreis.***

Aus der Möglichkeit bzw. Unmöglichkeit diesen „letzten" Informations- oder Steuerungskreis willkürlich zu beeinflussen, resultiert der auch theoretisch bislang verbliebene Unterschied zwischen dem eingesetzten menschlichen Individuum und der informationsverarbeitenden Maschine im Wirtschaftlichen Unternehmen.

Die Emanzipation des Menschen von der Exekution seiner Unternehmen bringt mit der Ausschaltung der willkürlichen Aktion auch das Ausschalten der rationalen Reparaturmöglichkeit im Falle der nicht funktionsgerechten Einrichtung von Informationssystemen mit sich. In einem Stufenbau der Unternehmens-Informationskreise, gemessen an der Ausschaltung des willkürlichen, nicht vorgegebenen (programmierten) Eingriffes kann man unterscheiden:

- Der Mensch bildet das Informationssystem allein (keine zusätzlichen Hilfsmittel). Vorstellungen höherer Systeme müssen dem Informationssystem „Mensch" durch Arbeitsanweisungen erteilt werden – es bleibt die Möglichkeit der willkürlichen, den höheren Systemenvorstellungen widersprechenden Eingriffe

(Beispiel: der handarbeitende Mensch)
Durch Einführung technischer Hilfsmittel kann das Informationssystem verobjektiviert werden (Meß- und Steuergeräte); die Willkürlichkeit des Eingriffes bleibt erhalten.

○ Eine DV-Maschine bildet das Informationssystem – Vorstellungen höherer Systeme müssen dem Informationssystem DV-Maschine als Arbeitsanweisungen erteilt werden. Die Möglichkeit der willkürlichen, den höheren Systemvorstellungen widersprechenden Eingriffe wird ausgeschaltet.

Diese Unterscheidung, die auch für den Begriff „PROGRAMM" von Bedeutung ist, kann in folgendem Schaubild dargestellt werden [53, S. 89]:

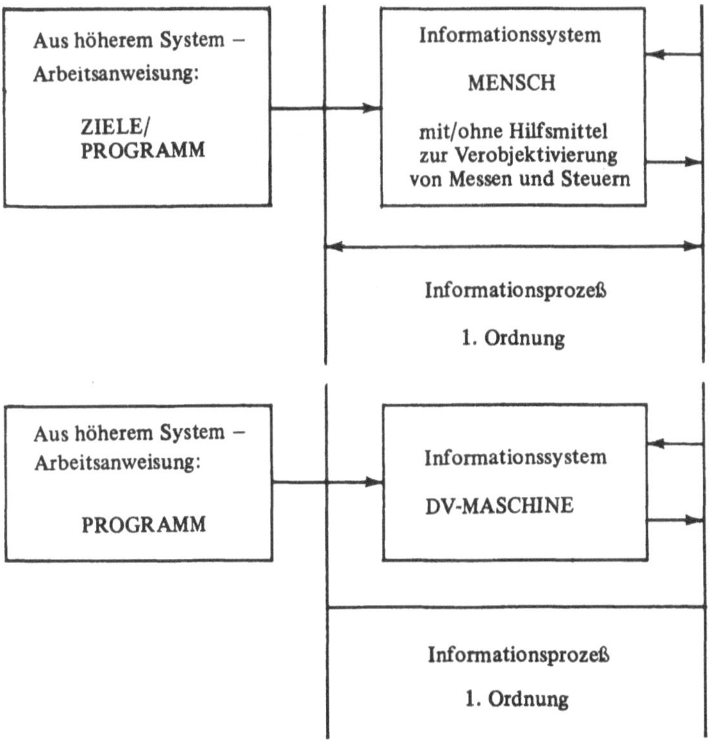

Die Unterscheidungen der älteren Vorstellungen über Informationssysteme, die dem Menschen „sinngemäß selbständiges Handeln" der DV-Maschine „starres, programmgemäßes Funktionieren" [53, S. 89] zuordnen, kann theoretisch nicht aufrecht erhalten werden, da sowohl das programmierte Tätigwerden menschlicher Individuen in Unternehmen Realität, als auch das „selbständige" Arbeiten von DV-Maschinen nach Vorgabe von Zielen denkbar ist.

Wie in dem Schaubild angedeutet, bauen sich über den „Arbeitsprozessen" stufenförmig Informationsprozesse auf, sodaß schließlich das gesamte Unternehmen als eine Menge von einander über- und untergeordneten Informationssystemen erscheint. Hierbei wird die Überordnung durch das Recht der Zielvorgabe den untergeordneten Systemen gegenüber definiert, die Unterordnung durch die Pflicht zur Ausführung der Anweisungen bzw. Erreichung der vorgegebenen Ziele. Aus dem Schaubild geht weiters hervor, daß es durchaus denkmöglich ist, durch Ersetzung des menschlichen Individuums durch DV-Maschinen die Informationssysteme von menschlicher Willkür unabhängig zu machen. Ein *geschlossenes* Informationssystem im Sinne eines Unternehmens-Steuerungssystems würde erst in einem solchen Fall vorliegen.

1.2.3 Einrichtung eines Unternehmensinformationssystems

Es wurde dargestellt, daß Aufgabe des Informationssystems die Steuerung des Unternehmens sei. *Lutz* und *Miottke* haben ein logisches Diagramm eines solchen Steuerungssystems aus der Unternehmenswirklichkeit abstrahiert [120, S. 536]: (s. Abb. auf nächster Seite).

Dieses System ist zunächst unabhängig vom Einsatz von DV-Maschinen. Die Datensammel-, Datenbearbeitungs-, Verknüpfungs-, Abweichungs-Feststellungs- und Steuerungsaktivitäten sind theoretisch nicht an die Bewerkstelligung durch Maschinen gebunden, doch zeigt sich bereits bei dieser vereinfachten Darstellung, daß ab einem gewissen (nicht näher zu definierenden) Daten- und Kontroll- bzw. Steuerimpulsanfall die Kapazität herkömmlicher Steuereinrichtungen nicht mehr ausreichen wird.

Abgesehen vom Einsatz der DV-Maschinen in Informationssystemen in der Absicht, menschliche Willkür und Fehlerhaftigkeit auszuschalten, kann allein aus der Menge der anfallenden Informationen (= Daten) auf die kostenunabhängige Notwendigkeit des Einsatzes von DV-Maschinen geschlossen werden.

Die im logischen Steuerungsschaubild zusammengefaßten Steuerungsaktivitäten lassen sich auf Vergleichsvorgänge reduzieren. Die Abweichungen führen über den FEED-BACK-Kanal zur steuernden Beeinflussung der kontrollierten Aktivität. In den Steuerungseinheiten müssen daher mindestens folgende Informationen vorliegen:

- Die Menge aller Soll-Informationen als Steuerungsgrundlage
- Die Menge aller Informationen über das tatsächliche Ablaufen der zu steuernden Aktivitäten.

In einem volldynamischen System sind beide Mengen laufenden Veränderungen unterworfen. Eine Menge von zusammengehörigen Informationen bezeichnet man in der betrieblichen Realität als *Datei.* Jedem Steuerungsvorgang ent-

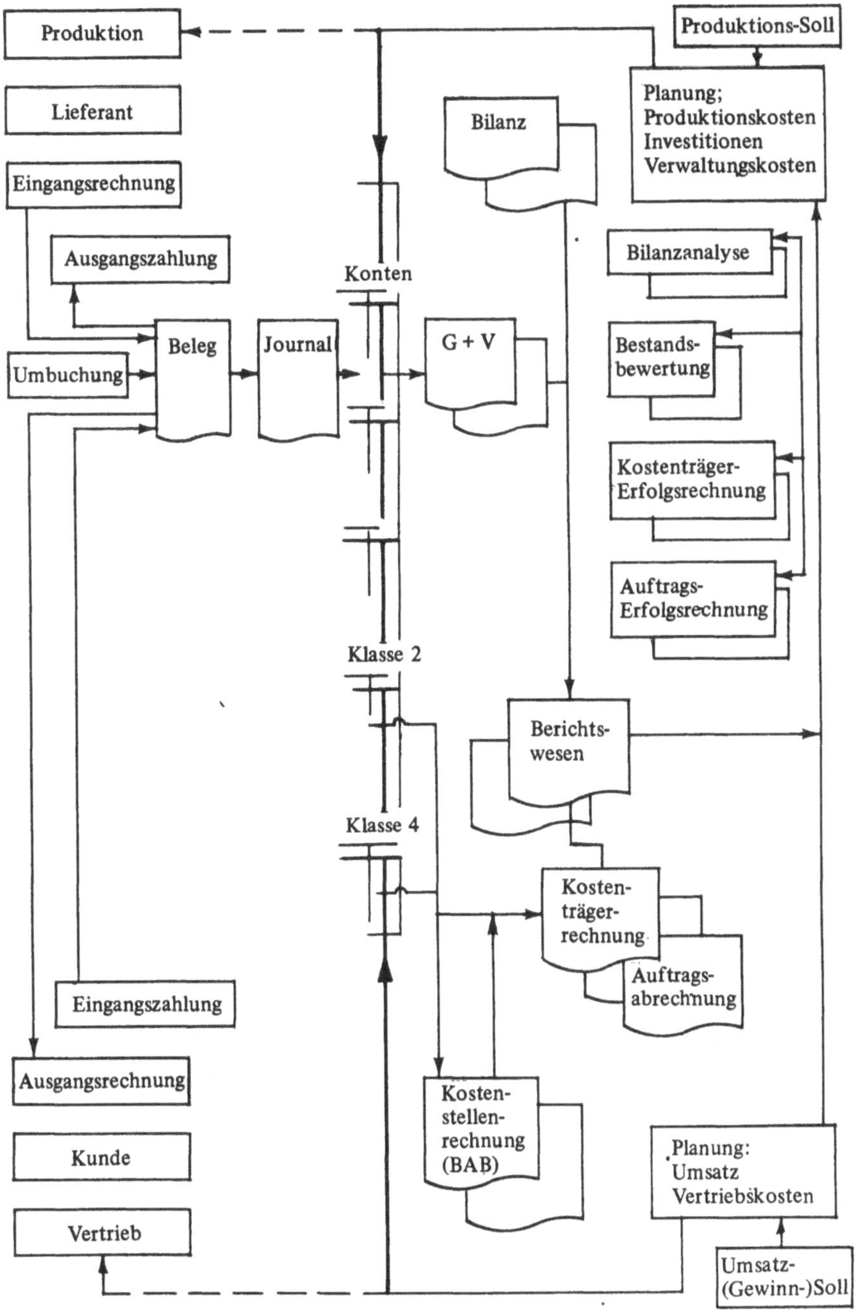
Produktion
Produktions-Soll
Lieferant
Planung;
Produktionskosten
Investitionen
Verwaltungskosten
Bilanz
Eingangsrechnung
Ausgangszahlung
Konten
Bilanzanalyse
Beleg
Journal
G + V
Bestands-
bewertung
Umbuchung
Kostenträger-
Erfolgsrechnung
Auftrags-
Erfolgsrechnung
Klasse 2
Berichts-
wesen
Klasse 4
Kosten-
träger-
rechnung
Auftrags-
abrechnung
Eingangszahlung
Ausgangsrechnung
Kosten-
stellen-
rechnung
(BAB)
Kunde
Planung:
Umsatz
Vertriebskosten
Vertrieb
Umsatz-
(Gewinn-)Soll

sprechen daher zumindest zwei dynamische Dateien. Dazu tritt noch die allgemeine ***Steuerungsvorschrift***, die Informationspaare zur Deckung zu bringen. Diese Vorschrift scheint trival, ist aber nichtsdestoweniger die *einzig* notwendige Anweisung zur Steuerung wirtschaftlicher Unternehmen.

Das Problem bei der Einrichtung eines Informationssystems liegt nun einerseits in der Erfassung aller für die Steuerung notwendigen Dateien und andererseits in der Zusammenfassung dieser zu einer *Unternehmens-Datenbank* [85, S. 86]. Diese wird durch die Interdependenz der einzelnen Dateien theoretisch notwendig und durch die technischen Voraussetzungen der DV-Anlagen begünstigt.

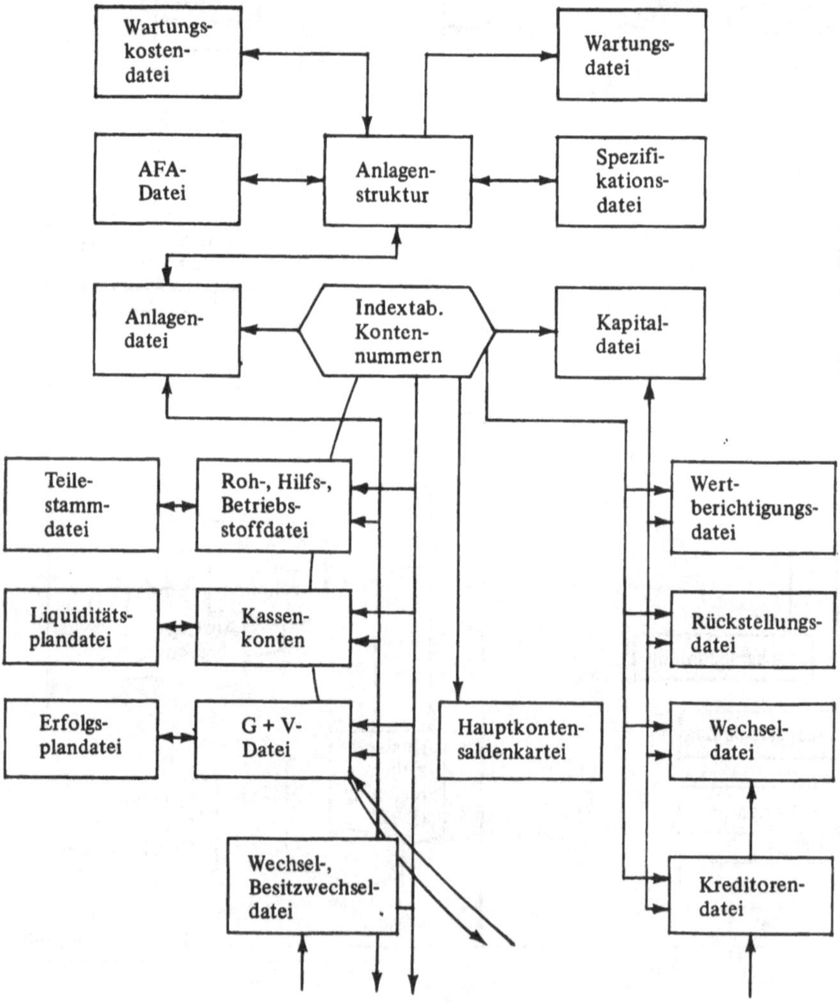

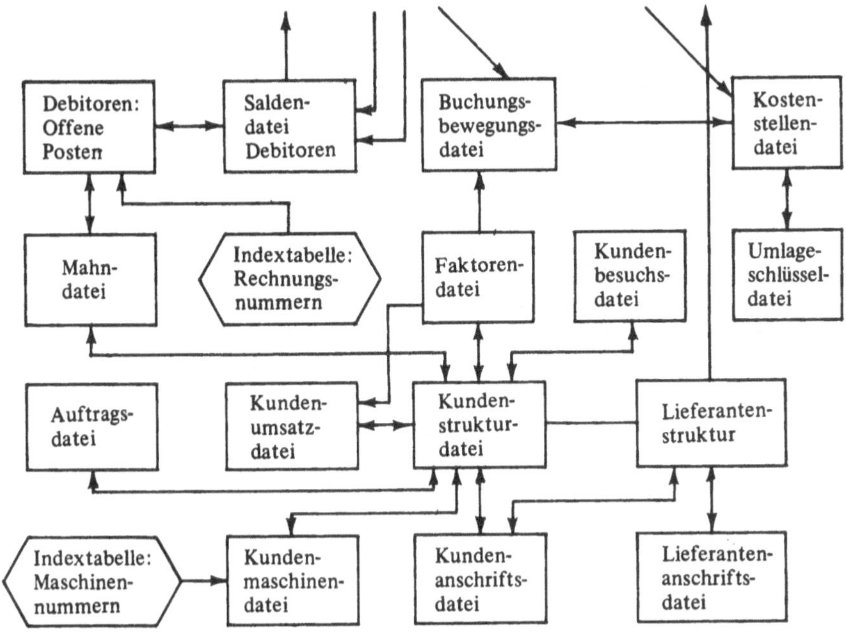

Der Beweis für die Notwendigkeit der Erstellung einer innerbetrieblichen Datenbank bringen *Lutz* und *Miottke* in ihrer graphischen Darstellung der informationellen Grundstruktur eines wirtschaftlichen Unternehmens [120, S. 534]:
(s. oben u. linke Seite).

In der Literatur wurde bis jetzt noch kein geschlossenes Modell eines Unternehmeninformationssystems dargestellt, daher ist auch ein auf quantitativer Basis beruhender Optimierungszusatz noch nicht darstellbar. Zur nicht quantitativen „Bewertung" ist daher vorläufig auf die Entwicklung von „Grundsätzen" zurückzugreifen. Diese können „Allgemeine Grundsätze zur Einrichtung von Unternehmensinformationssystemen" und daher *organisationsbestimmt* oder verbale Formulierung von Anforderungen und Möglichkeiten eines Unternehmensinformationssystem und daher *zielbestimmt* sein.

1.2.3.1 Organisationsbestimmte Grundsätze für Auswahl und Einrichtung

- In der derzeitigen Unternehmenspraxis herrschen im Gegensatz zum Unternehmensbereich „Produktion" in der „Verwaltung i.w.S." offene Systeme vor, das heißt, Informationssysteme sind durch Menschen, die willkürlich in den Prozeß eingreifen dürfen, immerhin aber können, durchbrochen. Daraus folgt, daß „die Wirksamkeit von informationsverarbeitenden Systemen ... im ganzen gesehen vorläufig noch von den in den Büros arbeitenden Menschen bestimmt" [53, S. 88] wird.

- Die Errichtung eines Informationssystems ist grundsätzlich von dem Einsatz einer EDV-Anlage unabhängig.

- Die Optimalgestaltung eines Informationssystems basiert auf der Optimalgestaltung der Einrichtungsprozesse eines solchen. Es ist zunächst die möglichst urbildgetreue Abbildung der Datenbestände in den Datendiagrammen (Datenbankdiagrammen) zu erarbeiten, wobei die *Phase der Ist-Erfassung* als Ausgangspunkt und die *Phase der Systemerstellung* nach einer Funktions- und Aktivitätsanalyse unter Zugrundelegung der fixierten Zielfunktionen sowohl logisch als auch zeitlich wohl unterschieden werden müssen. Neben dem statischen Element, dem *Datenbankdiagramm* als Optimalgestaltungsparameter, ist auf Grund des Prozeßcharakters der Planung und Einrichtung eines Informationssystems auch der *Ablaufplan* als Optimalgestaltungsparameter zu betrachten. Die einzelnen Aktivitäten, zeit- und kostenmäßig durch Netzplananwendung optimal zu gestalten, sind [120, S. 540]:

  - Skizze des Ist-Zustandes
  - Festlegung von Untersystemen
  - Entwurf eines Steuerungssystems je Untersystem als Sollkonzept
  - Beschreibung und Abstimmung der (auf einen informationellen Sachverhalt bezogenen) Aktivitäten
  - Gruppierung der Datenelemente nach Dateien (Segmentierung)
  - Verknüpfung der Dateien zum Datenbankdiagramm
  - Sammlung der Management-Informationen
  - Netzplan
  - Prioritäten für Aktivitäten
  - Stufenplan

- Die Einrichtung eines Informationssystems und die damit zusammenhängende Umstellung des Informationsflusses (mit oder ohne Anwendung von EDV-Maschinen) kann nicht durch ein Individuum erfolgen, das vor der Umstellung längere Zeit im nichtorganisierten Informationssystem integriert war (= psychologische Schranke der „Betriebsblindheit").

1.2.3.2 Zielbestimmte Grundsätze für die Auswahl und Einrichtung

Zur Bestimmung der Ziele kann das Verfahren der Aufstellung eines Forderungskatalogs, der sich an den Unternehmensfunktionen ausrichtet, gewählt werden.

Die zunächst trivial erscheinenden Fragen sind nichtsdestoweniger die entscheidenden Vorfragen zur Errichtung und Auswahl eines unternehmensadäquaten und damit optimalen Informationssystems.

Vorfragenkatalog nach Meeuwis [68, S. 72]: (als Beispiel)

- Kann der Güterstrom durch eine schnellere, verläßlichere und detailliertere Kenntnis des Marktverhaltens besser gesteuert werden
- kann die Zahl der Stornierungen verringert werden
- kann auf Nachfrageänderungen schneller reagiert werden
- Frage der optimalen Lageranalyse (Transportproblem)
- Frage der besseren Sortimentsgestaltung
- Frage der optimalen Lagerhaltung (quantitativ)
- Frage der Produktions- und Bestellkostenoptimierung
- kann der Produktdurchsatz vergrößert werden
- Frage der Steuerung des Produktionsinputs
- kann die Produktentwicklung flexibler gestaltet werden
- kann die Zusammenwirkung von Zeit, Produktgestaltung, Lager, Kapazität durch lang- und kurzfristige Planung gesteuert werden
- Problem der Einkaufsoptimierung

Dieser Forderungskatalog bezieht in das betriebliche Informationssystem den Niederschlag der Daten, die aus der Unternehmensumwelt über die Informationsaufnahmestellen in das Unternehmen gelangen und damit dieses als praktisch unbeeinflußbare Planungs- und Entscheidungsdaten „mitsteuern”, mit ein. Die Unterscheidung nach den Quellen der Informationen (innerhalb des Unternehmens: vorwiegend Informationen über den Produktionsgang – außerhalb des Unternehmens: vorwiegend Informationen aus dem Markt, aber auch aus der nichtwirtschaftlichen Umwelt) ist für die Entscheidungsfindung, aber auch die Informationsaufbereitung irrelevant. In der „idealen” Datenbank sind alle Informationen a l l e r funktionellen Unternehmensbereiche enthalten. Wobei als allgemein formulierte Zielfunktion die „Erweiterung des wirtschaftlichen Planungs- und Prognosehorizonts” postuliert werden kann. Dies kann für ein Produktionsunternehnensmodell schaubildlich wie folgt dargestellt werden [68, S. 73]:

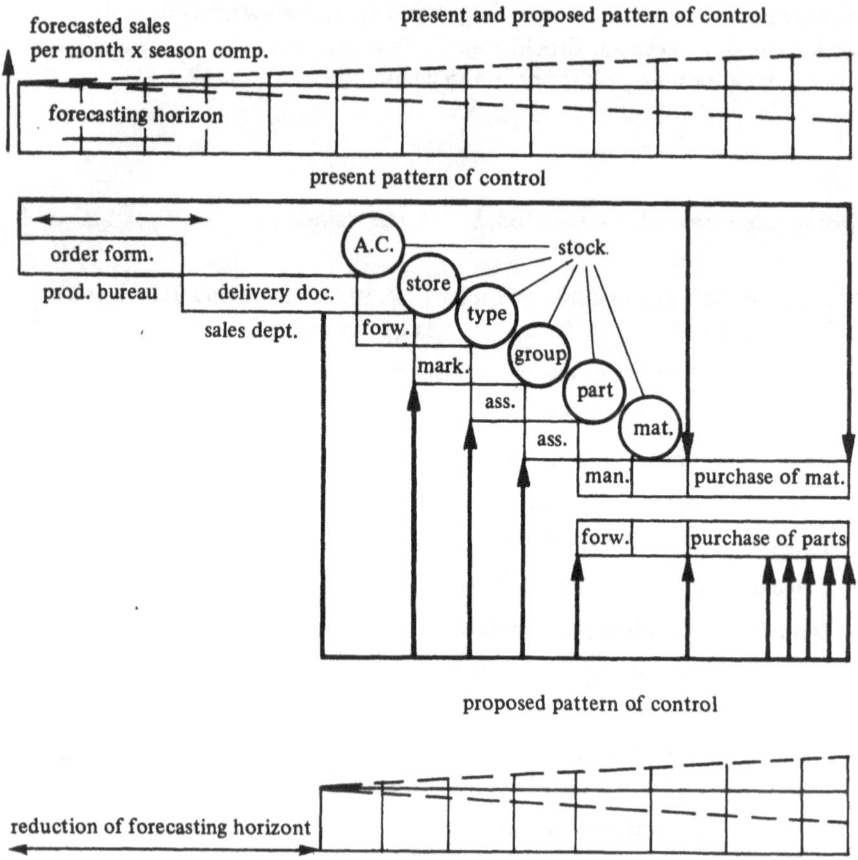

1.2.3.3 Die Bewertung der Information als Kriterium für die Auswahl und Einrichtung

Die Frage nach dem Wert der Informationen ist schon deshalb besonders interessant und bedeutend für rationale wirtschaftliche Entscheidungen im Zusammenhang mit der Errichtung und Auswahl eines Informationssystems, weil (wie auch in der Literatur dargestellt) diese ungleich schwieriger zu bestimmen sind als die Kosten der Informationsprozesse [35, S. 26].

Auf die Fragen

- der optimalen Informationsmenge
- der optimalen Informationsqualität und
- der optimalen Informationsgeschwindigkeit

kann in dieser Arbeit nicht weiter eingegangen werden. Es muß jedoch festgestellt werden, daß die Lösungen in der Literatur vorwiegend formaler Natur sind [Vgl. u.a. 110, S. 34 ff.]. Die formale Natur des Lösungsansatzes zeigt sich insbesondere in der Nichtbeachtung des funktionellen Zusammenhanges von „Zusätzlichen Gewinnbeiträgen", „Qualität iwS der Information" und den „Kosten der Information".

Es kann unterstellt werden, daß die Kosten der Informationen in funktioneller Abhängigkeit von den ertragsbestimmenden Parametern der Information stehen.

$$K_i = f(F_i, V_i, Q_i, A_i)$$

wobei

K_i – Kosten des Informationssystems (eine Aufteilung auf einzelne Informationsbeiträge scheint derzeit in der Praxis nicht möglich.)

F_i – Frequenz der Informationsabgabe [Zeitintervall zwischen Informationserneuerung (updating)]

V_i – Informationsgeschwindigkeit (Intervall zwischen informationsverursachendem Vorfall und Abgabe der Information an die Entscheidungsinstanz – Informationsverwender)

Q_i – Informationsmenge

A_i – Informationsqualität (Genauigkeit der Information – Übereinstimmung des informationsverursachenden Vorfalles und des ihn abbildenden Informationsbeitrages).

Alle Elemente stehen untereinander wieder in funktioneller Abhängigkeit. So gilt

$F_i = f(V_i, Q_i, A_i)$ – bei einem gegebenen Informationssystem, weil die Wiederholungszahl eines Informationsprozesses von der weitergebenden Information und von deren Menge und Qualität, Wiederholung bei Rauschen etc. abhängig ist. Ähnlich gilt:

$$V_i = f(F_i, Q_i, A_i)$$
$$Q_i = f(V_i, F_i, A_i)$$
$$A_i = f(V_i, F_i, Q_i)$$

Als Ziele des idealen Informationssystems können gefordert werden:

- *Informationsfrequenz: jeder* informationsverursachende Vorfall (das ist: Änderung eines bekannten Zustandes) hat durch das System weitergegeben zu werden – *variable* Informationsfrequenz
- *Informationsgeschwindigkeit:* die Hard-Ware-Restriktion (Fortpflanzungsgeschwindigkeit im Kanal) ist die Grenze der V_i – sie ist dann und nur dann erreicht, wenn das Informationssystem in Real-time-Betrieb arbeitet.

Vgl. dazu die Real-time-Definition von *Nelson* [122, S. 11]: "Real time is the maximum amount of time that can be expanded in each step of a control system, assuming the operating times of the remaining steps are constant, without causing the control cycles to exceed the critical control cycle time."

Aus den Grenzwerten der Informationsfrequenz bzw. der Informationsgeschwindigkeit ergeben sich Werte der Informationsveralterung, wofür *Brenner* folgenden Zusammenhang zeigt [35, S. 28]:

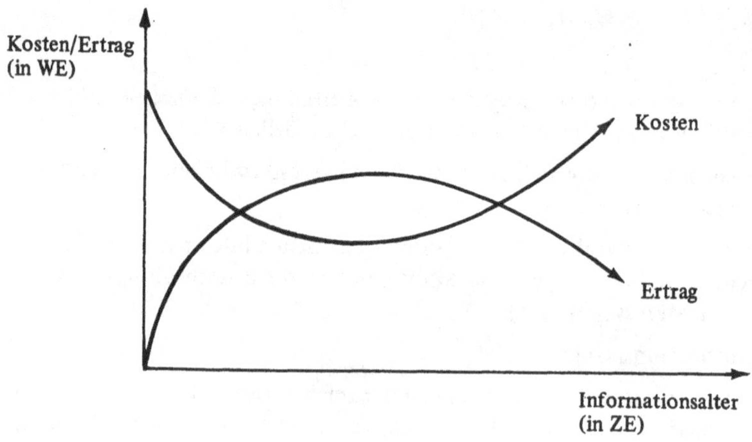

- *Informationsmenge:* stellt abweichend von *Schweidlenka* [110, S. 51 ff; 17, S. S. 23] nicht die in einem Informationssystem weitergegebene Menge in informationstheoretischer Hinsicht sondern zusätzlichen „Wissensbeitrag" dar; eine quantitative, praktikable Lösung des optimalen Wissensbeitrages ist in der Literatur bislang noch nicht entwickelt.

- *Informationsqualität:* als Ziel kann gefordert werden, daß zwischen Urbild und Abbild vollkommene Deckung hergestellt wird, daß also die gesamte erhaltene Information

  - TRUE [17, S. 317] und
  - VOLLSTÄNDIG

  ist (der Informationsverlust durch Rauschen in den Informationskanälen sei er technologisch oder willkürlich menschlich bedingt, bzw. verursacht, soll hierbei gegen 0 gehen).

1.2.4 Die Bedeutung des Subsystems „Datenverarbeitung" (mit EDV-Maschinen) im Rahmen des Subsystems „Unternehmensinformation"

Die Formulierung der Ziele eines Informationssystems ergibt, daß allein schon durch die Hardware-Erfordernisse ausschließlich Informationssysteme mit EDV-Maschinen in der Lage sein werden, diesen gerecht zu werden. Die Auswahl der unternehmensadäquaten Informationssysteme und daher die Auswahl der „Stufe" dieses Systems (= Grad der Erreichung der formulierten Idealerfordernisse) bleibt einer Kosten-Ertragsüberlegung nach wie vor vorbehalten.

Ohne untersuchen zu wollen, welche Unternehmenskriterien funktionell verändert werden müssen, um den Punkt der absoluten Notwendigkeit eines Informationssystems unter Verwendung von EDV-Maschinen feststellen zu können kann auf die Notwendigkeit des Einsatzes dieser aus folgenden Kriterien geschlossen werden:

- ausschließlich mit Hilfe von EDV-Maschinen kann das bezüglich Informationsfrequenz und Informationsgeschwindigkeit erforderliche *Real-time-System* erreicht werden*,
- ausschließlich durch Einsatz von EDV-Maschinen im Zusammenwirken mit deren peripheren Zusatzaggregaten kann das Informationssystem von *menschlicher Willkür emanzipiert* werden,
- ausschließlich durch Einsatz von EDV-Maschinen und deren Hard-ware-Ausstattung (insbesondere durch die Subsysteme „Kanäle") kann der Forderung nach *Vollständigkeit* und *Wahrheit* der Informationen unter Beibehaltung der oben geforderten *Informationsfrequenz* und *Informationsgeschwindigkeit* entsprochen werden.

* „RT (ti) = The real time for any element t_i in the control process – where i is an integer from 1 to 5

$$t_{cr} \geqslant t_1 + t_2 + t_3 + t_4 + t_5$$

$$RT(t_i) \geqslant t_{cr} - [\sum_{1}^{5} t_i - t_i]$$

$$RT(t_i) \leqslant E_i + t_{CR} - \sum_{1}^{5} t_i \text{"} \quad [122, \text{S. A–2}]$$

2. Optimierungskriterien in der Organisation der betrieblichen Datenverarbeitung

Das Problem: Der Einsatz von digitalen EDV-Maschinen als komplexes wirtschaftliches Optimalgestaltungsproblem

2. Problemstellungen

2.1.1 Das formale Problem

„Datenverarbeitung" wurde als die Verknüpfung bestimmter Eingabedaten (Informationen, Input) mit Hilfe von fixierten Prozeduren definiert und zwar derart, daß ein bestimmter gewünschter Output entsteht. EDV im Sinn der vorliegenden Arbeit soll darüber hinaus bedeuten, daß Prozeduren in einer Maschine gespeichert sind und durch die Eingabedaten selbst derart ausgewählt werden können, daß kein weiterer manueller Eingriff für den Prozedurablauf notwendig ist. Es soll unterstrichen werden, daß die technische Komponente der EDV das formale Problem *nicht* berührt [vgl. 1.1.2.1 Das technische Problem].

Daten, die bei Ablauf eines Programmes verknüpft werden, befinden sich

- im Eingabesatz (z. B. in der Lochkarte), der dem betreffenden Einzelfall bzw. einer Gruppen von zusammengehörigen Einzelfällen zugeordnet ist
- im Eingabesatz (z. B. in sogenannten Vorlaufkarten), der der Menge aller zugelassenen Einzelfälle bzw. der Gruppen von Einzelfällen zugeordnet ist
- in Externen On-line-Speichern (z. B. Magnetplatte)
- in Internen On-Line-Speichern (in der ZRE)
- im aufgerufenen Programm selbst (Konstante etc.)

Zur formalen Lösung eines DV-Problems sind daher erforderlich:

- die Menge der Programme $P = (p_1 \ldots\ldots. p_n)$,
- die Menge der Verknüpfungsdatenmengen $D = (I, S, P)$ die gebildet wird aus
- *der Menge der Eingabedaten über Inputmedien* $I = (I_1 \ldots I_n)$, wobei gilt $(i_{m_1} \ldots\ldots i_{m_n}) = I_m$, das ist die Menge aller Eingabeeinzeldaten i_{m_n}, die einem zugehörigen Programm p_n zugeordnet werden,
- *der Menge der Eingabedaten aus internen Speichern* $S = (S_1 \ldots\ldots S_n)$, wobei gilt $(s_{m_1} \ldots\ldots s_{m_n}) = S_m$, das ist die Menge aller Eingabeeinzeldaten s_{m_n}, die einem zugehörigen Programm p_n zugeordnet werden, und schließlich

- *der Menge der Eingabedaten aus Programmkonstanten* $P = (P_1 \ldots\ldots P_n)$ wobei gilt $P_m = (p_{m_1} \ldots\ldots p_{m_n})$, das ist die Menge aller Eingabeeinzeldaten p_{m_n}, die in den zugehörigen Programmen p_n enthalten sind.

Zur formalen Auswahl des zugehörigen Programms und der nicht über die Eingabemedien einlangenden zu bearbeitenden Daten werden interne Informationen benötigt:

- die Information I_p, die angibt, welches Programm p_n der Menge der Programme P zur *Bearbeitung* für die einlangende Information ausgewählt werden muß,
- die Information I_s, die angibt, welche *Speicherdaten* (interne Speicher) s_{m_n} aufgerufen werden sollen, wenn aus diesen Daten zur Verknüpfung benötigt werden.

Die Angaben bezüglich der Konstanten in Programmen entfallen, als externe Eingabe auch logisch, da sie bereits in den zugehörigen Programmen gemeinsam mit den konstanten Werten enthalten sind.

Nachdem in den aufgerufenen Programmen die vollständige Prozedur, einschließlich der Information über die Verfahren *nach* vollständiger Realisierung der vorliegenden Aufgabe, enthalten ist, läuft nach dem Anstoß des Vorganges durch die einlangenden Informationen der Prozeß *selbsttätig* ab um schließlich in einem Wartezustand zu verharren. Das Schema des Ablaufs der DV ist fixierbar und läuft exakt definierbar und unabhängig von der Problemstellung ab. Die Verbindung zwischen formalem Ablauf und dem konkreten Problem bzw. dessen Lösung stellt das Programm dar, das formal nichts anderes als die in durch die EDV-Maschine realisierbare Einzelschritte aufgelöste *Problemlösungsvorschrift* darstellt. Zur Charakterisierung der Struktur des Programmablaufes sei eine Bestellbearbeitungsaufgabe in der formalen Darstellung von *Piloty* angeführt [76, S. 1140 ff.]:

Das Ablaufschema eines mit Einsatz von EDV-Maschinen gelösten DV-Problems

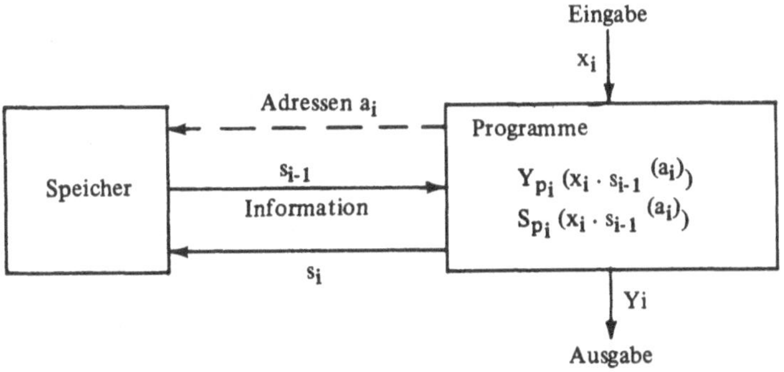

Die Formalstruktur eines Programmes für eine Bestellbearbeitungsaufgabe

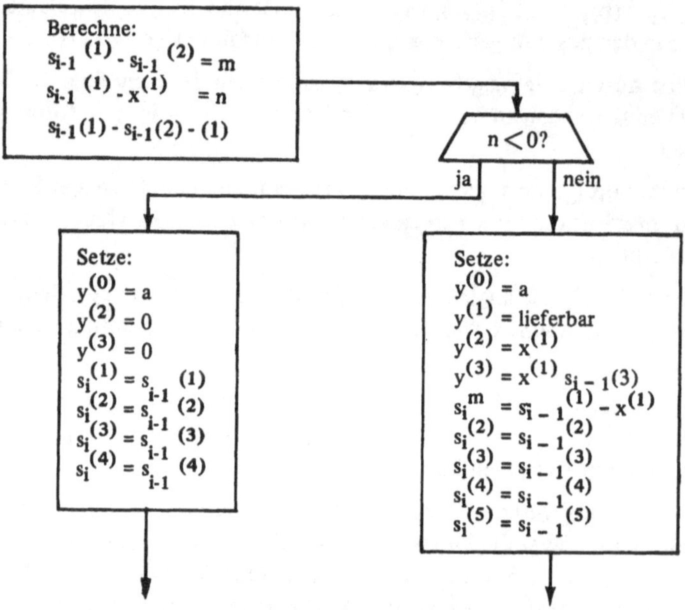

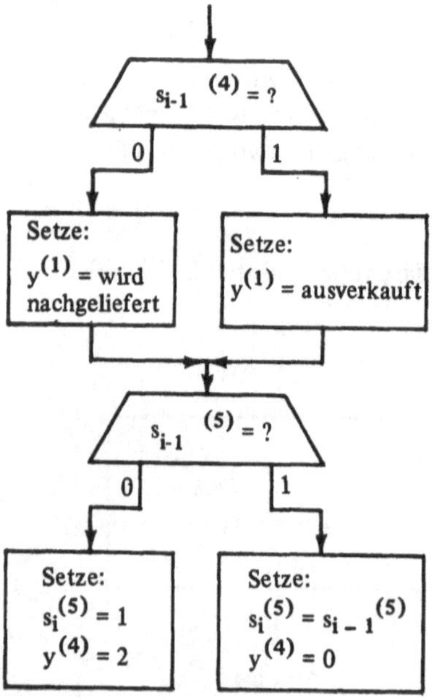

Formalstruktur des Eingabeplans x:

$x^{(o)}$ = x = Artikelnummer
$x^{(1)}$ = Stückzahl

Formalstruktur des Speicherplans s:

$s^{(o)}$ = a = Artikelnummer
$s^{(1)}$ = Lagerbestand
$s^{(2)}$ = Sicherheitsbestand
$s^{(3)}$ = Stückpreis
$s^{(4)}$ = Verfügbarkeit:
0 nachlieferbar
1 nicht nachlieferbar
$s^{(5)}$ = Nachbestellmerker:
0 2. Mahnung noch nicht gegeben
1 2. Mahnung schon gegeben.

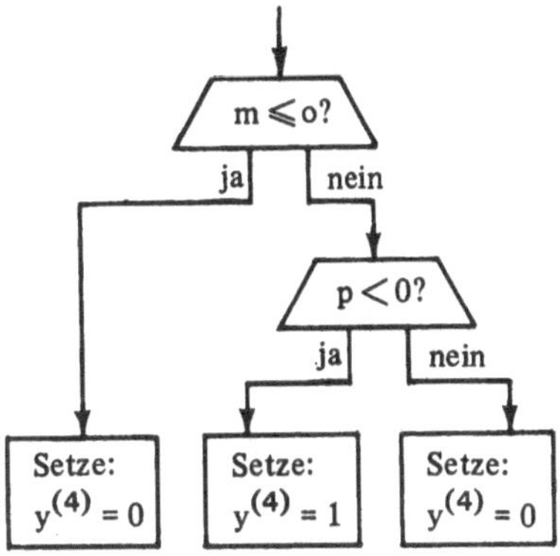

Formalstruktur des Ausgabeplans y:

$y^{(o)} = a$ = Artikelnummer
$y^{(1)}$ = Verfügbarkeitsauskunft:
lieferbar oder
wird nachgeliefert oder
ausverkauft
$y^{(2)}$ = Stückzahl
$y^{(3)}$ = Entnahmewert
$y^{(4)}$ = Nachbestellanordnung:
0 keine Nachbestellung nötig
1 nachbestellen! 1. Mahnung
2 nachbestellen! 2. Mahnung

2.1.2 Die nichtwirtschaftlichen materiellen Probleme

2.1.2.1 Das technische Problem

Das *technische Problem* des Einsatzes optimaler EDV-Maschinen besteht darin, fehlerfrei arbeitende Einrichtungen zu konstruieren, die in der Lage sind, das oben beschriebene formale Problem zu lösen. Die erreichbare Prozedur – (Verarbeitungs)-geschwindigkeit war historisch betrachtet dabei zunächst von geringerer Bedeutung, da die obere Grenze lediglich durch die Geschwindigkeit der artgleichen manuellen Operation fixiert wurde. Ohne auf die technische Entwicklung zur Lösung des technischen Problems, die nicht Gegenstand dieser Untersuchung sein kann, eingehen zu wollen, muß doch der Vollständigkeit halber auf den heutigen Stand der technischen Entwicklung der Problemlösung und deren Einfluß auf die Lösung anderer Problemstellungen eingegangen werden.

Das oben dargestellte formale Problem postuliert die logische Auslegung eines Systems mit folgenden Mindestkomponenten:

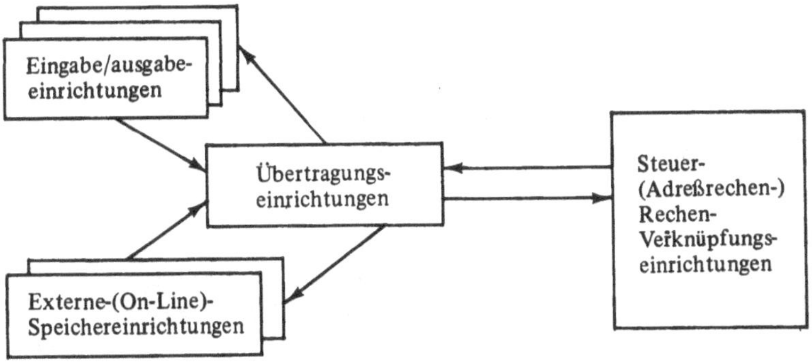

Die logische Auslegung eines Systems der „3. Generation" – darunter versteht man diejenige Stufe der technischen Entwicklung von EDV-Maschinen, die die Mikromodul- bzw. Monolith-Technik in den Zentralen Recheneineheiten einsetzt, kann wie folgt dargestellt werden [25, S. 11]:

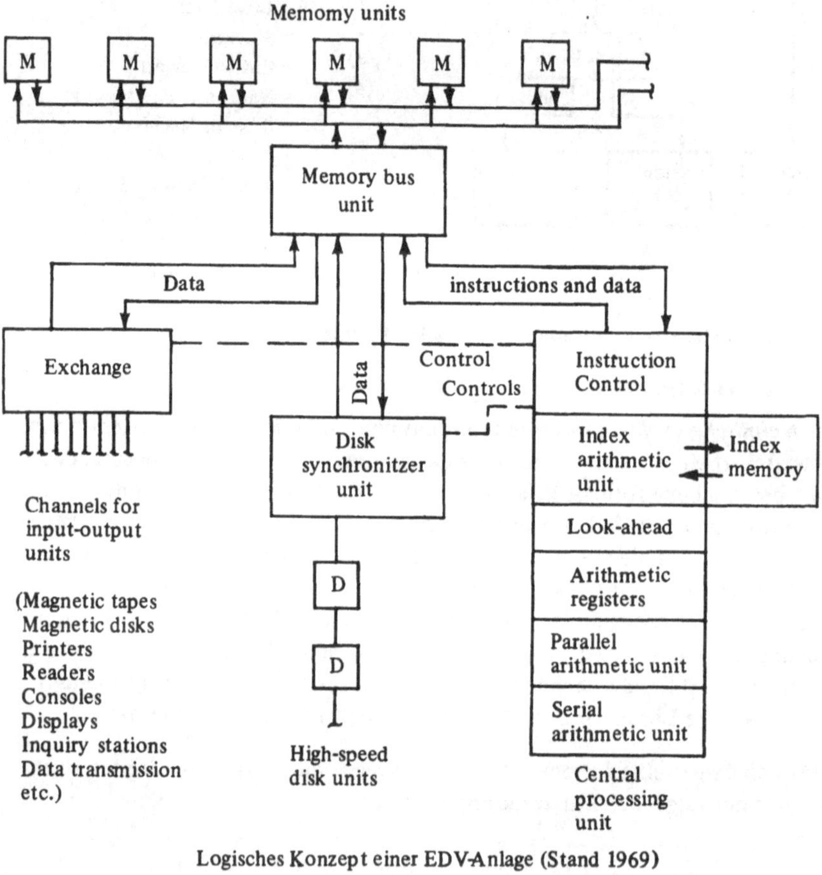

Logisches Konzept einer EDV-Anlage (Stand 1969)

Zwei Komponenten müssen zur Beantwortung der Frage, ob das technische Problem lösbar bzw. schon gelöst ist, betrachtet werden:

- *die Sicherheit* und
- *die Geschwindigkeit* der EDV-Maschinen.

Unter Sicherheit der EDV-Maschinen soll verstanden werden: Die Wahrscheinlichkeit, daß Daten beim internen Transport und bei den Verknüpfungs- und Speicherungsoperationen verloren gehen und/oder unkontrollierten Veränderungen unterworfen werden, geht gegen Null. Diese Sicherheit konnte zunächst durch Einführung der Transistor- und Diodentechnik, schließlich durch die Monolith-(Mikromodul)-technik erreicht werden.

Das Problem der Geschwindigkeit muß, enger gefaßt, als das Problem der *Geschwindigkeitsanpassung* der einzelnen Anlagengruppen bezeichnet werden. Die Arbeitsgeschwindigkeiten unterscheiden sich, wie folgende Übersicht zeigt, in einem solchen Maße, daß die Ein/Ausgabeeinheiten zu systemgeschwindigkeitsbestimmenden Engpässen werden [116, S. 8 ff.]:

Anlagegruppe	Arbeitsgeschwindigkeit	Anmerkung
Zentrale Recheneinheit	zwischen 1,44 μ für 4 B und 840 μ für 4 B	Zykluszeit
Periphere Geräte		
Langsame Geräte		
Lochkartenleser Lochkartenstanzer	40.000 – 86.000 LK/h 6.000 – 18.000 LK/h	LK-Lochkarten
Lochstreifenleser Lochstreifenstanzer	– 10.000 d/s – 100 d/s	d–Zeichen
Drucker	36.000 – 75.000 l/h	l–Zeile (n)
Schnelle Geräte		
Magnetbandspeicher	30.000 – 240.000 B/s	Übertragungsgeschwindigkeit
Magnetplattenspeicher	156.000 B/s	"
Magnettrommelspeicher	175.000 B/s	"
Magnetkartenspeicher	70.000 B/s	"

Reduziert auf die Einheit B/s (Bytes/Sekunde) ergibt sich in einer Gegenüberstellung charakteristischer Aggregate folgendes Bild (s. S. 36).

Das Problem der Geschwindigkeit bzw. der Geschwindigkeitsanpassung kann daher von der technischen Problemstellung her noch nicht als gelöst angesehen werden. Weitere technische Problemstellungen wie Anlagengröße, Energiebedarf, Betriebssicherheit, Unabhängigkeit von äußeren (klimatischen) Verhältnissen seien der Vollständigkeit halber demonstrativ angeführt.

Operation	Verarbeitungsgeschwindigkeit	Anlagegruppe
Lesen/Wiedereinschreiben (Zykluszeit)	4.000.000 B/s	Zentrale Recheneinheit
Lesen/Übertragen/ Einschreiben in ZRE •	240.000 B/s	schnellste Magnetbänder (Hypertapes)
Lesen/Übertragen/ Einschreiben in ZRE	20.000 B/s	Lochstreifenleser
Lesen/Übertragen/ Ausdrucken	5.000 B/s	schnellste Drucker (Schreibkettendrucker)
Lesen/Übertragen/ Einschreiben in ZRE	3.600 B/s	schnellste Lochkarten-leser

Dennoch kann auch der Mangel der nicht gelösten Geschwindigkeitsanpassung in der weiteren Untersuchung vernachlässigt werden, weil die Geschwindigkeit in den Engpassaggregaten derzeit immer noch weit über den Geschwindigkeiten der Kanäle der betrieblichen Informationssysteme liegen; weil also die Organisationsgeschwindigkeit hinter der technischen EDV-Maschinengeschwindigkeit zurückbleibt. Das über die Geschwindigkeit Gesagte gilt für die gesamte technische Konzeption der EDV-Anlagen:

„die Grenzen liegen nicht in der Technologie
sondern in der Methodologie" [95, S.33]

Vom Standpunkt der organisatorischen und wirtschaftlichen Problemstellung kann daher, weil es für diese keine Restriktionen bildet, das technische Problem als gelöst angenommen werden.

2.1.2.2 Das organisatorische Problem

In organisatorischer Hinsicht stellt der Einsatz digitaler EDV-Maschinen in aller Regel ein Reorganisationsproblem dar, da bei Einsatzentscheidung über die Installation einer EDV-Maschine bereits ein organisiertes Unternehmen ex definitione vorhanden sein muß. Das Problem wird durch ein mehrstufiges Verfahren lösbar:

Stufe 1: *Ist-Aufnahme*
(Erfassung der bestehenden Organisation, entweder Erstaufnahme oder an Hand von Organisationshandbüchern, Arbeitsanweisungen etc.)

Vorbeurteilung
(Die erfaßte Organisation wird dahingehend beurteilt, ob die von der Unternehmensleitung gestellten Ziele überhaupt erreicht werden können.)

EDV-Eignungsbeurteilung
(Die Systeme, die nicht in der Vorbeurteilung ausgeschieden wurden, werden auf ihre Natur als DV-Systeme untersucht.)

Als Blockdiagramm dargestellt läuft die Stufe 1 wie folgt ab:

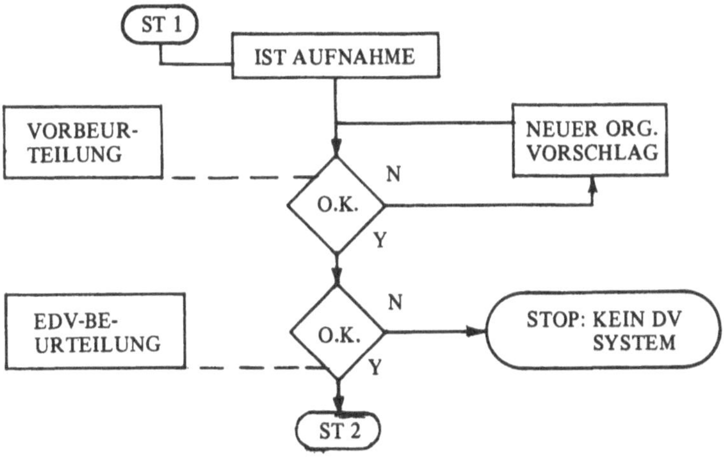

Als Ergebnis erhalten die Organisatoren bzw. Organisationsgruppen die Menge aller DV-Systeme, die bereits so organisiert sind, daß sie die von der Unternehmensleitung gestellten Ziele erreichen.

Stufe 2: *Erstellung des optimalen Lösungsvorschlages*
(Die DV-Systeme werden in dieser Phase so gelöst, daß die EDV-Maschine den maximalen Anteil der Systemoperationen übernimmt.)

Vergleich EDV – LV – IST–LV
(Der EDV-maximale Lösungsvorschlag wird dem Ist-Stand der Organisation gegenübergestellt, Abweichungen zur Entscheidung der Unternehmensleitung gemeldet.)

Als Ergebnis erhalten die Organisatoren die EDV-adäquaten Lösungsvorschläge und, soweit diese von den bisherigen Lösungsvorschlägen abweichen, die Unternehmensleitung die Entscheidungsunterlagen für die Neuorganisation.

Als Blockdiagramm dargestellt läuft die Stufe 2 wie folgt ab:

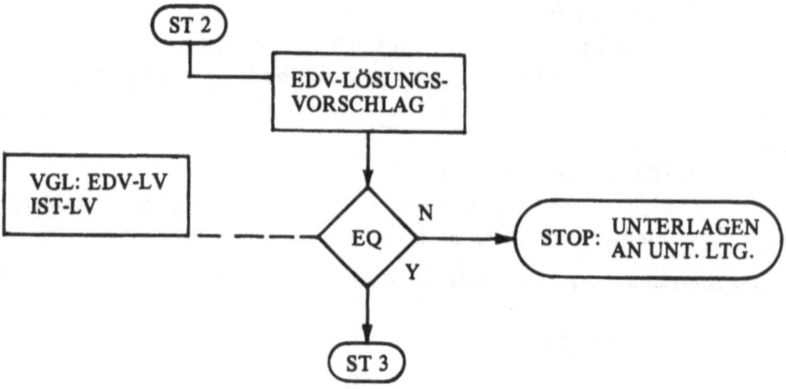

Als letzte Stufe folgt:

Stufe 3: *Durchführung*
(Realisierung der Lösungsvorschläge in der betrieblichen Realität, Kontrolle der Durchführung, Kontrolle der Zielerreichung.)

2.1.3 Die wirtschaftlichen materiellen Probleme

2.1.3.1 Grundsätze der wirtschaftlichen Gesamtbetrachtung

Soll die wirtschaftliche Natur des *Gesamtproblems* betrachtet werden, so muß an Stelle der auch dieser Untersuchung zu Grunde liegenden Einzelbetrachtungen, also der einzelnen im Rahmen einer Umstellung bzw. Installation auftretenden Entscheidungen auf Grundlage von Kostenüberlegungen wie beispielsweise:
– Was kostet die Umstellung insgesamt, was kostet ein bestimmtes Programm für ein bestimmtes DV-Rechensystem bzw. welchen Ertrag bringt, welchen Nutzen stiftet ein bestimmtes Programm – die *Gesamtbetrachtung treten:*

welchen Kosten des Gesamtsubsystems Datenverarbeitung unter Verwendung einer EDV-Maschine können welche Gesamterträge gegenübergestellt werden.

Zu trivialen Formallösungen muß durch Reihenuntersuchungen ermitteltes Material beigebracht werden, auf dessen Grundlagen sie veri- oder falsifiziert werden können. Reihenuntersuchungen dieser Art wurden durch den Verfasser teilweise angestellt [108]. Hierbei hat sich ergeben, daß EDV-Maschinen-Anwenderunternehmer nur spärliche quantifizierte bzw. auch nur quantifizierbare Vorstellungen über Gesamtkostenerträge der in ihren Systemen eingesetzten DV-Rechensysteme haben.

In der Gegenüberstellung Gesamterträge–Gesamtkosten spiegelt sich zusätzlich eine funktionelle Differenzierung bzw. Interessenaufspaltung innerhalb der Anwender-Unternehmen wider:

- die Ertragssphäre liegt im Interesse und der Beeinflußbarkeit der Stellen in der unternehmungsinternen Entscheidungshierarchie, die über den spezifischen Einsatz der EDV-Maschine in den vorhandenen, umzustellenden, neuaufzunehmenden Systemen entscheiden;
- die Kostenspähre liegt im Interessen- und Beeinflussungsbereich der DV-Rechen-Betriebe/Abteilungen.

2.1.3.2 Zum Wirtschaftlichkeitsbegriff von DV-Rechen-Systemen

Über den auf das DV-System anzuwendenden Wirtschaftlichkeitsbegriff wird in der Literatur keine Einigung erzielt. Die auf der Grundlage von „Erreichtem Ist" – „Errechnetes Soll" basierende Wirtschaftlichkeitsvorstellung, die auf eine Kosten-Ertrags-Vergleichbarkeit hinausläuft, wobei auch die Erträge auf Kostenbasis zurückgeführt werden [64], scheint jedoch für die wirtschaftliche Beurteilung des gesamten Subsystems nicht ausreichend, weil nicht ex definitione alle Ertragsmehrungen als Kostenminderungen (Outputvergrößerung als Inputverminderung) logisch definiert werden dürfen. Diese Lösungsansätze tragen allerdings dem Umstand Rechnung, daß in der Praxis noch kaum konkrete Vorstellungen zur Ertragsquantifizierung ermittelt werden konnten.

Die Unternehmenswirklichkeit übt hinsichtlich des Ertragsbegriffes einen derartigen Einfluß auch auf theoretische Abhandlungen aus, daß von manchen Autoren die Möglichkeit der Ertragsquantifizierung in letzter Konsequenz geleugnet wird:

„Während die Bewertung der Faktoreinsatzmengen als Kosten möglich ist, kann eine direkte Bewertung der Erträge der Kosten nicht erfolgen" [65, S. 135].

Dabei werden allerdings quantifizierbar Erträge in Form von Kostenminderungen zugestanden.

In der o.a. Trennung der Interessenbereiche und ihrer Spiegelung auf der Kosten- und Ertragsseite soll der Ansatz zur allgemeinen Wirtschaftlichkeitsbetrachtung, die beide Komponenten berücksichtigt, gesucht werden. Unterstellt man als Zielfunktion beider Entscheidungsebenen die Realisierung des Wirtschaftlichkeitsprinzipes als des höchsten Outputs bei vorhandenem Input bzw. des geringsten Inputs bei vorgegebenem Output, ergibt sich folgender zweistufiger Wirtschaftlichkeitsansatz:

Stufe 1: Die über den Einsatz entscheidende Stelle geht von der vorhandenen DV-Rechenabteilung aus und definiert deren Aufgaben unter dem Gesichtspunkt des für das Gesamtunternehmen optimalen Outputs (Verfahren: alle bekannten Bewertungsverfahren) – *Ertragsmaximierung.*

Stufe 2: Die DV-Rechenabteilung erhält die definierten Anwendungsbereiche als vorgegebenen Output und minimiert die Kosten zur Errechnung dieses (Verfahren: alle betrieblichen Kostenrechnungsverfahren instrumentalen Charakters) – *Kostenminimierung.*

Da dieser zweistufige Ansatz aber zunächst nur eine Verlagerung des Ertragsmessungsproblems darstellt und zwar dahingehend, daß es sich nunmehr um die Erträge des Informationssystems,in dem die EDV-Maschine in aller Regel als integraler Bestandteil eingesetzt ist, handelt*, müssen in einem nächsten Schritt der Untersuchung die Erträge und Ertragsgruppen untersucht werden; erstens auf ihre Existenz überhaupt, zweitens auf funktionelle Abhängigkeiten von durch die Entscheidung beeinflußten Parametern und drittens auf ihre Quantifizierbarkeit.

Das Problem, das Gesamtsubsystem zu optimalisieren (Voraussetzung dazu: Quantifizierung der Gesamterträge), bleibt allerdings bestehen. Der dieser Untersuchung zu Grunde liegende Vorschlag soll daher auch, mangels eines geschlossenen gleichstufig quantifizierten Bewertungsmodells, auf die wirtschaftliche Problemstellung des Gesamtsystems angewendet werden:

○ *es sollen die Subsysteme in sich selbst optimal gestaltet werden.*

Vorausgesetzt, daß diese Optimalgestaltungsziele nicht in unvereinbarem Gegensatz mit dem Optimalgestaltungsziel des Gesamtsystems stehen, muß sich ex definitione ein Gesamtoptimum ergeben.

Diese theoretische Betrachtung bedarf eines konkreten Verfahrens um nicht wieder Formallösung zu bleiben. Die Verfahren der DV-Rechenabteilungsinternen Kostenminimierungen (Stufe 2 des Ansatzes) werden weiter unten dargestellt und unterscheiden sich theoretisch nicht von den bekannten Verfahren der Produktionskostenminimierung. Als bisher erfolgreichstes Verfahren der Ertragsoptimierung, unabhängig vom Einsatz von EDV-Maschinen, wurde das „pilot-scheme-Verfahren" entwickelt [91, S. 377].

*Diese Vorstellung findet man unter anderem auch bei *Allon,* der versucht, Zusammenhänge der Genauigkeit und der Zeitgerechtigkeit von Informationssystemen unter Verwendung von EDV-Maschinen zu definieren. Er behauptet, daß die Isolierung von Einflußfaktoren und zwar sowohl solche, die die Kosten als auch solche, die den Ertrag („value") des Systems beeinflussen, tatsächlich möglich ist [21, S. 8 ff.].

2.2 Kriterien und Faktoren, die die Wirtschaftlichkeit von DV-Rechensystemen beeinflussen

Lösungsansätze zum Wirtschaftlichkeitsproblem der EDV-Maschineninstallationen findet man in der frühen Literatur in Form des Erstellens von Faktor-Katalogen, die Kosten- und/oder Ertragselemente der EDV-Maschinen im Hinblick auf ihren Wirtschaftlichkeitsbeitrag für das Gesamtsystem „Unternehmen" enthalten. Dieses Verfahren entspricht dem Verfahren der Wissenschaft bei Behandlung der kostenrelevanten Faktoren im Unternehmen schlechthin. Der Vorteil ist dementsprechend auch hier die Praktikabilität und die Einsichtigkeit, der Nachteil die Unvollständigkeit und die mangelnde Isolierung der Faktorenelemente. Die vorgelegte Darstellung der Einflußfaktoren folgt der bisher vollständigsten Zusammenstellung von *Benay* [27, S. 14 ff.].

2.2.1 Einflußfaktoren und Kriterien der Organisation des Gesamtsystems

- *Zielfunktion der Organisation*

  Insbesondere nach der Unterscheidung:
  - Versorgungsbetriebe der öffentlichen Hand
    (einseitige Produktionsorientierung mit dem Ziel der verbesserten Versorgung)
  - Gewinnmaximierende Unternehmen
    (Optimierungsorientierung: Ziel des verbesserten Kosten-Ertragsverhältnisses)
  - Forschungsunternehmen
    (Die EDV-Anlage bildet die Grundlage des Bestandes – Ziel der ermöglichten Forschung)

- *Größe der Organisation*

  Insbesondere das Problem der Fixkostendegression und des Organisationserfolges

- *Art der Organisation*
- *des Gesamtsystems „Unternehmen"*
  - insbesondere Grad der Zentralisation–Dezentralisation – als Vorbereitungskriterium der Errichtung von integrierten Systemen, Datenbanken etc.
  - Automationsgrad des betrieblichen Informationssystems; insbesondere die Problematik:

    Einrichtung von Erstinstallationen mit/ohne Versuchsreihen
    Ersatzinstallationen ohne organisatorische Veränderungen

Ersatzinstallationen mit organisatorischen Veränderungen – Real-Time-Systeme und Teleprocessing

○ *des Subsystems DV-Rechenbetrieb-Abteilung:*

insbesondere die Probleme:
- Datenfluß
- Datenaufbereitung
- On-line/Off-line-Fehlerkontrollen
- Datensicherung
- Dokumentation

○ *Installationszeit, die durch die Organisation des Gesamtsystems Unternehmen zur Verfügung gestellt werden kann*

- Zeitdauer des Parallellaufes (Doppelorganisation)
- Zeit bis zur Vollersatzinstallation in technischer Hinsicht
- Zeit bis zur Vollersatzinstallation in wirtschaftlicher Hinsicht
- Optimale Programmierdauer (Systemanalyse, Lösungsvorschlag, Kodierung, Textung)

2.2.2 Einflußfaktoren und Kriterien der Zielverfahren der auf EDV-Maschinen zu übernehmenden Systeme

○ *Verfahrensart*

- nach dem System/Subsystem, aus dem die Verfahren stammen
- nach den Charakteristika der DV/Rechensysteme, insbesondere nach den folgenden Faktoren:

  Datenanfall – absolut
  Datenanfall/Zeiteinheit
  Verknüpfungsoperationen (nach Anzahl und Dauer)

○ *Systemstellung*

- nach der Stellung des Systems/Subsystems im Gesamtsystem und zwar nach dem Grad der Integration:

  teilintegrierte Systeme/Subsysteme
  vollintegrierte Systeme/Subsysteme

○ *Systemveränderung*

- Ersatzinstallation ohne Organisationsänderung (geringerer Installationsertrag)
- Ersatzinstallation mit Organisationsänderung (höherer Installationsertrag)

- *Anpassungsgrad des Zielsystems* an die Möglichkeiten eines Systems mit EDV-Anlageneinsatz

  (Nach Ansatz des Verfassers gilt der Satz:
  Der Installationsertrag ist proportional zum Integrationsgrad des übernommenen Systems nach dessen Übernahme)

2.2.3 Einflußfaktoren der Ertragsverursachung

2.2.3.1 Kostenminderungen als direkt quantifizierbare Erträge

Als einfachste Form direkt zurechenbarer, quantifizierbarer Kostenminderungen kann allgemein die Personalkosteneinsparung gesehen werden. Dabei ist es für die theoretische Untersuchung unerheblich, ob die der Installationsentscheidung zu Grunde liegende Personaleinsparung tatsächlich erfolgt oder nicht, solange die Gründe hierfür nicht innerhalb der Realisierung des neuen Informationssystems liegen, z.B. Nichtentlassung aus personalpolitischen Gründen: Personalreserve, Betriebsrats/Gewerkschaftsstriktionen, psychologische Personalpflege (besonders verdiente, langjährige Mitarbeiter).

Tatsächlich kommt es nur in den wenigsten Fällen von EDV-Maschineninstallationen zu *absoluten* Personalreduktionen; es können jedoch auch betriebsinterne Umschichtungen als Abteilungspersonalreduktionen in die Kostenminderungsrechnung eingeführt werden.

Zur Quantifizierung ist notwendig, das neue, durch EDV-Installation umorganisierte und das vorhergehende System auf eine gemeinsame Basis (Informationseinheit/Zeiteinheit) zu projizieren und die Kostendifferenzen zu berechnen. Dieses Verfahren kann sowohl auf einzelne Systeme als auch auf das Gesamtsystem angewendet werden, vorausgesetzt, daß gleichartige, gleichwertige oder zumindest vergleichbare Informationen des alten und des neuen Systems ermittelt werden können.

Das Verfahren dieser Informationseinheitskostenrechnung wird nahezu nicht angewendet, obwohl seine Einfachheit und Aussagekraft einleuchtend erscheint (z.B. Kosten der OP-Buchungszeile, Kosten des monatlichen – richtigen – Lagerberichts etc.) [Vgl. 127].

Es kann behauptet werden, daß die o.a. Kostenminderungen für die Übernahme von bereits gelösten Aufgabestellungen dann sicher *nicht* eintreten, wenn die Gesamt-Kosten der EDV-Maschine auf solche Verfahren umgelegt werden müssen. Das bedeutet, daß eine EDV-Maschineninstallation, bei der durch die Entscheidungsstufe 1 lediglich die Übernahme der bestehenden Informationsaufgaben als Problemstellung vorgegeben werden, in aller Regel höhere Kosten verursachen wird, als das vorhergehende manuelle oder teilmaschinelle System.

2.2.3.2 Kostenminderungen als indirekt quantifizierbare Erträge.

Zu dieser Gruppe gehören alle Kostenminderungen, die eindeutig der Neuorganisation mit Hilfe von EDV-Maschinen zugeschrieben werden können und deren exakte Feststellung möglich ist. Als aussagekräftiges Beispiel wird in der Literatur häufig die „Lagerhaltung mit EDV-Anlagen" angeführt [64]. Die Reduktion des mittleren Lagerbestandes kann dem Lagerbewegungsinformationssystem (laufende Bestellpunktrechnung, programmierte Bestellungen etc.) zugerechnet werden; die Kostenminderungen durch Reduktion des mittleren Lagerbestandes sind exakt quantifizierbar.

2.2.3.3 Erträge, die nicht als Kostenminderungen quantifiziert werden können

○ *Ausschalten der willkürlichen Fehler in der Ausführung von Unternehmensprozeduren bei manuellen Systemen*

Die Lösung des technischen Problems des Einsatzes von EDV-Maschinen hat es mit sich gebracht, daß willkürliche Fehler, die aus der Natur des in das Informationssystem integrierten Menschen entstehen, vollständig ausgeschaltet werden können. Dieses Phänomen bezieht sich allerdings nur auf die Hard-ware von EDV-Maschinen. Die vollständige Ausschaltung aller Fehler im System ist eine Funktion des Systems-Design und der Programmierung (Testung) bzw. der Vorhersehbarkeit der Varianten, für die ein geschlossenes System entworfen wird.

Als Verfahren, alle zukünftigen nicht vorhergesehenen Fälle von der Verarbeitung im System abzuhalten, dienen beispielsweise die zahlreichen On-line-Prüfungen zu Beginn der Programme, mit dem Ziel, nicht vorhergesehene Input-Kombinationen auszuwerfen und einer spezifischen (manuellen / teilmanuellen) Bearbeitung zuzuführen – „exeption handling" [Vgl. 91, S. 231]. Die Quantifizierung dieser Qualitätsverbesserung der Verfahrensausführung ist mit Hilfe der Fehlerkostenrechnung möglich. Da aber durch die regelmäßige Einmaligkeit der Fehler („einmalig" mit *allen* beeinflussenden Ursachen) nur grobe Schätzwerte ermittelt werden können, darf von einer direkt oder indirekt errechenbaren Kostenminderung durch Fehlerkostenminimierung nicht gesprochen werden.

○ *Freisetzung menschlicher Arbeitskraft durch Ersatz von unechten Entscheidungsoperationen durch programmierte Verzweigungen*

Wie oben dargestellt werden mit dem stufenweisen Ausbau des betrieblichen Informationssystems die Subsysteme dadurch *angeschlossen*, daß die in teilintegrierten Systemen notwendigerweise zwischengeschalteten Menschen, die willkürlich im Rahmen ihrer Aufträge oder programmiert genau nach Anweisungen handeln, durch logische Verzweigungsapparaturen ersetzt, die ohne willkürliche Fehlermöglichkeit das Programm nach den einlangenden Inputparametern ausführen. *De Kamp* spricht in der höchsten Stufe der EDV-Maschinenanwendung sogar von der „Übertragung des Entscheidungsprozesses auf die Anlagen, unter Berücksichtigung der Tatsache, daß es verschiedene Stufen der Entscheidung gibt" [95, S. 33].

Nachdem jedoch permanent, beginnend bei den „clerical procedures" [91, S. 383] bis zu den „unechten" Entscheidungen, die bislang diese Operationen ausführenden Menschen aus den Subsystemen desintegriert werden, stehen diese, vorausgesetzt sie verbleiben im Unternehmen, als Personalreserve zur Verfügung. Diese können zum Ausgleich von Personalengpässen in anderen Systemen bzw. Subsystemen gleichrangig und bei entsprechender Eignung nach nunmehr auch zeit- und kostenmäßig möglicher Schulung in höheren Ebenen eingesetzt werden.

Die Bewertung dieser Personalreserve hängt von Faktoren ab, die nicht im Bereiche des sie „erzeugenden" Systems liegen (psychische und physische Eignung, Lernwille, Gruppenverhalten etc.), der Ertrag ist jedoch der Systemumstellung zuzurechnen. Eine Quantifizierung müßte von den unsicheren Zukunftserträgen der Arbeitsleitung der freigestellten Personalreserve abhängen und kann derzeit noch nicht mit *solchen* Erwartungswerten quantifiziert werden, die in Ertragsberechnungen rechnerisch berücksichtigt werden können.

○ *Verbreiterung der unternehmensinternen Informationsbasis*

Abgesehen von den oben angeführten indirekt quantifizierbaren Kostenminderung durch Informationsverbesserung und abgesehen vom logischen Fortschreiten des Aufbaus [95, S. 35] eines geschlossenen unternehmensinternen Informationssystems, fallen in der Realität schon vor Vollendung des Gesamtsystems Erträge durch *„Informationskuppelprodukte"* an [91, S. 35] (Erstellung von Entscheidungsunterlagen für andere Systeme, als solche, die mit Hilfe der EDV-Anlagen bearbeitet werden, also Systeme, die erst integriert werden). Es ergibt sich also schon vor deren entgültiger Bearbeitung, *nach* der der Erfolg/Ertrag der Umstellung bewertet werden kann, eine Informationsverbreiterung, die einen zusätzlichen Ertrag des EDV-Maschineneinsatzes darstellt.

○ *Aufdeckung von Organisationsmängeln*

Organisierte Systeme und zwar sowohl geschlossene (ex definitione) als auch offene (durch die menschliche Natur) weisen eine Tendenz zu Statik und Systemreproduktion auf. Auch Systeme bzw. Subsysteme in wirtschaftlichen Unternehmen stellen sich nicht in Frage und untersuchen sich nicht aus einem eigenen Korrektionsantrieb auf mögliche Verbesserungen oder auf vorhandene leistungsbeeinflussende Fehler. Diese Erscheinung, die als „Organisationsträgheit des Unternehmens" bezeichnet werden soll, kann in der Unternehmensrealität ausreichend exakt beobachtet werden, weshalb eine theoretische Begründung entfallen kann. Korrekturanstöße müssen daher von außerhalb des Systems kommen. Diesen Anstoß zu bringen, kann als einer der ertragsreichsten Elemente der EDV-

Maschinen-Installation angesehen werden und zwar deshalb, weil dadurch nicht nur eine funktionell-abhängige, graduell unterschiedliche *Verbesserung* initiiert, sondern duale Entscheidungssituationen von großer Bedeutung vorbereitet werden, das heißt, daß es mit Hilfe dieser Impulse möglich ist, Fehler zu entdecken, Verbesserungen anzubringen, die sonst *unter keinen* Umständen ermittelt hätten werden können. Es sind somit nicht nur wie in anderen Fällen *relative* sondern *absolute* Erträge zu erwarten.

Mögliche Ertragsgrößen richten sich
- nach der Beschaffenheit des vorhandenen Systems und
- nach Fehlerfindewahrscheinlichkeiten mit subjektiven Störungseinflüssen aus der Natur der Suchenden.

In der Unternehmensrealität hat dieser Ertragsfaktor der EDV-Maschineninstallationen durch Überwindung der Organisationsträgheit derart hohe Zusatzerträge erzielen können, daß der Ertrag „Aufdecken von Organisationsmängel" als der Ertrag der EDV-Maschinen-Installation schlechthin bezeichnet werden kann.

Organisationsfehler bzw. Organisationsmängel, die durch dieses und nur durch dieses Verfahren entdeckt werden können, sind nach *Berkmann* [29]:
- Mehrfacherfassung und Speicherung derselben Informationen
- erfaßte Informationen, die anderen Entscheidungsstellen als Entscheidungsunterlagen von Nutzen wären sind nur einer Stelle bekannt
- erfaßte Informationen werden nicht oder nicht optimal an alle Informationsbedarfsträger aufgeteilt
- notwendige Informationen werden überhaupt nicht erfaßt, obwohl es durch Abteilungszusammenarbeit wirtschaftlich möglich wäre.

Die Kenntnis dieses Effektes muß in weiterer Konsequenz zum *Prinzip der dynamischen Organisation* führen und zwar selbst dann, wenn erstmals ein geschlossenes Informationssystem errichtet wurde. Die Quantifizierung des Ertrages der Aufdeckung von Organisationsmängeln hängt ab
- *von den Fehlerkosten der „schlechteren" Organisation* (auch ex-post kaum mehr feststellbar)
- *relativ zu den Kosten der neuen Organisation.*

Der Ertrag aus dem Aufdecken von Organisationsmängeln ist in zahlreichen anderen Ertragskomponenten enthalten. Die logische Isolierung reicht nach Ansicht des Verfassers aus; ein quantitatives Erfassen scheint auf Grund des Summenwertproblems nicht möglich zu sein.

○ *Der Lerneffekt der EDV-Maschineninstallationen*

Der bei *de Kamp* und anderen angeführte Stufenbau der EDV-Applikationen ist nicht nur in Engpässen des Personals und der Restriktion der Zeit begründet, sondern auch im Lernprozeß, dem sich der Unternehmer bzw. das Unternehmen unterzieht. Dieser Lernprozeß, der sich beispielsweise in den folgenden Applikationsstufen manifestiert:

Stufe 1: Massenbearbeitung kleinerer und einfacher kaufmännischer Arbeiten

Stufe 2: Einführung der integrierten Datenverarbeitung

Stufe 3: Übertragung von Entscheidungsprozessen auf die Anlage

ist durch Beiziehung von Beratungsunternehmen (EDV-Maschinen-Herstellerunternehmen – eigen oder unabhängig) abzukürzen, keinesfalls aber auszuschalten. Der Entscheidende wird sich die Beurteilung der zu übernehmenden Systeme auf die EDV-Maschine selbst vorbehalten müssen und wird daher die „echte" Entscheidung nach der durch ihn ermittelten Ertragssituation selbst zu fällen haben.

Es darf unterstellt werden, daß theoretisch in jedem beliebigen Unternehmen ein bestimmter Bedarf an EDV-Maschinenapplikation besteht. Dieser Bedarf besteht objektiv und ist dem Unternehmer in der 1. Phase des Lernprozesses nicht bekannt. Die Kenntnis dieses ist nämlich von den Hard-ware/Soft-ware-Einrichtungen und damit von den Applikationsmöglichkeiten der installierten oder zu installierenden EDV-Maschine abhängig. Diese Möglichkeiten sind aber erstes Lehr- und Lernziel. *Molnar* zeigt in dem folgenden Diagramm eine mögliche Entwicklung dieses Lernprozesses an Hand des daraus resultierenden Bedarfs an EDV-Anlagen-Kapazitätszeit [71, S. 137]:

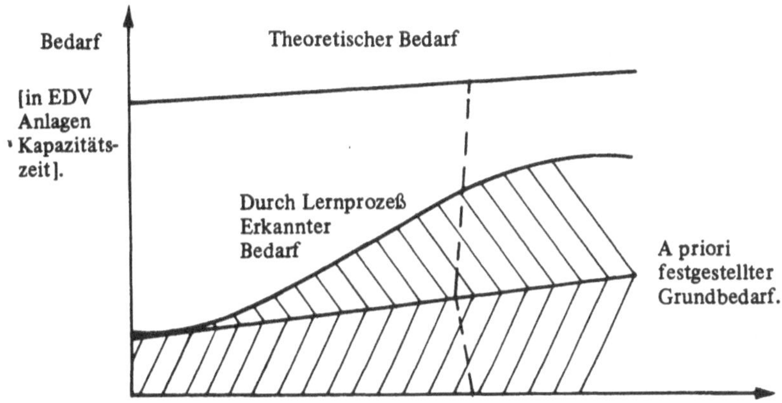

Der Ertrag dieses Lernprozesses, dessen Rückwirkungen auf die Nachfragefunktion für EDV-Anlagen hier besonders betont werden soll [71, S. 139 ff.] hängt ab von:

- objektiven Faktoren:
  Findewahrscheinlichkeiten (von neuen Erkenntnissen)
  Differenzen zwischen Basisbedarf und objektivem Gesamtbedarf.

- subjektiven Faktoren:
  Wissenstand des Entscheidenden bei Beginn des Lernprozesses,
  Subjektive Lernneigung.

2.2.4 Einflußfaktoren und Kriterien der Kostenverursachung

Die Kontrolle der wirtschaftlichen Optimalgestaltung durch Kostenschätzung und Kostenvergleichserrechnung ist auch bei Optimalgestaltungsprozeduren im Zusammenhang mit EDV-Maschinen-Installationen kein einmaliger Vorgang. Entsprechend der beiden Phasen „Investition" (und der dazugehörigen Datensammlung und Entscheidung) und „Produktion" können zwei.zeitmäßig und verfahrensmäßig differenzierte Kostenbeurteilungsprozeduren unterschieden werden:

Phase 1: *Kostenüberlegungen zur Investitionsentscheidung* [22, S. 86]
- in einer Vorstudie (zur Installation überhaupt)
- in einer Vollstudie (welche Installation; welche EDV-Maschinen)
- bei der Bewertung der Angebote der Herstellerunternehmen.

Phase 2: *Kostenüberlegungen zur Optimalgestaltung der Produktion*
- bei Studien zur Übernahme zusätzlicher Systeme (Bewertung der Systemanalyse: Programmierung etc. sowohl bei der Erstinstallation, als auch bei jeder weiteren Systemübernahme nach „Abschluß" der Installation).

Wenngleich zwischen den beiden Phasen zahlreiche Interdependenzen bestehen (Investitionsentscheidung für bestimmte EDV-Maschinen beeinflußt Hard-ware-abhängige Produktionskostengrenzen d.s. solche Beträge, die durch noch so günstige Anwendung nicht unterschritten werden können), bestimmt die Zugehörigkeit zu diesen Phasen die Einordnung in Kostengruppen.

2.2.4.1 Kostengruppenarten

Die Kostenarten unterscheiden sich nicht von den in den Kostentheorien der allgemeinen Betriebswirtschaftslehre ausreichend dargestellten. Es lassen sich aber Kosten zu Gruppen zusammenfassen, die charakteristisch für EDV-Maschinen-Installationsprobleme sind.

Kostengruppen nach dem Zeitpunkt des Anfalles

In der Literatur wird besonders bei *Marwedel* [65, S. 142] die zeitliche Zusammenfassung dargestellt.

Die Kosten, die zum Zeitpunkt der Installationsentscheidung bzw. der Installation anfallen, werden als *Vorkosten* (in der englisch-sprachigen Literatur als *set-up-Kosten*) bezeichnet. *Marwedel* folgend sind dies [65, S. 140 ff.]:

- Kosten (Personal-, Maschinen-, Energie- etc.), die bei folgenden Installationsfunktionen entstehen:
  - Systemanalyse
  - Systementwurf
  - evtl. Maschinenauswahl
  - Programmierung der Programme und des Systems
  - etwaige Parallelläufe
  - gegebenenfalls organisatorische Änderung zur Einführung des Systems
  - Training.

- Diesen *Vorkosten* werden *laufende Kosten* gegenübergestellt:

- „Personalkosten für Arbeitsvorbereitung und die Durchführung der Maschinenarbeit" (Programmverwaltung und Programmpflege – Vornahme von begrenzten Änderungen und Verbesserungen an den in Gebrauch befindlichen Programmen).
- Maschinenkosten (Maschinenmieten, Abschreibungen, Leasingpreise, Instandhaltungs/Instandsetzungs-Kosten).
- Energiekosten (Energiebedarf der EDV-Maschinen, der weiteren notwendigen Off-line-Anlagen, die durch die organisierten Systeme notwendig sind z. B. Schneidemaschinen für Endlosformulare).
- Materialkosten (insbesondere für Datenträger)
- „Vorkostenanteile der Periode" (und zwar nicht die Systemübernahmekosten wie Lösungsvorschlagerstellung, Programmierung etc., sondern die mit der Hard-ware in Zusammenhang stehenden einmalig entstandenen Kosten, Kosten des „Aufstellens" der EDV-Anlage).

Dieser Kostengruppenzuordnung kann jedoch deshalb nicht gefolgt werden, weil sie eine willkürliche Trennung in die Zeit der „Installation" (hierbei fallen Vorkosten an) und in die daran anschließende Zeit (die Zeit des Betriebes) fallen. Es müssen vielmehr auch bei der zeitlichen Kostengruppierung die Kostengruppen, die der Hard-ware zuzuordnen sind, von den Kostengruppen, die den mit Hilfe dieser Hard-ware gelösten Systemen zuzurechnen sind, getrennt werden. Dadurch erhält man:

- *Installationskosten:*
  - Kosten des Aufstellens der EDV-Maschine bis zu deren Betriebsbereitschaft
  - Kosten der Vorstudien zur Investitionsentscheidung
  - Kosten der Schulung der Organisations/DV-Abteilung (soweit dies nicht mit anderen Unternehmenfunktionen in Zusammenhang steht)

- *Systemlösungs/EDV-Maschinen-Übernahme-Fixkosten*
  - das sind alle jene Kosten, die bei jedem „Lauf" der Systemlösung auf der EDV-Maschine, also der *Produktion* der Systemlösung in jedem Bedarfsfalle entstehen.

Der weiteren Auflösung der Kosten in Personalkosten, Materialkosten etc. kann gefolgt werden. Sie wird jedoch nur dann sinnvoll sein, wenn die derart gegliederten Kosten in instrumentale Kalküle Eingang finden.

Installationsentscheidungsorientierte Kostengruppen

Aus der überwiegenden Bedeutung der Kostenschätzung in der Phase 1 hat sich in der Literatur ein spezielles Verfahren der Kostengruppierung herausgebildet, die die oben aufgespalteten Kostengruppen zusammenfaßt, um sie insgesamt den Gesamtkosten der Verfahren ohne Verwendung von EDV-Maschinen gegenüber zu stellen. Diese Gruppierung kann als Teil eines Investitionskalküls im Gegensatz zur EDV-Installationskostenschätzung im dynamischen Sinn) aufgefaßt werden. *Favre* folgend gruppiert man zur Gegenüberstellung [50, 536]:

- Kosten der EDV-Maschine, das sind Kaufpreis/Miet/Leasingpreise, Personal (auch Ausbildungs)-Kosten der Problemlösungs/Programmierungsabteilung (K_c)
- Kosten der Umstellung der alten Verfahren auf Verfahren mit dem Einsatz einer (bestimmten) EDV-Maschine (K_u) und
- Kosten der DV-Systeme ohne Einsatz von EDV-Maschinen (bisherige Verfahren) – (K_i).

Der Vorteil dieser instrumentalen Kostengruppierung ist die Einfachheit der Entscheidungsvorbereitung bzw. die Reduzierung des Problems auf die Formel, EDV-Einsatz ist dann und nur dann wirtschaftlich gerechtfertigt, wenn gilt

$$K_c + K_u < K_i$$

Kostengruppen nach ihrer Beeinflußbarkeit durch den Investitionsentscheidenden

Wie oben erwähnt, lassen sich die Kosten, die in den beiden Phasen „Investition/Installation" und „Produktion" entstehen, auch danach gruppieren, ob sie sich durch den EDV-Maschinenanwender beeinflussen (d.h. im Sinn der Zielfunktion minimieren) lassen, bzw. ob sie überhaupt nicht beeinflußbar sind. Nur diese Untersuchung kann für die Unternehmenswirklichkeit von Bedeutung sein, weil die Kenntnis der Beeinflußbarkeit Voraussetzung für jedwede Maßnahme zur Optimalgestaltung ist.

Die Kosten können sein:

- durch die Hard-ware einer bestimmten EDV-Maschine bestimmt,

- durch die Soft-ware einer bestimmten EDV-Maschine bestimmt,
- durch den Einsatz des Anwenderunternehmens bestimmt.

Die Beeinflußbarkeit durch den Investitionsentscheidenden (Anwender) stellt sich wie folgt dar:

	Beeinflußbar	
Kostengruppe bestimmt durch	mittelbar	unmittelbar
Hardware	*JA	NEIN
Software	*JA	**JA
Einsatz	NEIN	JA

*durch EDV-Maschinenauswahl
**durch Soft-ware-Erweiterung durch Anwender

- *Kosten, die durch die Hard-ware bestimmt sind*

Diese Kosten bzw. Kostengruppen können durch den Entscheidenden nicht unmittelbar beeinflußt werden. Ihre Berücksichtigung kann ausschließlich in der Auswahl der optimalen, das ist der relativ besten aller angebotenen EDV-Maschinen liegen. Eine Berücksichtigung dieser Kosten wird daher nur in Phase 1 erfolgen. Es gehören dazu insbesondere Kosten, die aus einer bestimmten Kapazität entstehen und zwar:

- Kosten der ZRE
- Kosten der Kanäle
- Kosten der Peripherie
- Kosten der Externen On-line-Speicher

Die Berücksichtigung bei der Auswahl liegt nicht nur im Anschaffungskostenminimieren (Produktionskosten sind so angepaßt, daß sie auf dem Sektor der Hard-ware-Beurteilung aus dem Entscheidungskalkül eliminiert werden können); sie erfolgt nach folgenden Gesichtspunkten:

– *Austauschbarkeit* der einzelnen Aggregate (insbesondere I/O-Geräte und Externe On-line-Speicher)
– *Baukastensystem* (Aufstockung der Kapazitäten – insbesondere der ZRE und der Externen On-line-Speicher mit dem Ziel eines „Offenen Systems", sodaß die Installation zum absoluten Abschluß gebracht werden kann ohne die EDV-Maschine austauschen zu müssen).

Die verschiedenen Möglichkeiten der Kapazitätserweiterung bedingen die notwendige Aufspaltung der Hard-ware-Kosten nach ihren verursachenden Aggregaten.

Erfahrungswerte zeigen, daß die Behandlung der Kapazitäten (die in alle Regeln zu Beginn der Phase 2 zu Leerkosten führen) nach den verschiedenen Teilaggregaten unterschiedlich zu erfolgen hat: die ZRE wird kapazitätsmäßig sehr bald ausgelastet sein (Ausweichen auf Externe On-line-Speicher durch Segmentierung der Programme – Overlapping etc.), für die Peripheren Geräte werden Kapazitätsreserven gefordert [79, S. 353]; wobei durch die auswechselbaren Datenträger für externe On-line-Speicher die Kostensprünge und damit die Leerkosten relativ zu den Kosten der ZRE, Kanäle etc. klein gehalten werden können.

Richtwerte für das Verhältnis von Peripheren Geräten (I/O-Geräte) zur ZRE (einer EDV-Anlage der 3. Generation) zeigt die folgende Tabelle [42, S. 49]:

Relation	Kostenverhältnis	Anmerkung
(Zentrale) EDV-Maschine zu Peripheren und Übertragungseinrichtung	1 : 10	
I/O-Geräte Streifen, Locher) zu EDV-Maschine	1 : 2	Auslastung bei Anzahlverhältnis 40–130 : 1
I/O-Geräte (vollständige Mark-Sensing Ausstattung) zu EDV-Maschine	1 : 3	

Auf der Basis der Preise für die ZRE ermittelt *Dupin de Saint* folgende Richtwerte für Hard-ware-bestimmte Kosten [42, S. 53]:

Kosten	Minimum	Maximum
ZRE	x	x
Periphere Geräte	0.30 x	0.30 x + y_1 *)
Übertragungseinrichtung	y_2 x)	y_2 *)
Hard-ware-Installation (das Aufstellen der EDV-Maschinen)**	0.10 x	0.20 x
Externe On-line Speicher	0.05 x	0.10 x
Summe (ohne ZRE)	0.45 x + y_2	0.60 x + y_1 + y_2

*y_1, y_2 .... Unsicherheitsfaktoren

**Die Kosten der Hard-ware-Installationen umfassen alle technischen Einrichtungen (Adaptierung der Räume, Klimaanlage etc.), die zum Betrieb der EDV-Anlage notwendig sind.

○ *Kosten, die durch die Soft-ware bestimmt sind*

Die obere Grenze der Anwendungsmöglichkeiten wird zunächst durch die vom Herstellerunternehmen der EDV-Maschine als Grundausstattung beigegebene Soft-ware bestimmt; beispielsweise hängen die Multiplikationszeiten und damit die Kosten der Multiplikation in der Produktion (Produktionskosten sind ausschließlich zeitabhängig) davon ab, ob eine günstige Soft-ware-Möglichkeit zur Exekution dieser Prozedur angeboten wird (im Falle der einfachen Rechnungs-Verknüpfungsoperationen kann auch auf Hard-ware-Elemente ausgewichen werden). Weiters vermindern angebotene Soft-ware-Testhilfen die Testzeiten (besonders bei Forschungsrechnungen kostenbeeinflussend, da mangels Wiederholung keine Fixkostendegression).

Phase	Kosten	Bestimmendes Soft-ware-Element
Problemlösung	Programmierkosten	Vorhandene Programmiersprachen
Programmierung	Formaltestkosten	Leistungsfähiger Compiler, Testhilfen für Sprachverwendungsformalprüfung
	Lösungslogiktestkosten	Testhilfen (Programmschritt-stops)
Produktion	Laufkosten	Operating System (Rüstzeitminimierung) insbesondere OS mit Möglichkeit des Time-sharing und Multiprocessing.

Neben der Berücksichtigung durch geeignete soft-ware-orientierte EDV-Maschinenauswahl kann im beschränkten Maße die Soft-ware durch die Verwenderunternehmen selbst erweitert werden (Erweiterung der vorhandenen niederen Programmiersprachen durch Selbstdefinition von MACRO-Befehlen, Ausbau der Funktions-Bibliothek durch eigene parametrische Unterprogramme etc.). Dies setzt jedoch Soft-ware-Kenntnisse eines Ausmaßes voraus, über das im allgemeinen das Personal der Anwenderunternehmen nicht verfügen wird. Die Erweiterungsmöglichkeit bleibt indirekt bei Inanspruchnahme von verwenderunternehmensfremden Beratern als Beeinflussungsvariante bestehen.

○ *Kosten, die durch die Anwendung bestimmt werden*

Je nach der Art der Anwendung, das heißt der durch die Problemlösung/Programmierung ermittelten Verfahren zur Bearbeitung der übernommenen DV-Systeme, werden diese die EDV-Maschinen mit ihren Teilaggregaten in Anspruch nehmen. Dementsprechend werden die auf sie entfallenden Kosten gleich welcher Untergruppe durch diese Lösungsansätze bestimmt. Alle Verfahren müssen mit unterschiedlicher, zeitlicher und intensitätsmäßiger Belastung dieselben Stellen durchlaufen, die als Kostenstellen der DV-Rechen-Abteilung (Produktion) [65, S. 136] gedeutet werden können:

- Datenerfassung (Datenermittlung, Datenerfassung i.e.S., Datenübertragung)
- Datenaufbereitung (Umformung, Formalkontrollen, EDV-Maschinen-Eingabe)
- Datenverknüpfung (Datenverarbeitung i.e.S., EDV-Maschinen-Ausgabe).

Die Inanspruchnahme wird in dem ersten Abschnitt der Phase 2 „Problemlösung/Programmierung" festgelegt und richtet sich nach folgenden Einflußfaktoren [27, S. 18]:

- hinsichtlich der Gesamtkonzeption der Problemlösung/Programmierung des betreffenden DV-Systems im Hinblick auf:

  selbsttätige Datenerfassung z.B. (durch „Geber").

  Datenübertragung (vom Ort der Entstehung zum Ort der Aufbereitung und Eingabe)

- hinsichtlich der Problemlösung/Programmierungsverfahren

  Vorstudien zur Ermittlung, ob bestimmte Probleme überhaupt DV-Systeme darstellen, die mit Hilfe einer EDV-Maschine gelöst werden können (diese Studien müssen ein Teil des Problemlösungs/Programmierungsverfahrens sein), gewinnen mit der Stufe des Problems in der innerbetrieblichen Informationsstufenhierarchie an Bedeutung, da gilt

$$K_{op} = f(K_{pl}, K_{pr})$$

  K_{op} – Produktionskosten (Laufkosten)

  K_{pl} – Kosten der Problemlösung

  K_{pr} – Kosten der Programmierung (einschließlich aller Tests)

- hinsichtlich der in der Problemlösung/Programmierung verwendeten Verfahren:

Die Kontrollen:

- Kontrollen vor EDV-Maschinen-Eingabe
- Plausibilitätskontrollen während des Programmlaufes
- Willkürliche Kontrollen (Eingriffe in den Programmlauf) mit Hilfe der Check-Point-Technik
- Technische Kontrollen (Hard-ware-bestimmt; kein Einfluß durch Anwender, aber von Anwendung abhängig, nach Inanspruchnahme von Teilaggregaten mit verschiedener Kontrollintensität).

Das Laufverfahren:

- optimale Programmierungstechnik zur Laufzeitminimierung (bzw. Laufzeit/Speicherbedarfsoptimierung)
- optimale Soft-ware-Ausnützung (Rüstzeit/Stillstandszeitminimierung: teilweises Simultanlaufen – SPOOL –, vollständiges Simultanlaufen – Multiprocessing).

Geht man davon aus, daß sich die Produktions(Lauf)-Kosten eines bestimmten Programmes P_i zusammensetzen aus den zeitabhängigen direkten Laufkosten $K_{opd_{p_i}}$ und den umgelegten Leerkosten (aus Stillstand und Rüstzeit etc.) $K_{opid_{p_i}}$ (umgelegt nach der Laufzeit t_{p_i}), so daß gilt

$$K_{opp_i} = K_{opd_{p_i}} + K_{opid_{p_i}},$$

so ergibt sich aus dem Gesetz der Fixkostendegression etwa folgender Verlauf der Produktionslaufkosten eines Programmes mit zunehmender Kapazitätsauslastung (Leerkostenabbau):

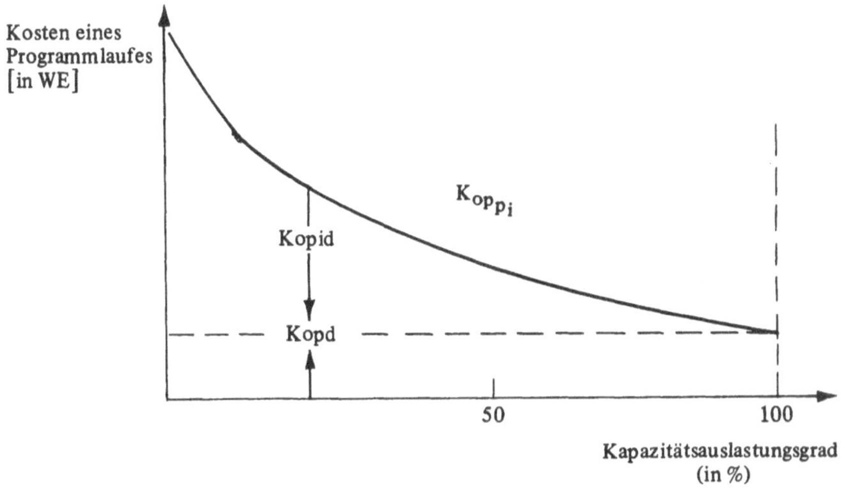

Ist Multiprocessing teilweise (20–30%ig) oder vollständig möglich (- 50%), erhöht sich die ausnutzbare Kapazität über 100 % der ursprünglich zurechenbaren. Der Kostenverlauf verschiebt sich wie folgt:

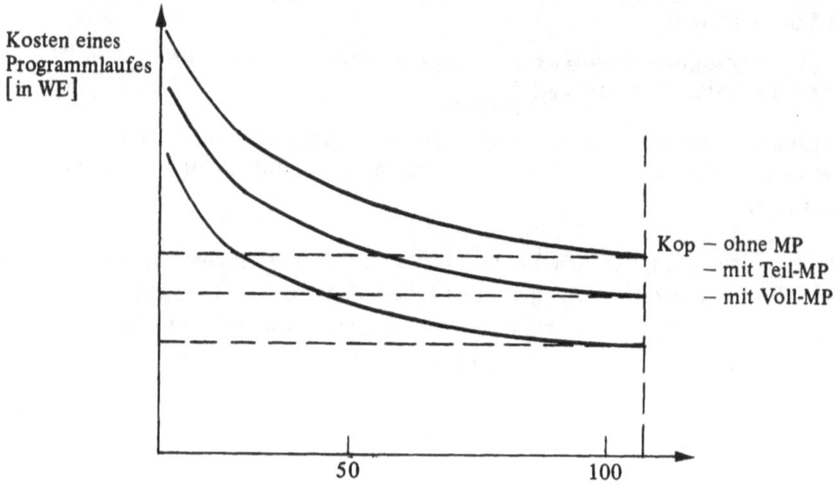

2.2.4.2 Kostenbestimmungsverfahren

Die beeinflussenden Kosten und Kostengruppen müssen in Phase 1 geschätzt werden und zwar nicht nach ihrem zeitlichen/logischen Anfall, sondern nach ihrer Beeinflußbarkeit durch den Entscheidenden, da sie die Kosten-Komponenten der Investitionsentscheidung mitbestimmen. Hierbei können alle jene Kosten und Kostengruppen, die als Preise (Maschinenmietpreis, Leasingpreis, Raummiete, Aufstellungskosten etc.) vorgegeben sind, direkt ermittelt werden. Zu schätzen ist zu diesem Zietpunkt die zukünftige Kostenentwicklung, insbesondere aller jener Kosten und Kostengruppen, die mit der Anwendung der EDV-Maschine in Zusammenhang stehen. Im wesentlichen werden in der Literatur hierfür folgende Verfahren dargestellt:

a) *Kostenschätzung mittels Faustregeln*

Zur Schätzung der jährlichen Gesamtkosten einer EDV-Maschine (und zwar nicht nur der nicht beeinflußbaren Hard-ware/Soft-ware-Kosten, sondern auch der Kosten, die durch die Anwendung bestimmt werden), gibt *Diebold* folgende Faustregeln [79, S. 349]:

$$I_m : I_s = 1 : 2$$

I_m – Kosten von Hardware/Software („machine investment")

I_s – Kosten,durch die Anwendung bestimmt („system investment")

und

$$A_{i_t} / K_{o_p} = 1$$

A_{i_t} – Abschreibung auf die Gesamtinvestition

K_{o_p} – Summe aller sonstigen (direkt zurechenbaren) Kosten

Erfahrenswerte bestätigen die Brauchbarkeit dieser Verhältnisse, die dahingehend umgeformt werden können, daß die jährlichen Gesamtkosten K_a sich auf ca. 43% des Kaufpreises der gesamten EDV-Maschine belaufen.

b) *Kostenschätzungen aus Reihenuntersuchungen*

Für die unsichere Entscheidungssituation bei Erstinstallationen haben Reihenuntersuchungen und Feldforschung Richtwerte ermittelt, die zur Transparentmachung der Investitionsentscheidung beitragen. Die Richtwerte der untersuchten Unternehmen können in Phase 1 der Untersuchungen den ohne Schätzung direkt ermittelten Kosten gegenübergestellt werden. *McKinsey* zeigt das Verhältnis für Unternehmen, die durch ausreichende Anwendung die Amortisation der Gesamtkosten (Aufstellungskosten, Problemlösungs/Programmierkosten und Produktionskosten) erreicht haben, wie folgt [50, S. 88]:

Problem Analysis* and programming	35%
costs of computer and operating personel	65%
Gesamtkosten	100%.

*Durch die Anwendung beeinflußt.

c) *Maximalkostenbestimmung*

Zur Ermittlung der Entscheidungsgrundlagen werden Kostenschätzungen herangezogen, die entweder ausschließlich historisch oder ertragsorientiert diesjenige Kostenmaximum ermitteln sollen, das als break-even-Punkt der Wirtschaftlichkeit einer Erst- bzw. Ersatzinstallation gedeutet werden kann.

Als historische Werte kommen die Gesamtkosten der DV-Systeme, wie sie zum Entscheidungszeitpunkt bereits mit und ohne Verwendung von EDV-Maschinen im Unternehmen existieren, in Betracht. Diesen werden gegenübergestellt [50, S. 36]:

– die direkt der EDV-Maschine zurechenbaren Kosten (Kauf-, Miet-, Leasingpreis, Aufstellungskosten, Kosten der technischen Adaptierung, Energie, Material, Personalkosten der Produktion);
– die Kosten der EDV-Maschinen-Installation (Erst-/Ersatzinstallation: Personalkosten, Produktionskosten bis zum Abschluß von Test und Parallellauf, Organisationsumstellungskosten).

Der break-even-Punkt der Wirtschaftlichkeit ist genau der Punkt der Kostenfunktionen, an dem die Summe aus direkt der EDV-Maschine zurechenbaren Kosten vermehrt um die Kosten der Installation gleich den Kosten der bereits existenten DV-Systeme ist. Der Vorteil dieser Schätzmethode liegt darin, daß sowohl die Kosten der bereits existenten DV-Systeme, als auch die direkt der EDV-Anlage zuzurechnenden Kosten problemlos ermittelbar sind.

Der Nachteil dieser Schätzmethode ist der Umstand, daß die „Kosten der Installation" nur ungenau geschätzt werden können (eventuell unter Verwendung der *Diebold*'schen Faustregel oder der *McKenzie*'schen Erfahrungswerte) und daß die Entscheidung ausschließlich durch Kostenüberlegungen beeinflußt wird.

Dem Nachteil der einseitigen Kostenorientierung begegnet das Modell von *Griffin*, das auf Basis des zu investierenden Betrages der Installationskosten (set-up-cost bis zur relativen Grenze der Installation) den Gesamtertragszuwachs E_g („total-improved returns") ermittelt [52, S. 132]:

$$E_g = (1 + \beta)\,\Sigma(1 + \alpha)\,R_j = (1 + \alpha)\,(1 + \beta)\,(1 + G)\,S'$$

wobei gilt:

S' ..... $S - C$
S ..... insgesamt verfügbarer Investitionsbetrag
P_j ..... Investitionsbetrag für das jte Vorhaben
es gilt $S = \Sigma P_j$
R_j ... erwarteter Ertragszuwachs des jten Vorhabens
es gilt die Summe aller erwarteten Ertragszuwachse $\Sigma R_j = (1+G)S$
G ... tatsächlicher Investitionsertragssatz
C ... Installationskosten
α ... Durchschnittssatz der Verbesserung der einzelnen Erträge durch Anwendung von EDV-Maschinen
β ... Satz der Verbesserung des gesamten Systems (aller Vorhaben)

2.2.4.3 Die Schätzung der Periode der Kostenbestimmung

Die Einflußfaktoren auf die Kostenschätzungsperiode, also die (technische, wirtschaftliche, Applikations-) Lebensdauer von EDV-Maschinen werden weiter unten ausführlich dargestellt. Die Beobachtung der Entwicklung neuer EDV-Anlagen hat gezeigt, daß mit einem Zyklus von 7 Jahren gerechnet werden kann.
Unter Zyklus soll die Zeit zwischen dem Angebot der jeweils neuesten *vollständigen* EDV-Maschinen-Systeme („Familie") verstanden werden.

Auf der Basis der 7-Jahreszyklen ergibt sich für Anwenderunternehmen ein sich überlappender Installations- und Produktionszyklus, da sich vor die Aufstellung und technische Inbetriebnahme noch die Phase 1 (der Investitionsentscheidung) schiebt. *Appleton* gibt als Richtwerte 3 Jahre vor der technischen Aufstellung der EDV-Maschine an, sodaß insgesamt ein 10-Jahre Zyklus wie folgt abläuft [22, S. 102]:

Jahr	Aktivität der Anwenderunternehmen
0	Vorstudie und Vollstudie zur Umorganisationsentscheidung
1	Angebotseinholung und Beurteilung/Investitionsentscheidung
2	Aufstellen der EDV-Maschine/Beginn der Umorganisation/ Test- und Parallelläufe
3–9	Produktion

2.2.4.4 Die Schätzung der Auslastungsentwicklung

Wegen der Beeinflussung der Produktionskosten durch die Minimierung der Leerkosten und der Tatsache, daß in aller Regel der Betrieb einer EDV-Maschine nicht mit voll ausgelasteter Kapazität begonnen werden kann, ergibt sich die Notwendigkeit der Abschätzung der Auslastungsentwicklung mit dem Ziel, die Kapazität so zu bestimmen, daß ein Optimum zwischen dem Zeitpunkt des Erreichens der Vollauslastung und dem Zeitpunkt, zu dem die Kapazität anwendungsmäßig ein Engpaß wird, zu erreichen.

(Die schlechteste Lösung wäre diese, bei der beide Zeitpunkte zusammenfielen, weil dann das Erreichen des Leerkostenminimums von den Kosten der nicht möglichen aber geplanten weiteren Anwendung überdeckt würde.)

Als Richtwert für die Zunahme der Produktion gibt *Dupin de Saint Cyr* [42, S. 56] 10% p.a. an. Das heißt, daß sich das Arbeitsvolumen in 6–7 Jahreszyklen verdoppelt. Auf Grund selbst dieser sehr groben Schätzung ist es möglich, sich an die 6–7 Jahreszyklen der EDV-Maschinenherstellerunternehmen anzupassen. Auf die Tatsache, daß bei den meisten Applikationen die peripheren Aggregate und die Externen On-line-Speicher die bestimmenden Restriktionen darstellen, soll deshalb hingewiesen werden, weil die Vervielfachung des Arbeitsanfalles auch dahingehend untersucht werden muß, ob sie nicht durch baukastenmäßige, zusätzliche Periphere Aggregate, Externe On-line-Speicher etc. abgefangen werden kann. Dies deshalb, weil eine Vereinfachung der externen Prozeduren meist nicht in einer Vereinfachung der internen Verknüpfungsoperationen besteht, sondern in einer oft überproportionellen Erhöhung der I/O-Operationen und der Speicherungen.

Bezüglich der Umschichtung der EDV-Maschinenzeitauslastung, der Zunahme der effektiven Produktionszeiten, der Abnahme der Ausbildungs-Testzeiten innerhalb eines Zyklusses gibt die folgende Tabelle nach *Schang* Aufschluß [79, S.358]:

	Jahr				
	1	2	3	4	5
Instandsetzung/ Instandhaltung (Wartung)	12.7	11.7	10.0	10.4	10.6
Sonstige Wartung	8.9	10.2	8.7	8.0	8.7
Arbeits-wiederholungen	7.8	9.4	11.7	8.9	11.5
Band-Testen und initialisieren	2.7	2.8	2.9	7.7	4.2
Schulung	3.1	1.9	1.7	0.2	–
Testzeit	15.3	12.6	5.2	2.5	1.2
Programmumstellung (Ersatzinstallation)	24.3	5.3	2.4	–	–
Produktion	25.2	46.1	57.4	62.3	63.8

Aufteilung der Laufzeit einer EDV-Anlage (in % der Gesamtzeit)

3. Lösungsansätze: Verfahren und Kriterien zur Optimalgestaltung der betrieblichen Datenverarbeitung

3.1 Verfahren und Ansätze – Grundsätzliche Erörterungen

3.1.1 Die Problematik von „Optimierungs"-Ansätzen

Die neuere Literatur der Betriebswirtschaftslehre stellt eine Reihe von mathematischen Optimierungsverfahren dar. Vom Standpunkt einer „Empirischen Betriebswirtschaftslehre" bzw. der Betriebswirtschaftslehre als Entscheidungslehre müssen diese theoretischen Beiträge in zweifacher Hinsicht geprüft werden:

- In Hinsicht auf den *Abstraktionsgrad* des dem Verfahren zu Grunde liegenden mathematischen Modells und damit der Praktikabilität bzw. dem Beitrag zur Entscheidungsfindung in der wirtschaftlichen Realität.
- In Hinsicht auf die *Ergebnisse* der Kalküle bzw. deren realer Umsetzbarkeit in die Unternehmenswirklichkeit.

Ohne auf den Beitrag der in der Literatur dargestellten mathematischen Optimierungsverfahren als Darstellungsverfahren einzugehen, muß behauptet werden, daß bislang nur wenige Optimierungsmethoden Eingang in die Unternehmenswirklichkeit finden konnten und wenn, dann in solchen Bereichen, in denen vorliegende quantitative Daten und isolierbare Kausalketten beherrschbare mathematische Optimierungsverfahren problemarm zuließen. In weiten Bereichen der wirtschaftlichen Unternehmen, in denen Daten anfallen, deren Quantifizierung bislang noch nicht oder nur hilfsweise (Klassifizierung; Benotung etc.) gelungen ist und in denen Kausalbeziehungen nicht streng zu isolieren sind, müssen die derzeit vorliegenden Verfahren bislang versagen. Daraus folgt, daß ein Großteil der existierenden mathematischen Optimierungsverfahren nur auf eine relativ kleine Menge betrieblicher Problemstellungen anzuwenden ist. Dennoch wird an der „Verbesserung" (an der dynamischen Herstellung eines final optimalen Zustandes) der zugehörigen Problemlösungen gearbeitet. Diese „Verbesserungen", die nicht und/oder nicht nur auf der Anwendung mathematischer Optimierungsmethoden beruhen, sollen im Folgenden zur Unterscheidung von diesen *Optimalisierung* genannt werden. Der Überbegriff der mathematischen Optimierung und nichtmathematischen Optimierung wird in der vorliegenden Arbeit als *Optimalgestaltung* bezeichnet. Aufgabe dieser Arbeit soll es sein, eine Vielfalt von Einflußmöglichkeiten und Verfahren zu untersuchen, die der *Optimalgestaltung des Einsatzes digitaler Rechenautomaten* dienen.

3.1.2 Die Problematik von „Gesamtlösungs"-Ansätzen

Während mathematische Optimierungsansätze als quantitative Methoden dort und nur dort wirtschaftlich anwendbar sind, wo sich quantitative Daten direkt oder indirekt erheben und algorithmisch fixierbare Verknüpfungen definieren lassen, haftet Gesamtlösungen (Gesamtmodellen, Standardformeln) im Sinne einer Betriebswirtschaftslehre als Entscheidungslehre der Mangel an, daß der hohe Abstraktionsgrad, der einer solchen Lösung bzw. einem solchen Modell zu Grunde liegen *muß*, diese in einem Fall zur Formallösung, im anderen zum Darstellungsmodell werden läßt. In vielen Fällen scheinen wirtschaftliche (organisatorische) Probleme mathematisch trivial; die mathematischen Formallösungen bedürfen allerdings Verfahren, die es ermöglichen, ihre Ergebnisse in auswertbare Entscheidungsunterlagen umzusetzen, andernfalls bleiben sie in operationalistischer Betrachtung formallogisch unbestreitbar „wahre" Scheinlösungen. Bezüglich der Modelle ist zu fordern, daß der Abstraktionsgrad nur solange erhöht werden kann, solange ein „Entscheidungsmodell" zur Verfügung bleibt (*wirtschaftswissenschaftliches Abstraktionsmaximum*) [70, S. 118 ff.].

3.2 Verfahren und Ansätze – Die Anwendung in der Praxis

3.2.1 Anzuwendende Verfahren

Auf Grund dieser methodischen Einschränkungen sieht der Verfasser die Möglichkeit der Untersuchung des vorliegenden Problems der Optimalgestaltung der Programmierung digitaler EDV-Maschinen in einer Aufspaltung in Problembereiche (Problemschritte) und zwar derart, daß es möglich wird, zur Optimalgestaltung dieser Teilbereiche, sei es quantitative Optimierungs-Methoden, sei es andere Verfahren der Optimalisierung mit feststellbarem Ergebnis und feststellbaren Kausalitäten anzuwenden. Beispielhaft seien angewendete Verfahren aufgeführt:

- Quantitative Verfahren (Optimierungsverfahren)
  - Linear Programming zur Auswahl von Externen On-line-Speichern
  - Investitionsrechnungskalküle zur Berechnung des Ersatzzeitpunktes von EDV-Maschinen; Ermittlung der optimalen Finanzierung von EDV-Maschinen.
  - Netzplantechnik zur Optimierung der Installation von EDV-Maschinen; Optimierung des gleichzeitigen Einsatzes von Programmierergruppen.
- Nicht-quantitative Verfahren (Optimalisierungsverfahren)
  - Ausgliederung von Unternehmensfunktionen zur Optimalgestaltung der objektivierten Datenermittlung auf dem EDV-Maschinen-Angebotsmarkt.

– Formularisierung von Prozessen zur Wiederholbarkeit und Nachprüfbarkeit von Individualbehandlungen.

Die Aufteilung in solche Problemschritte, die die Anwendung quantitativer Methoden erlauben bzw. in solche, in denen an sich oder durch Mangel eines mathematischen Apparates oder der direkten oder indirekten Quantifizierbarkeit der Daten nicht-quantitative Methoden angewendet werden, wird notgedrungen manche Lücken im Gesamtsystem offen lassen müssen. Diese zu schließen, muß Arbeiten, die über den Rahmen der vorliegenden Arbeit hinausgehen, vorbehalten bleiben.

3.2.2 Die besondere Bedeutung der Simulationsverfahren

Der Verfasser befaßte sich im Laufe der Grundlagensammlung für die vorliegende Arbeit intensiv mit Methoden, die bei Nichtanwendbarkeit von quantitativen Methoden oder bei Nichtvorliegen von mathematisch-analytischen Formulierungen und von Lösungsalgorithmen anzuwenden seien. Von Bedeutung erschien die Anwendung von Simulationsverfahren, insbesondere zur Darstellung folgender Modelle:

- Modell eines komplexen Prozesses in Form eines Ablaufplanes, wenn die mathematisch-analytische Formulierung gegenwärtig unmöglich ist (z.B. das Modell für die Leitung – Planung, Lenkung, Kontrolle, Abrechnung, Analyse – eines Betriebes.
- Modelle zur Lösung mathematisch-analytisch formulierter Prozesse, für die mathematische Lösungsmethoden nicht oder zumindest nicht praktikabel existieren (z.B. allgemeine Reihenfolgeprobleme, Warteschlangenprobleme mit allgemeinen Verteilungen).
- Modelle für solche Prozesse, die aus Zeit- und Kostengründen nicht an experimentellen Laborversuchen studiert werden können (dazu gehören insbesondere die Gesellschaftlichen Prozesse).
- Systematisches Verfolgen der Daten, d.h. des Verhaltens während des Ablaufes des modellierten Prozesses für Lehrzwecke (z.B. des Unternehmensspieles).
- Untersuchung des Einflusses verschiedener Größen auf den Ablauf eines komplizierten Prozesses zum Zwecke der Trennung der Größen in wesentliche und vernachlässigbare Größen, um eine nachfolgende mathematisch-analytische Formulierung zu erleichtern.
- Aufspaltung eines Systems in Teilsysteme – Erkundung einer black box im Sinne der Kybernetik [81, S. 317].

Die Verfahren der vorliegenden Arbeit versuchen das komplexe Subsystem „Datenverarbeitung" und den Prozeß dessen Optimalgestaltung in Modelle im o.a. Sinne zu zerlegen (Problembereiche = Teil-Modelle) bzw. in Problemschritte im Sinne der Optimalgestaltung nach der Verfahrenslogik der „Dynamischen Programmierung". Es werden die Einflußfaktoren analysiert, um Ausgangsdaten für Simulationen zu ermitteln. Auf die Sinnfälligkeit der Simulationsverfahren zur Optimalgestaltung der vorgelegten Teilmodelle im Rahmen weiterer Untersuchungen sei hingewiesen.

3.3 Die Teilziele der Optimalgestaltung

Die der vorliegenden Arbeit zugrunde liegende Primäruntersuchung [12] ergab für den Verfasser für das Subsystem „Datenverarbeitung" im Rahmen des Gesamtsystems „Wirtschaftliches Unternehmen" wegen der vorgefundenen großen Zahl von Einflußfaktoren (parametrischer und nicht parametrischer Natur) die Unmöglichkeit, ein Gesamtentscheidungsmodell unter der Bedingung der wirtschaftlichen Optimalität zu entwickeln.

Analog dem Verfahren der Dynamischen Programmierung [17, S. 14 ff.] wurde der Gesamtkomplex „Einsatz von Digitalen EDV-Maschinen" in logische Bereiche getrennt, wobei die temporale Auffassung dieses logischen Komplexes die Definition dieser Bereiche als „Schritte" im Sinn der dynamischen Programmierung zuließ. Im Folgenden werden Einflußfaktoren und Verfahren der Optimalisierung der Einzelschritte:

- Auswahl der betrieblichen Problemstellung für Einsatz von Digitalen EDV-Maschinen.
- Auswahl der optimalen EDV-Maschine (einschließlich des Subschrittes: Optimalisierung der Finanzierung einer EDV-Maschine).
- Die Optimalisierung der DV/Rechen-Abteilung.
- Die Optimalisierung der Installation einer EDV-Maschine im Unternehmen.
- Die Optimalisierung der laufenden Problem/System-Analysen,

beschrieben und auf ihre Lösbarkeit mit den oben angeführten Verfahren unterzogen.

Auf die einzelnen, voneinander abhängigen, aufeinanderfolgenden Schritte des Gesamtprozesses werden die Prinzipien der Dynamischen Programmierung angewandt. Es kann daher unterstellt werden, daß die optimale Schrittsteuerungswahl zur Schrittoptimierung, die Schrittoptimierung zur Gesamtoptimierung führt.

Folgendes Schaubild soll die logische Abfolge der Schritte verdeutlichen (die Schleife I wird zweimal durchlaufen):

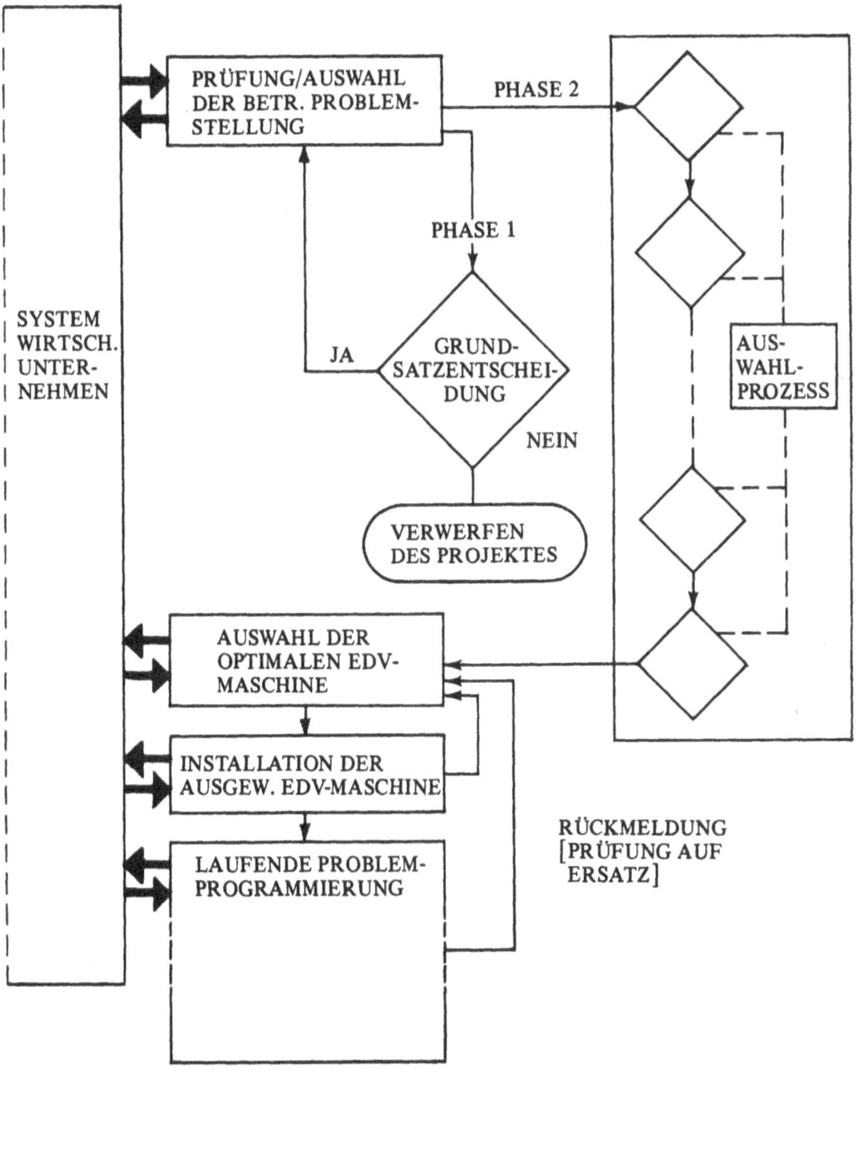

3.3.1 Die Auswahl der Probleme für den Einsatz von digitalen EDV-Maschinen

3.3.1.1 Probleme in wirtschaftlichen Unternehmen

In jedem Unternehmen existiert eine bestimmte Menge von Problemen, die durch Organisation mit oder ohne EDV-Maschinen gelöst werden können bzw. müssen. Eine Teilmenge davon ist zum Zeitpunkt der Betrachtung durch den Organisator bereits gelöst; es kann vermutet werden, daß es sich hierbei um eine relativ kleine Menge handelt. Eine Teilmenge ist die Menge der erkannten Probleme. In ihr ist die Menge der gelösten Probleme vollständig enthalten. Die Subtraktion der Menge der gelösten Probleme von der Menge der erkannten, ergibt die Menge der bekannten, ungelösten Probleme. Sehen wir von einer Bewertung der gelösten Probleme nach Übereinstimmung des aktuellen Lösungsansatzes mit dem optimalen ab, so bleibt als letzte Teilmenge die Menge der ungelösten und unerkannten Probleme bestehen.

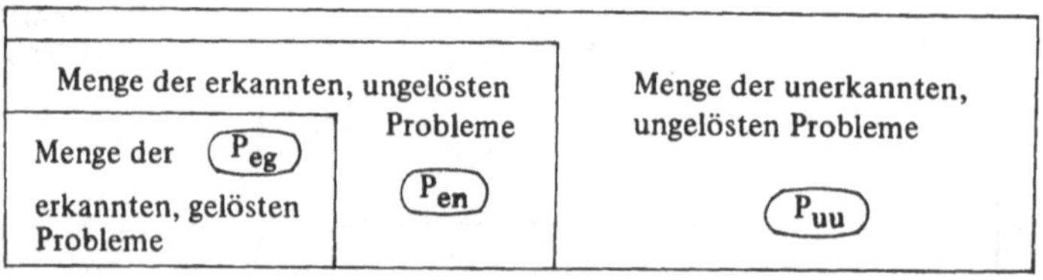

Die Kenntnis dieser Zusammenhänge ist für den Organisator deswegen von großem Nutzen (sie sei „Soft-ware höchster Ordnung" genannt) da sie vom nicht sinnvollen Versuch, alle Probleme in *einem* Ansatz zu lösen, wegführt, und dem stufenweise Organisierenden die Notwendigkeit der Offenheit seines Systems vor Augen führt. Mit der Abnahme des Transparenzmangels werden laufend Probleme erkannt; die Menge der unerkannten, ungelösten Probleme verringert sich zugunsten der Menge der ungelösten, erkannten Probleme – die Transparenz nimmt zu; die Menge der erkannten, ungelösten Probleme nimmt ab und die Menge der erkannten, gelösten Probleme nimmt zu – der Organisationsgrad nimmt zu.

Der stufenweise Organisationsprozeß wird also von einem Lernprozeß begleitet. Der Organisierende lernt die tatsächlich immer schon vorhandenen, bis dahin aber nicht erkannten Probleme kennen. Dies geht auch daraus hervor, daß sich bei genauer Analyse der Aufgaben, die sich der Bearbeitung stellen, folgende Klassen bilden lassen:

- Aufgaben mit bekannten Lösungen: Lösung der Aufgabenstellung allein
- Aufgaben mit bekannten Lösungen: zusätzliche Lösungen – Kuppelprodukte der Organisationsaufgabenlösung – zu bereits erkannten oder noch nicht erkannten Problemstellungen.

- Aufgaben mit bekannten Lösungen: die Lösung ist die Menge der Ausgangsdaten für Anschlußverarbeitungen.

Ist der Ausgangspunkt für die stufenweise Organisation eine *„gesicherte Systemzelle"*, so muß vor der Erstinstallation einer EDV-Maschine, die Neuorganisation schon bis zu einer weiteren, näher zu bestimmenden Stufe entwickelt worden sein, die bereits in der Anfangsphase der Installation eine Mindestauslastung der sprungfix auszubauenden EDV-Maschinen notwendig macht.

Die Software/Hardware-Ausstattung einer bestimmten EDV-Anlage/Maschine bietet dem Organisierenden eine zweifache Grenze:

- die Restriktion der oberen Grenze, über die aus dem Faktum der *technischen Begrenzung* nicht gegangen werden k a n n und:
- die untere Grenze der Auslastung aus dem Faktum des *wirtschaftlichen Einsatzes*, unter die nicht gegangen werden d a r f.

Der Engpaß einer oberen Begrenzung (es können nicht alle bekannten Probleme gleichzeitig umgestellt werden) ergibt sich nicht nur durch die technischen Grenzen der EDV-Maschine selbst, vielmehr auch durch die Arbeitskapazität des einsetzbaren Personals. Organisations-theoretisch ist es nicht relevant, in welcher Reihenfolge Organisationsprobleme (gleich welchen Nutzens) gelöst werden. Dies wäre auch im wirtschaftlichen Sinn der Fall, wenn der Unternehmer durch die Zielfunktion der Gesamtoptimalgestaltung ohne Zeitgrenze geleitet würde. In der Realität kann aber doch in aller Regel die Maxime des Unternehmens

- in der Kosten/Ertragsoptimierung *und*
- in der Risikominimierung mit Zeitgrenzen

gefunden werden. Die „Vorsicht" wirkt sich dadurch aus, daß der Unternehmer seine Kosten/Ertragsoptimierung in möglichst kleinen Zeitabschnitten realisieren will. Für die Auswahl der mit Hilfe von EDV-Maschinen zu lösenden Probleme ergibt sich daraus, daß der Unternehmer diejenigen Probleme zunächst gelöst haben will, die ihm den höchsten Ertrag (der für ihn im Sinne seiner Maximen „Nutzen" bedeutet) bringen. Da überdies keine in beliebig kleinen Teilschritten erweiterbare EDV-Maschine zu Verfügung steht, wirkt sich diese Handlungsweise auch auf die wirtschaftliche Optimalgestaltung des EDV-Einsatzes an sich aus.

Hier stellt sich erneut das Problem des Bestimmens von Organisationserträgen, wowobei dem Organisierenden mangels praktikabler Maßsysteme Richtlinien gegeben werden müssen. Daß unterschiedliche Erträge und Verluste durch die Aktivität „Organisation" mit oder ohne Einsatz von EDV-Maschinen möglich ist, kann als sicher angenommen werden; durch die besondere Kostensituation beim Einsatz von EDV-Maschinen aber wird eine qualifizierte Risikosituation geschaffen:

„Die Frage des wirtschaftlichen Nutzens (Ertrags-Kostendifferenz Anm. d. Verf.) steht bei den Überlegungen des Einsatzes einer elektronischen Datenverarbeitungsanlage an erster Stelle. Sie ist nicht leicht zu beantworten, denn die Möglichkeiten bewegen sich hier in weiten Grenzen. Größte Nutzeffekte sind ebenso möglich wie hochgradige Unwirtschaftlichkeit" [47, S. 201]

Derzeit werden in der Literatur keine praktikablen Meßverfahren dargeboten. Die formale Lösung der Leistung eines Informationssystems mit Wissenbeitragswerten ohne Einheiten gibt dem Entscheidenden keine Richtlinien, so daß dieser an Stelle einer Verzweigungsoperation auf Grund von objektiven Daten eine risikobehaftete „echte Entscheidung" treffen muß.

„Zudem kann der Wert verschiedenartiger Nutzleistungen nicht berechnet werden, weil für die neuartigen, erst durch die Elektronik realisierbar gewordenen Leistungen in der bisherigen Arbeitsweise nicht immer ein Vergleichsmaßstab zu finden ist." [110, S. 51].

3.3.1.2 Die Vorprüfungen

Da bis jetzt kein Algorithmus gefunden wurde, die „besten" d.h. die Kosten/Ertragsoptimalen Verfahren zu bestimmen , um diese mit Einsatz von EDV-Maschinen zu organisieren, muß zunächst daran gegangen werden, die offensichtlich ungeeigneten auszuscheiden. Offensichtlich ungeeignet sind aber alle diejenigen Verfahren und Systeme, die nicht DV/Rechensysteme sind.

Darüber hinaus können Kriterien gefunden werden, wonach eine feststellbare, relative Bewertung von DV/Rechen-Systemen, die sich auf die Reihenfolge der Übernahme auswirkt, möglich ist. Es sind dies:

- die Anzahl der Wiederholungen/Zeiteinheit .... R
- die Anzahl der Verfahrensvarianten/System .. N_v bzw. $N'_v = \frac{1}{N_v}$

  (Problem der Gleichartigkeit der Verarbeitung)
- die Anzahl der verarbeitenden Daten – Input .. M_i
- die Anzahl der ausgegebenen Neuinformationen – Output ... M_o

Gewichtet man die Kriterien mit den Faktoren (a, b, c, d) so ist aus der Menge $S = (s_1, s_2 \ldots . s_n)$, dasjenige DV/Rechensystem s_i auszuwählen bzw. zunächst für die Transformierung zur Bearbeitung mittels EDV-Maschinen vorzusehen, für das gilt

$$aR_i + bN'_{v_i} + c\,M_{i_i} + d\,M_{o_i} > a\,Rj + b\,N'_{v_j} + c\,M_{i_j} + d\,M_{o_j}$$

wobei s_j jedes andere zum Vergleich herangezogene DV/Rechensystem darstellt.

Dieser Vergleich bezieht sich auf die *Eignung* und gibt noch nicht endgültigen Aufschluß darüber, ob auch der betriebliche Ertrag des so ausgewählten Systems größer ist als der des im Vergleich unterlegenen.

3.3.1.3 Die Arten der Probleme

Das System der bekannten Problemstellungen im Unternehmen ist wie oben dargestellt ein offenes. Die Analyse der bekannten Probleme und deren Lösungen gibt dem Entscheidenden jedoch Aufschluß über die Ansätze seiner eigenen Ertrags/Kostenprognose, die die Eignungsvorprüfung ergänzen muß.

Nach der Unternehmensfunktion können wir unterscheiden:

- Aufgaben der Planung:
  Planungsgrundlagenrechnung
  Prognoserechnung
  Investitionsrechnung
  sonstige Budgetgrundlagenrechnung
- Aufgaben der Information:
  Verbrauchsstatistiken
  Vertriebsstatistiken
  Innerbetriebliche Leistungsrechnung
  Außerbetriebliche Beobachtung
- Aufgaben der Dokumentation (Verwaltung i.e.S.)
  Fakturierung
  Lohnberechnung
  Finanzbuchhaltung
- Aufgaben der betrieblichen Steuerung:
  Produktionssteuerung
  Lagerhaltungsrechnung
  Bestellpunktrechnung

Die Liste stellt demonstrativ Verfahren zu den einzelnen Unternehmensfunktionen dar, die mit Einsatz von DV/Rechen-Maschinen gelöst werden können bzw. bereits gelöst wurden.
Eine Reihung wurde nicht vorgenommen. Trennen wir jedoch die realisierbaren Aufgaben in solche mit *dokumentärem* und solche mit *instrumentalem* Charakter, so wird bereits unterstellt, daß diese als Steuerungsmittel einen variablen Ertrag haben können, während jene eine conditio sine qua non eines Unternehmens in seiner rechtlichen Umwelt darstellen, einen zusätzlichen Ertrag aber ausschließlich durch eine Kostensenkung durch ein günstigeres Mann/Maschinen/h-Verhältnis erreichen können:

- Dokumentäre Aufgaben
  Fakturierung
  Finanzbuchhaltung
  Materialbuchhaltung
  Abschlußtechnik
  Lohn/Gehaltsabrechnung

- Instrumentale Aufgaben
  - Klassische (deterministische) Aufgaben:
    Alle Bereiche der instrumentalen Kostenrechnung
    Planungsrechnung
    Budgetrechnung (insbesondere Investitionsrechnung)
  - Neuere (stochastische) Aufgaben
    Erstellung von Labormodellen
    (Nachbau von bestimmten Entscheidungssituationen)
    Management Games (formalisierte Labormodelle) [81, S. 317]
    Geschlossene, analytische Modelle und deren Berechnung (LP, Transport, Warteschlangenprobleme u.ä.)
    Monte Carlo-Modelle und deren Bearbeitung

Auf die besondere Bedeutung der Monte-Carlo-Methode soll deshalb hingewiesen werden, weil diese ein Beispiel für ein Verfahren ist, das, von einfachsten Demonstrationsbeispielen abgesehen [94, S. 406], den Einsatz einer EDV-Maschine zwingend erfordert. Dies deshalb, weil die für die zum Verfahren benötigten Zufallszahlen am günstigsten in einem Zufallszahlengenerator in der EDV-Maschine selbst erzeugt werden und weil die Schnelligkeit der Rechenvorgänge die notwendige oftmalige *Wiederholung* sowohl technisch möglich, als auch wirtschaftlich vertretbar macht.
Wegen ihrer Bedeutung, sei die Verwendungsmöglichkeit von Monte-Carlo-Simulationen exkursartig angeführt [81, S. 318]:

- Lösungsverfahrenssimulation –
  die Bestimmung von (sub)-optimalen Lösungen, bei Fehlen von mathematisch-exakten Lösungen
  (Problemformulierung als Ablaufplan/mathematisch/analytisch; z.B. Ablaufplan der Installation einer EDV-Anlage).
- Stichprobensimulation –
  Simulation von stochastischen Prozessen: Erzeugung von zufälligen Stichproben nach den Daten des Prozesses und Schluß auf die Ausgangsgrößen (Berechnung der Stauungen der anfallenden Daten bei bestimmter Anlagenkonfiguration – Warteschlangen)

Aus der Menge der bereits getesteten Monte-Carlo-Simulationen sei herausgegriffen:

- Optimale Lagerhaltung
- Optimale Pufferspeicher in Fließlinien
- Flugplanerstellung
- Optimierung des innerbetrieblichen Transports
- Fertigungsabschnittslenkung
- Optimierung des Reihenfolgeproblems
- Modell eines Reparaturbetriebes

Die Simulation soll innerhalb der Besprechung der Anwendungen der EDV-Maschinen deshalb ausführlicher behandelt werden, weil unterstellt werden kann, daß dasjenige für den Einsatz von EDV-Maschinen geeignete Verfahren den größten Ertragszuwachs bringen wird, das vorher, mangels Realisierbarkeit mit manuellen oder maschinell assistierten Systemen überhaupt nicht betrieben werden konnte. Dies gilt insbesondere für ein an ein betriebliches Informationssystem aufbauendes geschlossenes Simulationsschema, „ORGANISATIONSSIMULATION" genannt, das auf der Budgetsimulation aufbaut und von *Mattesich* wie folgt entwickelt wurde [66, S. 179]:

ORGANISATIONSSIMULATION

VERKAUFSSIMULATION PRODUKTIONSSIMULATION

VERWALTUNGSSIMULATION

INVESTITIONSSIMULATION

FINANZIERUNGSSIMULATION

3.3.1.4 Anwendungsbeispiele

Grundsätzlich ist jeder Entscheidende vor die Aufgabe gestellt, mit Hilfe der erstellten Richtlinien die für sein System im oben charakterisierten Sinn „beste" Verfahrensweise auszuwählen, eine Übernahmerangordnung aufzustellen und danach den Organisationsfolgeplan festzulegen. Dies führt aber dann und nur dann zur optimalen Folge von Lösungen, wenn dem Entscheidenden tatsächlich *alle* erkannten und gelösten Probleme zur Klassifizierung zur Verfügung stehen; tatsächlich ergibt sich aber in aller Regel eine Differenz zwischen den subjektiv erkannten einerseits und objektiv gelösten andererseits. Es kann darüber hinaus vermutet werden, daß selbst die Summe der Menge der subjektiv erkannten und gelösten Probleme und der Menge der subjektiv erkannten, aber nicht gelösten Probleme *kleiner* ist, als die Menge der objektiv erkannten und gelösten. Handelt der Entscheidende, ohne sich die Informationen über die Menge der objektiv erkannten und gelösten Probleme zu verschaffen, so handelt er nicht unter objektiver Unsicherheit und objektivem Transparenzmangel – der Organisationsstufenweg zur Optimalorganisation *kann* nicht optimal verlaufen, das bedeutet, er verläuft nicht so „gut", wie er auf Grund der objektiven Gegebenheiten verlaufen *könnte.*
Zur Illustration dieses Problems, das die Bedeutung der außerbetrieblichen Beratung als permanente Informationsbeschaffungs- und Verdichtungs/Selektionsquelle andeutet, sei eine Auswahl aus einem Katalog erkannter und mit Einsatz von EDV-Maschinen objektiv gelöster,allgemeiner unternehmerischer Probleme angeführt (in die Kolonnen ‚EDV-Eignung' wurden Noten aufgenommen:
N – NIEDRIG, GERING; H – HOCH, ZAHLREICH):

AUFGABE/VERFAHREN/PROBLEMSTELLUNG	EDV-Eignung R	N_V	M_I	M_O	AUFGABENART DOK	DET	INSTR STOCH
ABSCHREIBUNGSBERECHNUNGEN	H	N	H	H	X		
ABLAGESYSTEMATISIERUNG	H	N	H	H	X		
ABLAGE-FÜHRUNG	H	H	H	H	X		
ANLAGENKARTEIFÜHRUNG	H	N	H	H	X		
ABLAGE–EINZELN UND SIMULTAN	H	N	H	H	X		
ANLAGEN-AUSLASTUNGSSTEUERUNG	H	N	N	N		X	X
ANWESENHEITSEVIDENZ	H	H	H	H	X		
ARBEITSPLATZBEWERTUNG	N	N	H	H	X	X	
ARBEITSPLATZ-ZUORDNUNGEN	N	N	H	H		X	
ARBEITSBEGLEITUNG BEI AUFTRAGSFERTIGUNG	H	N	H	H	X		
ARBEITSKONTROLLE	H	N	H	H	X	X	
ARBEITSKAPAZITÄTSAUSLASTUNGSANALYSE	N	N	H	H		X	
AUFTRAGSPLANUNG	H	N	H	H		X	X
BAUKOSTENBERECHNUNG	H	N	H	N	X		
BESTELLUNGEN	H	N	H	H	X	X	
BESTANDTEILKATALOGERSTELLUNG	H	H	N	H	X		
BESTIMMUNG D.OPTIMALEN PRODUKTIONS-PHASENFOLGE	N	N	N	H		X	X
BERECHNUNG VON MIETEN UND LEASINGPREISEN	N	N	H	N	X	X	
BIBLIOTHEKSFÜHRUNG	H	H	H	H	X		
BIBLIOTHEKSKATALOGERSTELLUNG	H	H	H	N	X		
BILANZANALYSEN	N	H	H	N		X	
BUDGETERSTELLUNG	N	H	H	N		X	X
CRITICAL PATH SCHEDULING	N	H	H	N		X	
DATENERFASSUNG VON VERSCHIEDENEN EINGABESTELLEN	H	N	H	H	X		
ENERGIEVERBRAUCHSSTATISTIK	N	H	H	H	X		
FINANZIELLER STATUS – MELDUNGEN HIERZU	N	N	N	N	X	X	
FIXKOSTENUMLAGE	H	N	N	H	X		
FRAGEBOGENAUSWERTUNG	H	N	H	H	X	X	
FREIWILLIGE SOZIALLEISTUNGSBERECHNUNG	H	N	H	H	X		
GEHALTSERHÖHUNGEN	N	H	H	H	X		
HAUPTBUCHFÜHRUNG	H	H	H	H	X		
INSTANDHALTUNG U.INSTANDSETZUNG – BERICHTE, PLANUNG, STEUERUNG	H	N	H	H	X	X	X
INSTANDHALTUNGS/INSTANDSETZUNGSSTATISTIK	H	H	H	H	X		
INSTANDHALTUNGS/INSTANDSETZUNGSPLANUNG	H	H	H	H		X	
INVESTITIONSANALYSEN	N	N	H	N	X	X	
INVENTUR	H	N	H	H	X		
INFORMATIONS-ERFASSUNG	H	N	H	H	X	X	
KASSENAUSGÄNGE–ANALYSE–PERMANENTE STANDFÜHRUNG	H	N	H	H	X		
KRAFTSTOFFVERBRAUCHSANALYSE	H	H	H	H	X		
KOSTENRECHNUNG	H	N	H	H	X	X	
KOSTENANALYSE	H	N	H	N		X	X
KUNDENKREDITPRÜFUNG	N	H	H	N	X		
LAGERUMSCHLAGANALYSEN	N	H	H	N		X	
LAGERANALYSEN	N	N	H	H		X	
LEISTUNGSRECHNUNG	H	N	H	H	X	X	
LIEFERSCHEIN- U. RECHNUNGSERSTELLUNG	H	H	H	H	X		
LIEFERTERMINPLANUNG	H	H	H	H	X		
LINEARE PROGRAMME – BERECHNUNG	H	H	H	N		X	
LOHNLISTEN-BEARBEITUNG ALLG. LOHN-ERHÖHUNGEN	H	N	H	H	X		
LOHNABRECHNUNG UND AUSZAHLUNG	H	N	H	H	X		
LOHN- UND GEHALTSANALYSEN	H	N	N	H		X	
LOHN- UND GEHALT-STEUERBERECHNUNGEN	H	N	H	H	X		

AUFGABE/VERFAHREN/PROBLEMSTELLUNG	EDV-Eignung				AUFGABENART		
					DOK	INSTR	
	R	N_V	M_i	M_0		DET	STOCH
MASCHINENBELEGPLANERSTELLUNG	N	N	H	H		X	
MASCHINENKAPAZITÄTSAUSLASTUNGS-KONTROLLE	H	N	H	N	X		
MATERIAL/BEDARFSRECHNUNG, ZUWEISUNG, PLANUNG	H	H	H	H	X	X	X
MANAGEMENT GAMES	N	N	H	H		X	X
MANAGEMENT-MELDUNGEN NACH DEM MBE-PRINZIP	N	N	N	N		X	
MANAGEMENT-SIMULATION	N	N	H	H		X	X
MANAGEMENT-ANALYSE DER STATISTIKEN	H	N	H	H		X	
MANAGEMENT-ANALYSE DER STRATEGIEN	H	N	H	H	X	X	
MANN/H-ANALYSE	H	H	H	H	X	X	
MAHNUNGEN – AUTOMATISCH	N	H	H	H		X	X
MARKTFORSCHUNGSSTUDIEN	H	H	H	H	X		
MIETEN-ANALYSE	N	H	H	N	X	X	
OPTISCHE BELEGLESUNG	H	H	H	H	X		
OPTIMALE WEGBERECHNUNG FÜR BETRIEBS-FAHRZEUGE	H	H	H	H		X	
OPTIMALE VERLAUFSBERECHNUNGEN FÜR KABELVERLEGUNG	N	H	H	H		X	
OPERATIONS-RESEARCH – ANWENDUNGEN	N	N	H	H		X	X
OP-BUCHHALTUNG	H	N	H	H	X		
PENSIONSBERECHNUNGEN	H	N	H	H	X		
PERSONALVERTRÄGE	N	N	H	N	X		
PERSONALKOSTENBERECHNUNG	H	N	H	H	X	X	
PERSONALPLANUNG	H	N	H	H		X	
PERT-DIAGRAMME – AUTOMATISCHE ERSTELLUNGEN	H	H	H	N			X
POSTZETTEL UND LAGERAUFTRAG	H	H	H	H	X		
POST-LISTEN	H	H	H	H	X		
PREIS-ANALYSEN	N	N	H	N	X	X	
PROGNOSERECHNUNG	H	N	H	N			X
PRODUKTIONSPROGNOSEN	N	N	H	N			X
PRODUKTIONSSIMULATION	N	N	H	N			X
PRODUKTIONSPLANUNG	H	N	H	H		X	X
RECHNUNGSABSCHLUSSARBEITEN	H	N	H	H	X		
REVISIONSPLANUNG	N	N	H	N		X	
ROUTINEKORRESPONDENZ MIT PERSÖNLICHER ANSCHRIFT/ANREDE ETC.	H	H	H	H	X		
STEUERBERECHNUNGEN	H	N	H	H	X		
SYSTEMANALYSE	N	N	H	N		X	
SYSTEM-SYNTHESE	N	N	H	N		X	X
SYSTEM-BEWERTUNG	N	N	H	N	X		
TRANSPORTOPTIMIERUNG–INNERBETRIEBLICH	N	N	H	N		X	
TRANSPORTWEGOPTIMIERUNG–AUSSERBETRIEB-LICH	N	N	H	N		X	
ÜBERSTUNDENBERECHNUNG	H	N	H	H	X		
UNFALLSTATISTIK	H	H	H	H	X		
URLAUBSPLANUNG	N	N	H	H		X	
VERSICHERUNGEN–BERICHTE U. FÄLLIGKEITEN	H	H	H	H	X		
VERTRIEBSREGION–VERTEILUNG	H	H	H	H	X		
VERKAUFSANALYSEN	H	H	H	H		X	
VERKAUFSANTEILSBERECHNUNGEN	H	N	H	H	X		
VERTRETERWEGBERECHNUNGEN	H	H	H	N		X	
VERKAUFSPROGNOSEN	N	N	H	N		X	X
VERSANDSTEUERUNG	H	H	H	H		X	
WERBEERFOLG-ANALYSE	N	H	H	N		X	

3.3.1.5 Bisherige Behandlung des Problems in der Praxis und Lösungsansätze

Die bisherige Behandlung dieses Problems in der Praxis läßt darauf schließen, daß die Problematik der Reihenfolge der Übernahme von Problemen und damit das Problem der Auswahl der betrieblichen Problemstellungen für den EDV-Maschineneinsatz entweder nicht erkannt oder nicht ausreichend berücksichtigt wurde. Der Verfasser konnte bei der Installation einer EDV-Maschine in einem Textilgroßbetrieb feststellen, daß der in der Hierarchie mit der Entscheidungsgewalt Ausgestattete nicht nach der oben unterstellten Zielfunktion unter Vorsicht entschied, sondern

- unter der Maxime der *Organisationsschwierigkeitsminimierung:* die relativ einfachsten Gebiete werden zunächst behandelt
- im Sinne des Lernvorganges: das Organisations/Programmierpersonal lernt mit der fortschreitenden Organisations-Intensitätszunahme
- nicht-fixierbar *traditionell-emotional:* nach Lösungsmustern der installierten elektromechanischen DV-Maschinen.

Als erstes wurde das DV-System „Fakturierung" (Eignung für EDV-Übernahme hoch, da Werte für R, M_i sehr groß; Ertragszuwachs gering, da dokumentäre Aufgabe) übernommen. Das DV-System „Errechnen der Farbrezepturen" (gekennzeichnet durch hohen Ertragszuwachs, da produktionssteuernde Aufgabe) wurde hingegen erst *nach* dem „Abschluß" der Installation in Angriff genommen.

Als Beweis dieser Hypothese können die Ergebnisse einer als „vollständig" bezeichneten EDV-Maschinen-Applikation einer Groß-Bank angeführt werden, die folgende Auslastung der EDV-Maschinenkapazität feststellte:

Operation	Anteil an % Gesamt-kapazität	Funktion
Ein/Ausgabe	20	Hilfsfunktion
Sortieren/Mischen	40	Funktionen für dok. Aufgaben
Allg. Summenbildung	20	
Verknüpfung/Berechnung	20	Funktionen für instrum. Aufgaben
	100%	

Zur Lösung des Eignungs- und Reihenfolgeproblems werden in der Praxis Hilfsverfahren angewendet:

Feasibility study and pilot scheme

Mangels anderer Verfahren hat sich bei Großapplikationen die Methode entwickelt, die Eignung eines Systems zur Anwendung von EDV-Maschinen, sowie den möglichen Ertrag durch die Umstellung eines Subsystems oder Teilbereiches durch „feasibility studies and pilot schemes" zu ermitteln. Das Verfahren entspricht dem Installationsverfahren selbst. Dementsprechend können folgende *Vorteile* festgestellt werden:

- Die Überwindung etwaiger psychologischer Widerstände im Unternehmen kann bereits in dieser Phase erfolgen.
- Die Nettoinstallationszeit (die Installationszeit i.e.S.) kann verkürzt werden.
- Über den Installationsertrag können wichtige Aufschlüsse gefunden werden.
- Richtzeiten für einen exakten Installationsplan (unternehmensangepaßt) können gefunden werden.

Allerdings stehen diesen Vorteilen auch entscheidende *Nachteile,* die für Unternehmen zu unüberwindlichen Restriktionen werden können, gegenüber:

- Für die feasibility study and das pilot scheme muß bereits das gesamte EDV-Organisationsteam zur Verfügung stehen.
- Die Ausarbeitung einer solchen Studie dauert so lange wie eine Installation eines kleineren Systems (Richtwerte liegen zwischen 3 Monaten und 1 Jahr) [91, S. 376]
- Für die Studie (in ihrer letzten Phase ca. 25% der Gesamtdauer) muß eine EDV-Maschine zur Verfügung stehen.

Daraus ergibt sich, daß erst ab einer bestimmten, hier nicht näher definierbaren Größenordnung der Installation eine solche Studie wirtschaftlich wird. Es bleibt zu erwähnen, daß eine große Anzahl solcher Studien bereits erstellt wurde, und daß ein Unternehmen im Hinblick auf optimale Gestaltung der eigenen Installation zu prüfen haben wird, ob es seine Organisation derjenigen anpassen kann, für die eine FS/PS bereits vorliegt. In diesem Fall einer *ausgegliederten* FS/PS entfallen auch die Nachteile. Folgende Vorteile treten hinzu:

- Der Lerneffekt der Installation kann während der gesamten Studienzeit voll ausgenützt werden (und zwar sowohl hinsichtlich der EDV-Maschinenkenntnis (software/hardware) als auch hinsichtlich der zu bearbeitenden Systeminterdependenzen im Hinblick auf das zu errichtende Gesamtinformationssystem.
- Die Eignung eines Systems für den Einsatz einer EDV-Anlage kann *sicher,* also unter Ausschaltung von Wahrscheinlichkeiten ermittelt werden.

Systembewertung und Erstellung eines LP

Das Problem wurde vom Verfasser auf eine mögliche Lösung durch ein Lineares Programm untersucht. Dazu war es zunächst notwendig, eine Bewertung der Lösungsvorschläge vorzunehmen; die oben angeführte Zuordnung zu dokumentären, instrumentalen (deterministisch/stochastischen) Aufgaben mußte nach der EDV-Eignungsprüfung erweitert werden. Hierbei wurden alle Faktoren

– der Kostenminderungen (personell, zeitmäßig, Fehlerausschaltung, etc.)

– und der Leistungsvermehrungen (qualitativ, quantitativ)

geschätzt und als Wertigkeitsfaktor W_n der Lösung L_n definiert.

Die Zielfunktion liegt trivialerweise in der Maximierung der Wertigkeitsfaktoren, die Installationserträge darstellen. Abgesehen vom Engpaß der Problemlösung bzw. Programmierung liegen folgende Engpässe vor:

– Datenerfassung/Datenaufbereitung
– Dateneingabe
– Verarbeitung (on-line)
– Datenausgabe

Durch die Mißanpassung der Geschwindigkeiten und durch die unterschiedliche Problemstruktur (I/O-orientiert; verknüpfungsorientiert) werden sich die unterschiedlichen Kapazitäten dieser vier „Stellen" auf die Probleme nicht gleich verteilen.

Es liegen somit *Verfahren* vor, die zum Zielertrag beitragen, und die über eine Anzahl von *Stellen* laufen müssen, die Engpässe darstellen und die unterschiedlich belegt werden, wobei die Belegdauerreihenfolge bei jeder Stelle eine andere sein kann. Es liegt somit eine Problemstellung vor, die mit Hilfe eines Linearen Programmes zu lösen ist. Es gilt folgender Ansatz:

$$E_i = \sum_1^n L_j W_j \Rightarrow \text{Max!} \qquad E_i - \text{Installationsgesamtertrag}$$

Durch die Existenz von 4 Stellen (s_1, s_2, s_3, s_4) mit den zugehörigen (beschränkten) Kapazitäten (K_{s_1}, K_{s_2}, K_{s_3}, K_{s_4}) ergeben sich folgende Restriktionsgleichungen:

$$L_1 k_{1_{s_1}} + L_2 k_{2_{s_1}} + \ldots\ldots\ldots L_n k_{n_{s_1}} = K_{s_1}$$

$$L_1 k_{1_{s_2}} + L_2 k_{2_{s_2}} + \ldots\ldots\ldots L_n k_{n_{s_2}} = K_{s_2}$$

$$L_1 k_{1_{s_3}} + L_2 k_{2_{s_3}} + \ldots\ldots\ldots L_n k_{n_{s_3}} = K_{s_3}$$

$$L_1 k_{1_{s_4}} + L_2 k_{2_{s_4}} + \ldots\ldots\ldots L_n k_{n_{s_4}} = K_{s_4}$$

$k_{n_{s_m}}$ – der zum Lösungsverfahren L_n gehörige Kapazitätsanteil an der Stelle s_m.

Die Lösung erfolgt durch Einführen der Schlupfvariablen nach der Simplex-Methode.

Das EDV-Installationsproblem (Umstellungsproblem) als Investitionsproblem

Aus den Verfahren der EDV-Installation (Systemanalyse, Programmierung, Testläufe, Parallel-Lauf) ergibt sich, daß der Zeit der Durchführung (der „Produktion") mit feststellbaren Installationserträgen eine feststellbare Zeit der ertragslosen Errichtung der Systeme vorausgeht. Die in der Periode der Systemerrichtung entstehenden Kosten können als Investitionsbetrag aufgefaßt werden, die Installationserträge, als Erträge dieses Investitionsbetrages. Das EDV-Installationsproblem kann somit als Investitionsproblem gedeutet werden. Jede einzelne Aufgabenstellung mit dem zugehörigen Lösungsverfahren L_n erfordert eine zugehörige Investition i_n. Wurden beim Ansatz als LP die maschinellen Engpässe berücksichtigt, so bezieht sich diese Betrachtung auf die Kosten der Problemlösung bis zum ausgetesteten, produktionsbereiten Verfahren. Nachdem in aller Regel das vorhandene Investitionsgesamtbetrag I kleiner ist als die Summe aller (technisch, organisatorisch) in Frage kommenden i_n, ergibt sich die Problemstellung der Auswahl einer begrenzten Anzahl m aus der Menge der n Lösungsverfahren unter dem Gesichtspunkt der Installationsertragsmaximierung auf den Gesamtinvestitionsbetrag.

3.3.2 Organisationserfordernisse im Hinblick auf den optimalen Einsatz von digitalen EDV-Maschinen

3.3.2.1 Voraussetzungen und Voruntersuchungen

Wie oben ausgeführt, dienen EDV-Maschinen zur Errichtung von geschlossenen Informationssystemen, in denen sie der menschlichen Willkür auf ausführender Ebene entzogen, die fixierten (= programmierten) Datenverarbeitungsoperationen durchführen.

Es wurde festgestellt, daß die EDV-Maschinen ausschließlich dazu geeignet sind, *DV-Operationen* durchzuführen. Soll der Einsatz der EDV-Maschine etwa die Übernahme eines bestimmten Arbeitsgebietes aus dem Bereich der Verwaltung optimal, ja auch nur realisierbar gestaltet werden, so muß durch eine Voruntersuchung festgestellt werden, ob überhaupt ein Datenverarbeitungsproblem vorliegt. Ist dies zunächst nicht bestimmbar, so muß eine Zusatzuntersuchung ergeben, ob das untersuchte Problem (die Operation, bzw. Operationsfolge) in DV/Rechenprobleme

auflösbar, d.h. das komplexe Problem ist in DV/Rechenprobleme und andere trennbar, oder *umformbar*

ist. Muß auch diese Frage verneint werden, so ist ein sinnvoller Einsatz einer EDV-Anlage nicht möglich; das Problem ist auszuscheiden.

Ergibt die Untersuchung, daß ein DV/Rechenproblem vorliegt, so ist weiters zu prüfen, ob die derzeitige Organisation einer optimalen Organisation mit EDV-Maschinen-Einsatz entspricht. Das ist dann und nur dann der Fall, wenn folgende drei Tatbestände lokal und zeitlich klar getrennt oder mindestens trennbar auftreten:

- Anfall von Daten (Informationseinheiten)
- Verknüpfung der Daten (Auswahl, Gruppierung nach bestimmten, gleichförmig wiederholbaren Vorschriften – Programm/Lösungsverfahren/Algorithmen i.e.S.).
- Weiterlauf der neuentstandenen Informationen an bestimmte Informationsbedarfsträger, wobei der simultane Anfall eines multiplen Output als Charakteristikum für den oftmals nicht unmittelbar quantifizierbaren Ertrag eines DV-Systems mit EDV-Maschinen-Einsatz gilt.

Während bei manuellen DV-Systemen die Trennung in DV/Rechensysteme nicht eine notwendige Bedingung ist, da der Mensch in der Lage ist, auch nach allgemeinen Anweisungen (Zielvorgabe) diese Trennung in seiner individuellen Arbeitsorganisation selbst vorzunehmen [80], solange eine zu komplexe Operationsstruktur und der damit verbundene Verlust der individuellen Transparenz nicht auch eine Programmierung [79, S. 352] der menschlichen Aktivitäten in einem Informationssystem notwendig macht, ist bei dem heutigen Stand der Soft- und Hard-ware aber auch der Lerntheorie die Vermittlung einer derartigen Fertigkeit der EDV-Maschine gegenüber nicht möglich.

Darstellung eines exakten DV/Rechen-Systems zum optimalen Einsatz einer EDV-Maschine:

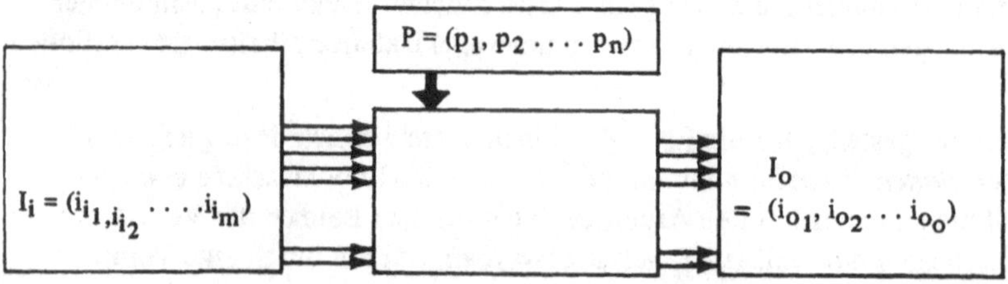

P . . . Menge aller (in der EDV-Maschine gespeicherten Verknüpfungsvorschriften = Programme)

I_i . . . Menge aller anfallenden (homomorphen) Daten/Informationen.

I_o . . . Menge aller neuentstandenen Informationen.

3.3.2.2 Erstellung und Ausbau eines „exakten" DV/Rechensystems zum optimalen Einsatz einer digitalen EDV-Rechenmaschine

Das oben im Hinblick auf EDV-Maschineneinsatz dargestellte allgemeine DV/-Rechensystem (1.–n. Ordnung) wird durch die ankommenden Daten/Informationen angeregt; die Beschaffenheit der ankommenden Daten trägt auch die Information in sich, aus der Menge der im Verfahrensvorrat bereitstehenden Verfahren $V = (v_1, v_2 \ldots v_n)$ das zur Bearbeitung der ankommenden Daten zugehörige auszuwählen. In manuellen Systemen sei hierbei an eine einlangende Faktura gedacht, die die Form der Information für die Auswahl des Verfahrens „Fakturenbearbeitung" in sich trägt; bei Kartenapplikationen wird die Auswahlvorschrift in Form der Kartenartsbezeichnung mit den zu verarbeitenden Karten verbunden. Die Erstellung von exakten DV/Rechensystemen ist deshalb auch theoretisch von so großer Bedeutung, weil der Einsatz einer EDV-Maschine ja nur den Transformationsschritt $V \Rightarrow P$ bringt, d.h. die bestehenden Vorschriften werden zur Menge der in der EDV-Maschine zu speichernden Programme transformiert. Der Ausdruck „Programm" ist hier i.w.S. gebraucht und umfaßt Programme, Subprogramme, Routinen, Subroutinen, etc. [80, S. 7].

Ist das Problem theoretisch einfach lösbar, so steht der Entscheidende im Unternehmen vor dem Problem, die vorbereitenden Maßnahmen organisatorischer Art auch praktisch durchzuführen und zwar derart, daß einerseits exakte DV/Rechensysteme abgegrenzt werden, andererseits die einzelnen Systeme in DV/Rechensysteme höherer Ordnung mit dem Ziel des geschlossenen betrieblichen Informationssystems zusammengefaßt werden können. Untersuchungen von betrieblichen EDV-Installationsvorbereitungen haben ergeben, daß „die gesammelten Planungsunterlagen bei der Erstinstallation für einen tragfähigen Systemrahmen meist nicht ausreichend" [48, S. 172] sind.

Es stellt sich daher die Aufgabe, ein System von der Basis her zu entwickeln, beginnend mit dem in dieses Gesamtsystem integrierfähigen Subsystem der niedrigsten Ordnung, und zwar unter

nicht vollständiger Kenntnis (weder Ist- noch Sollzustand)
und Unsicherheit der Systementwicklung.

Als Verfahren kommt daher nicht ein Gesamtverfahren zur Berechnung eines Lösungsvorschlages in Betracht; die Methode wird vielmehr in einem *stufenweisen* Organisationsgang bestehen, der sich durch einen laufenden Regelvorgang unter gleichzeitiger Abnahme der Unkenntnis und Unsicherheit am Systemoptimum einpendelt. Die Stufen- oder Schrittgröße, bestimmend für den „Irrtum" (=die Abweichung vom optimalen Weg zum Systemoptimum), ist durch die Tatsache gegeben, daß jeweils mindestens ein Subsystem bearbeitet werden muß.

Die Kontrolle zur Abweichungsfeststellung und Korrekturermittlung hat in zweifacher Richtung zu erfolgen; sie bezieht sich einerseits auf die optimale

Erfüllung des Bearbeitungszieles, andererseits auf die Zieldefinition selbst und läßt sich folgendermaßen darstellen:

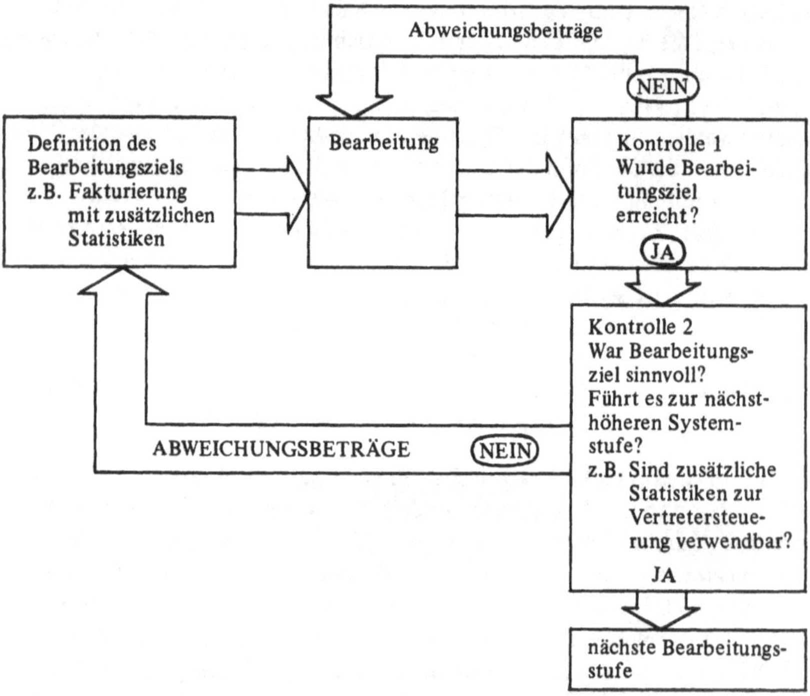

Den Ausgangspunkt der stufenweisen Bearbeitung bildet eine willkürlich zu wählende „*gesicherte* Systemzelle". Darunter soll ein System verstanden werden, das bereits ein exaktes DV-System ist oder einfach in ein solches umgeformt werden kann (z.B. die Bestellung). Im folgenden sei an einem Modell der stufenweise Vorgang von einem gesicherten Ausgangspunkt (das von außen in das Unternehmen gelangende Datum „Bestellung") dargestellt.

Der stufenweise Organisationsaufbau am Beispiel des Auftragsbearbeitungsmodells von Faust [49]

Die Analyse einer Bestellung nach ihrem Inhalt zeigt, daß sie neben den zugehörigen Daten Impulse für mehrere betriebliche Verfahren, sei es parallel, sei es seriell, enthält. Die Aufspaltung nach Zugehörigkeit der Daten bringt die Informationen den bestellenden Kunden betreffend: *Kundensatz-Information,* und den bestellten Artikel betreffend: *Artikelsatz-Information.* Dementsprechend werden zwei Daten-Systeme niedrigster Ordnung angeregt, nämlich:

○ *Kundenbelastung:*
- Input: Kundeninformation (Kundennummer)
  Artikelinformation (Artikelnummer, Menge, Preis)
- Verknüpfung: Preisberechnung
- Output: Belastung im Kontoteil des Kundensatzes

und

○ *Artikelabbuchung:*
- Input: Artikelinformation (Artikelnummer, Menge)
  Alter Artikelsatz
- Verknüpfung: Substraktion der Mengen
- Output: Neuer Artikelsatz mit verminderter Menge

An die Realisierung der beiden DV-Operationen schließt das DV/Rechen-Element des Verfahrens „Lieferung auf Bestellung". Die weiteren Verfahren stellen nicht mehr „Datenverarbeitung" im hier besprochenen Sinn dar; Kundenbelastung und Artikelabbuchung sind die mindest notwendigen DV-Operationen. Werden sie nun mit Hilfe einer EDV-Maschine bewerkstelligt, liegt es nahe, dieses DV-Subsystem niederster Ordnung zu erweitern und bei der Bearbeitung durch zusätzliche Verknüpfungen den Umstand, daß Kunden- und Artikelsatz gleichzeitig aus den Dateien ausgewählt wurden und zur Bearbeitung präsent sind, dahingehend auszunützen, weiteren Output zu erzeugen, der wieder andere DV/Rechen- oder NichtDV/Rechen-Systeme anregt: damit erfolgt der Übergang zur nächsten Stufe der Organisation.

Werden Kunden- bzw. Artikelsatz mit mindestens folgenden Angaben versehen:

Kundensatz: Kundennummer
Name und Anschrift des Kunden
Branche
Land
Vertreterbezirk
Konto-Limit
Konto-Stand
Bestell-Obligo

Artikelsatz: Artikelnummer
Artikelbezeichnung
Effektiver-Lagerbestand
Noch verfügbarer Bestand
Mindestbestand
Listenpreis

können beispielsweise folgende DV/Rechensysteme angeregt werden:

Initialimpuls (von außen)
BESTELLUNG

- DVS: Kundenbelastung
- DVS: Meldung „Obligo überschritten" (Stop)
- DVS: Auftragsbestätigung
- DVS: OP-Buchhaltung
- DVS: Fakturierung
- DVS: Postadressierung/Lager/Versandauftrag
- DVS: Kundenbewertung
- DVS: Umsatzsteuerberechnung
- DVS: Umsatzstatistik
- DVS: Vertreterstatistik
- DVS: Meldung „Absatzstärke/schwäche"
- DVS: Artikelabbuchung
- DVS: Lagerbewegungsstatistik
- DVS: Meldung „Lagerbewegungszu/abnahme"
- DVS: Laufende Bestellpunktberechnung
- DVS: Nachbestellung

Die Aufstellung zeigt, daß die stufenweise Organisationsmethode, wobei die logischen Stufen nicht zeitlich folgend ablaufen müssen, zu einem geschlossenen betrieblichen Informationssystem führt. Es soll betont werden, daß bei stufenweisem Vorgehen der *Ausgangspunkt* sowohl theoretisch als auch praktisch irrelevant ist.

3.3.2.3 Die kritische Untersuchung des Organisations-Ist-Standes

Während sich für den EDV-Maschineneinsatz für verfahrenstechnische Berechnungen bzw. Steuerungen und auch für technisch-wissenschaftliche Berechnungen aus deren üblicherweise exakter Problemstellung, die meist das Lösungsverfahren bereits beinhaltet, nicht die Notwendigkeit einer gesonderten Untersuchung ergeben, muß der Organisationsiststand des Unternehmens-Informationssystems (= die „Verwaltung im weitesten Sinn") zunächst kritisch untersucht werden. Die Notwendigkeit der Reduzierung der in der Unternehmensrealität meist nicht transparenten Systeme auf einfachste DV/Rechen- und NichtDV/Rechensysteme als Grundlage des EDV-Einsatzes wurde dargestellt. Der Weg der stufenweisen Neuorganisation muß jedoch von einer simultanen Gesamtkritik begleitet werden, will man zu große Abweichungen von der Optimalorganisation vermeiden.

Diese Gesamtuntersuchung *„Aufnahme des Organisations-Iststandes"* ist an folgenden Grundsätzen ausgerichtet:

- Entdeckung von *offensichtlich* unzweckmäßigen Verfahren im derzeitigen System.

- ○ Lauf der innerbetrieblichen Informationen – Aufstellung der innerbetrieblichen Informationsbedarfsträger und der Informationskanäle.
- ○ Entdeckung von Arbeitsbehinderungen durch Kompetenzregelungen.
- ○ Feststellung „ob die Ausgangsdaten direkt beim Ursprung festgehalten werden oder ob bereits mit verdichteten Daten gearbeitet wird" [63, 6. Blatt].

Handelt es sich bei der Installation um eine Ersatzinstallation, so hat die kritische Aufnahme des Organisations-Ist-Standes die vorhandenen DV/Rechensysteme auf deren Funktionsfähigkeit einerseits, auf deren Integrationsgrad andererseits zu prüfen. Als Untersuchungsgrundsätze können allgemein formuliert werden [96, S. 360]:

- ○ Untersuchung von Brüchen im On-Line-System. Darunter wird das ungerechtfertigte Off-Line-Zwischenspeichern von teilverknüpften Daten, die andere DV-Systeme anregen, verstanden.
- ○ Zusammenfassen verwandter oder ständig in Beziehung untereinander stehender Dateien z.B. Kundendatei und Offene Posten-Datei.
- ○ Untersuchung, ob das System zur Entscheidungsfällung unterbrochen wird, es sich aber nicht um „echte Entscheidungen", sondern um Variantenwahl nach objektiven Kriterien handelt, die durch Verzweigungsprogramme ersetzt werden können.

3.3.2.4 Die speziellen Organisationserfordernisse: „Datenerfassung" und „Datenaufbereitung"

Probleme der Datenaufbereitung

Die Analyse der in den Unternehmen anfallenden Daten zeigt, daß diese, zumindest sofern sie aus der Unternehmensumwelt stammen, den Forderungen eines exakten DV/Rechen-Systems in Hinblick auf die Homomorphie nicht entsprechen. In aller Regel fallen die Daten

- *nicht kontinuierlich*, z.B. Verlauf der Buchungen auf Gehaltskonten
- *nicht systematisch*, z.B. Posteinlauf
- *und nicht gleichförmig* z.B. einlangende Fakturen

an. Nachdem die Variante, durch Zwischenunternehmens-Vereinbarungen einen kontinuierlichen, systematischen und homomorphen Datenstrom zu gestalten, kurzfristig nicht erreichbar scheint, muß der Übergang „Datenanfall – Dateneingabe in das DV/Rechensystem" durch eine Operationsfolge „Datenaufbereitung" hergestellt werden. Die Aufgaben, die bei entsprechendem Datenanfall z. B. bei Bank- und Kreditinstituten in ausgegliederten Datenaufbereitungsabteilungen erfolgen, sind:

- Sammlung aller im Unternehmen anfallenden/ins Unternehmen von außen eintretenden Daten (Belege),
- Gruppierung (Systematisierung) nach Zusammengehörigkeit und Zugehörigkeit zu bestimmten DV/Rechensystemen,
- Umformung in standardisierte, maschinell lesbare Daten (Zweitbelege) – hardware-orientiert: Lochkarten, Lochstreifen, maschinell optisch lesbare Belege, maschinell magnetisch lesbare Belege etc.
- Prüfungen
  - Formalprüfungen (maschinell-off-line) der Umformung
  - Plausibilitätsprüfungen (on- oder off-line: problemabhängig).

Neben der formellen Schwierigkeit der Heteromorphie der einlangenden Daten ergibt sich ein zusätzliches spezielles Organisationserfordernis aus der materiellen Verschiedenartigkeit des zu einem bestimmten DV/Rechensystem gehörigen Datenmaterials. Es wird unterstellt, daß bei Zunahme der Inputvarianten die Komplexität des zugehörigen Verfahrens *überproportional* zunimmt. Die Komplexität des Verfahrens überträgt sich aber auf das zu erstellende Programm. Die Erstellungskosten eines Programms stehen wieder in direkter Abhängigkeit mit dessen Komplexität, wenn nicht überhaupt Hard/Soft-ware-Schranken einer bestimmten EDV-Maschine die Transformierung der manuellen Verfahren in EDV-Maschinen gespeicherte Programme verhindert.

Eine anläßlich der EDV-Maschinenerstinstallation 1964 in einer Kammgarnspinnerei und -weberei angestellte Untersuchung der Zahlungsweisen der Kunden zur Erstellung eines Programmes für das OP-System, ergab zunächst folgende Varianten:

- Überweisung auf 1 Konto – zu einem Termin
- Überweisung auf mehr als 1 Konto – zu einem Termin
- Überweisen eines Teilbetrages, Barzahlung des Restes zu einem Termin
- Überweisen eines Teilbetrages, Barzahlung des Restes zu verschiedenen Terminen.

Selbst bei Ausscheiden der Wechselzahlenden Kunden hätte das notwendige Programm das Doppelte der vorhandenen Kernspeichergröße benötigt.

Eine Zusatzuntersuchung bezüglich der Häufigkeit der Zahlungsweisen in Relation zu den bezahlten Beträgen ergab jedoch folgendes Bild:

Zahlungsweise	Prozent der eingegangenen Zahlungen
Überweisung an ein Konto zu einem Termin	80%
Überweisung an ein Konto zu mehreren Terminen (Teilbeträge)	10%
Zahlung mit Wechsel	8%
Sonstiges	2%

In einem Schaubild dargestellt:

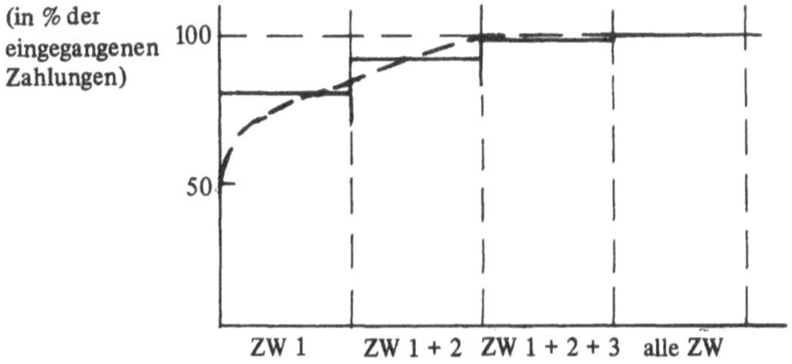

Die Lösung des Problems konnte, da vereinbarungsgemäßes Ausschalten selten vorkommender Zahlungsweisen nicht durchsetzbar war, nur durch die Aufsplitung in Zahlungsfälle, die durch das mit der EDV-Maschine bewerkstelligte DV/-Rechensystem „OP-BH" liefen und solche, die weitere im parallel daneben bestehen bleibenden manuellen DV/Rechensystem „Manuelle OP-BH" bearbeitet wurden, erreicht werden.

Die Varianten der Organisation bei Vorliegen ähnlicher Fälle sind demnach:

- Vollübernahme auf EDV-Maschine, sofern nicht Hardware/Software/Kosten-Restriktionen dem entgegenstehen.
- Übernahme derjenigen Fälle, die einen bestimmten Mindestwert, durch Preise, Kosten repräsentiert oder durch subjektive Wertvorstellungen bestimmt darstellen.
- Ausscheiden der Datenvarianten (im Beispiel: „Sonstige Zahlungsverfahren") durch zwischenbetriebliche Vereinbarungen und Vollübernahme der verbleibenden Verfahrensvarianten, bzw. Bearbeitung der verbleibenden Datenvarianten durch manuelle Systeme.

Probleme der Datenerfassung

Das Anfallen von Daten, die für DV-Systeme mit EDV-Maschineneinsatz nicht oder noch nicht geeignet sind, machte die Funktion der Datenaufbereitung notwendig, die von der Funktion „Datenerfassung" logisch zu trennen ist. Abgesehen davon, daß mit dem Entscheiden für ein bestimmtes Verfahren in der organisatorischen Vorstufe bereits eine Entscheidung über die Verwendung von I/O-Aggregaten, die wie dargestellt, die unübersteigbaren Hard-ware-Restriktionen der EDV-Maschinen darstellen, gefällt wird, stellt die Umformung, das ist das Herstellen der maschinell lesbaren Belege, selbst ein verfahrensvariables Kostenelement dar. Im folgenden werden einzelne Umformungsverfahren einander gegenübergestellt, wobei als Auswahlkriterium gilt: es ist diese Umformungsart zu wählen, die die geringsten Kosten pro Informationseinheit erfordert. Als Nebenbedingungen gelten:

- Sicherheit der Umformung (Ausschalten von Formalfehlern)
- Geschwindigkeit der Umformungsoperationen*
- Geschwindigkeit des der Umformungsart zugeordneten I/O-Aggregates der EDV-Maschine (Kartenleser, Lochstreifenleser etc.) und Kosten desselben. Die Berechnung der Einlesekosten/Dateneinheit fällt allerdings in den Bereich der Hard-ware-Bewertung und kann nicht der Datenerfassung zugerechnet werden – die Dateneinlesekosten sind hier Restriktion, nicht Minimierungsziel.

Um die Darstellung übersichtlich zu halten, seien die langsamen, d.h. unverhältnismäßig hohe Kosten verursachenden Direktein- und -ausgabe-Verfahren, wie sie bei Real-Time-Applikationen notwendig sind, vernachlässigt.

Es bleiben folgende (derzeit gebräuchlichste) Umwandlungs/Umformungsvarianten:

- ○ Lochen und Prüfen von Lochkarten. Das Prüfen entspricht einem zweiten Lochvorgang, wobei die erneut eingetasteten Daten mit den tatsächlichen Lochungen des ersten Vorganges elektronisch verglichen werden: Annahme W(Fehler j) bei der Wiederholung des gleichen Vorganges, wenn beim ersten Lochvorgang der gleiche Fehler j eingetreten ist $\Rightarrow \emptyset$. – Variante A
- ○ Einstreichen der Daten in Mark-Sensing-Karten am Ort der Datenentstehung und maschinelle Umwandlung der gestrichenen Informationen in Lochkartenlochungen. – Variante B

*Bezüglich der Unformungszeiten muß darauf hingewiesen werden, daß in vielen Fällen trotz einem geschwindigkeits/zeitmäßigen Engpaß der kostengünstigeren, aber langsameren Umformungsvariante der Vorzug gegeben werden kann, wenn es gelingt, durch Organisatorische Überlappung eine kontinuierliche Beschickung der EDV-Maschine sicherzustellen. Analog dazu arbeiten die I/O-EDV-Satelliten-Maschinen als Beschickungsaggregate für EDV-Größtmaschinen.

- Lochstreifenerfassung mit maschineller Lochkartenherstellung. – Variante C
- Lochstreifenherstellung mit Magnetbandumwandlung. – Variante D

Dazu treten noch die Varianten A 1 „Direkte Erstellung von Lochkarten oder anderen Datenträgern an Büromaschinen (Rechen-, Buchungsmaschinen) angeschlossenen Geräten" und C 1 „Lochstreifendirekterstellung".

Die Kostenanalyse von *Kliem* ergab folgende Vergleichswerte [57, S. 13]:

Verfahrens-Hauptdaten-medium	Verfahren	Kosten pro Dateneinheit ($\frac{WE}{100}$/Byte)	Index
Lochkarten	A	1,768	1
	B	7,320	4,13
	A1	2,150	1,21
Lochstreifen	C	2,511	1,42
	C1	2,250	1,27
	D	2,430	1,30

Die Entscheidung wird im vorliegenden Fall unter den Varianten A, A1, C1 und D fallen; wobei zur weiteren Aussonderung nichtoptimaler Verfahren die weiter oben dargestellten Nebenbedingungen herangezogen werden.

Probleme der Datenkontrollen

Die Notwendigkeit der Richtigkeit der eingegebenen Daten und zwar in dem Sinn, daß die Information der umgeformten Belege mit der der Urbelege ident ist, ist deswegen von Bedeutung, weil unter Vernachlässigung äußerst seltener Maschinenzusammenbrüche Fehler, die bei der Umformung auftreten, *allein* einen nicht richtigen Output verursachen können. Auch nur selten entstehender fehlerhafter Output führt aber dazu, daß nach Ende der Installation, d. i. nach Ende der Parallel-Laufzeit, die manuellen DV/Rechensysteme „zur Kontrolle" neben den DV/Rechensystemen mit EDV-Maschineneinsatz mit *demselben* Aufgabenbereich erhalten bleiben und an Stelle eines Organisationsertrages ein Organisationsverlust durch Systemverdopplung entsteht.

Es wurden daher folgende Kontrollverfahren entwickelt:

– *Off-Line-Kontrollen:* Das sind solche Formalprüfungen, die direkt an der Umformungsmaschine entweder durch diese selbst, durch eine ähnliche oder manuell erfolgen:

Verfahren	Prüfungsverfahren
Lochkartenlochen	Die erstellte Lochkarte wird in den Prüfer (ähnlich dem Locher) eingelesen, der Urbelegtest erneut (eventuell durch andere Locherin) eingetastet, die neuen werden mit den bereits gelochten Zeichen/Kombinationen verglichen.
Lochen mit Randbeschriftung	Sichtkontrolle (Vergleiche Urbeleg – die Lochung repräsentierende Beschriftung am oberen Lochkartenrand)
Mark-Sensing mit Randbeschriftung	Sichtkontrolle durch Vergleich eingestrichene Daten – die (maschinell erstellte) Lochung repräsentierende Beschriftung am oberen Lochkartenrand
Direkte Erstellung von Lochkarten/Streifen durch angeschlossene Büromaschinen	Umformungskontrolle nicht notwendig, da Umformung maschinell, also unter Ausschaltung menschlicher, willkürlicher Fehler erfolgt
Lochstreifenerstellung	Keine sinnvolle off-line-Umformungskontrolle möglich.

– *On-Line-Kontrollen:* Das sind solche Formal- bzw. Plausibilitätsprüfungen, die unmittelbar nach dem Eintritt der Daten in das DV-System als erster Teil der ablaufenden Programme erfolgen und von deren Ergebnis die Weitergabe der Daten zu den weiteren Verknüpfungsoperationen abhängt. Hierbei können außer den formalen Fehlern, die bei der Umformung entstanden sind, auch materielle Fehler in den Belegen, gleichgültig ob sie bei der Umformung entstanden oder bereits in den Urbelegen enthalten sind, aber auch fehlerhafte Eingaben, die daraus entstanden sind, daß die Datenaufbereitungsabteilung die Daten einem nicht zugehörigen DV/Rechensystem zugewiesen hat, entdeckt werden.

– *Prüfungsverfahren:*
– Schlüsselkontrolle [49, S. 213] – Entdeckung nicht zum DV-System gehöriger Daten
– Schlüsselstellenanzahlprüfung (alphabetisch, numerisch, alphanumerisch)
– Prüfung des Vorliegens durch das DV-System als *notwendig* definierter Schlüssel*inhalte.*
– Toleranzprüfungen für Mengen/Größenangaben
– Kombinationszulässigkeitsprüfungen (als Hilfsmittel erweist sich eine Informationsredundanz, mit deren Zunahme die Möglichkeit, auch materielle Fehler auszuscheiden, steigt)
– Vollständigkeitsprüfungen.

Eine Untersuchung von nicht wissenschaftlichen Programmen durch den Verfasser hat ergeben, daß bei in Unternehmen eingesetzten Programmen durchschnittlich 20% der Instruktionsgesamtzahl durch Programmteile beansprucht werden, die ganz oder teilweise der Zulässigkeitsprüfung zu dem ablaufenden DV/Rechensystem dienen. Dabei soll darauf hingewiesen werden, daß bei Programmen die Verfahrensvarianten in sich bergen, die Verzweigungsabfragen regelmäßig in einem Fehlerstop enden müssen.

Sonstige Organisatorische Voraussetzungen

Anläßlich der Erstinstallationsentscheidung fallen neben den oben im Detail besprochenen noch Probleme an, die in die allgemeine Unternehmensführungsebene fallen. Sie seien der Vollständigkeit halber kommentarlos aufgezählt [77, S. 82 ff.].

- Verhältnis der zentralen Verwaltungsstellen (Linie) – Installationsgruppe.
- Verhältnis der dezentralisierten Verwaltungsstellen – Installationsgruppe.
- Kompetenzregelung: Erstellung des Organisationsreihenfolgeplanes.
- Kompetenzregelung: Standardisierung der Organisations-/Programmieroperationen bei dezentralisierter Installationsvorbereitung.
- Kompetenzregelung: Bildung der Organisations/Programmierungstems (Sachkenntnis/EDV-Maschinen-Kenntnis).
- Personalproblem: Kurz/mittel/langfristige Aufnahme von Mitarbeitern mit EDV-Maschinen/Organisationskenntnissen.
- Entscheidung des Heranziehens von Beratungsfirmen.

Die weiteren organisatorischen Voraussetzungen, insbesondere in Zusammenhang mit der Optimalen EDV-Maschinenauswahl, der Optimalen Installation und der Einrichtung einer Optimalen EDV/Rechenabteilung werden weiter unten besprochen.

3.3.3 Auswahl der optimalen EDV-Maschine

3.3.3.1 Allgemeine Anforderungen an EDV-Maschinen

Der Anforderungskatalogformulierende Ansatz

In der Literatur über EDV-Maschinen und deren Einsatz begegnet man der Frage nach den allgemeinen Anforderungen an EDV-Maschinen häufig unter der Problemstellung, die Größe und Ausstattung betreffend [63; 46]. Wegen der Schwierigkeit der Quantifizierung dieser Eigenschaften relativ zur Problemstellung, also nicht einer Quantifizierung von Größe und Ausstattung an sich, sondern der

Quantifizierung des Verhältnisses dieser Daten zu den Daten des Bedarfsträgers weichen die Darstellungen meist in verbale Formulierungen aus:

„Sehr oft wird die Meinung vertreten, daß es richtig sei, aus Kostengründen zunächst mit einer möglichst kleinen Anlage zu beginnen und später zu einer größeren Anlage überzugehen" [63, 7. Blatt]

„Größe und Ausstattung der auszuwählenden Anlage hängen sowohl von den sachlichen Gegebenheiten des Arbeitsgebietes und vom Umfang des zu verarbeitenden Daten-Materials, als auch vom gewählten Verarbeitungs-Verfahren ab" [46, S. 6]

Beide Ansichten können durchaus verifiziert werden, bieten aber den die Investitionsentscheidung Vorbereitenden keine konkreten Auswahlverfahren.

In der Literatur kann weiters verfolgt werden, daß sich zahlreiche Autoren, die den *Einsatz* von EDV-Maschinen bearbeiten, dem Problem der optimalen Anlage zuwenden. Im wesentlichen beschränken sich die Ausführungen jedoch auf die Postulierung von Anforderungskatalogen (allgemeine für DV-Systeme; besondere für EDV-Maschinen, mit Betonung der Hardware).

Die Einsatz-orientierten Anforderungsregeln nach Faust

In der älteren Literatur beschränkt man sich darauf, allgemeine Anforderungen an die Größe und Ausstattung (im Sinn von Hard-ware) von EDV-Anlagen bezüglich des geplanten Einsatzes zu postulieren.

Es wird die funktionelle Abhängigkeit der Größe und Ausstattung von den zu bearbeitenden Arbeitsgebieten, sowie von der anfallenden Datenmenge und den angewendeten Verfahren behauptet.

Die Beziehung:

$$HW = f(N_A, M_A, V)$$

HW . . . . Hard-ware-Ausstattung

$N_a = (n_{a_1}, n_{a_2} \ldots\ldots\ n_{a_n})$ – Menge der Arbeitsgebiete

$M_a = (m_{a_1}, m_{a_2} \ldots\ldots\ m_{a_n})$ – Menge der zugehörigen anfallenden Datenmengen

$V\ = (v_1, v_2 \ldots\ldots\ v_n)$ – Menge der zugehörigen Verfahren

ist als logische Verknüpfung durchaus trivial. Die Quantifizierung ist aber erst ex post möglich, dadurch aber die dargestellte Beziehung für die konkrete Entscheidungsfindung nicht ergiebig. Dementsprechend werden Faustregeln erstellt, beispielsweise:

„Die Größenberechnungen sollte man nicht auf eine mittlere Durchschnittsbelastung, sondern auf die maximale Spitzenlast abstellen" [46, S. 6], wobei das Vorhandensein von Vergleichszahlen unterstellt wird und das Verfahren daher bei einer Erstinstallation überhaupt nicht anwendbar ist.

„Bei Größenberechnungen sollte man auch den im Laufe der nächsten Jahre zu erwartenden Bearbeitungs-Zuwachs aus Erweiterung des Sachgebietes und Verbesserungen des Systems genügend berücksichtigen" [46, S. 6]

Abgesehen davon, daß über „mögliche Erweiterungen" nichts ausgesagt wird, muß auch der Quantifizierungsversuch „Genügung" als nicht ausreichend abgelehnt werden. Darüber hinaus genügt es auch nicht mehr, die Beschaffenheit einer EDV-Maschine ausschließlich mit „Größe und Ausstattung" zu umschreiben, weil durch die Entwicklung der Technologie der EDV-Maschinen diese an Bedeutung für die Investitionsentscheidung (optimale EDV-Maschinenauswahl) verloren hat.

Der Kosten/Anwendbarkeitsorientierte Anforderungskatalog nach Futh

Der *Futh*'sche Katalog umfaßt

- Kostenorientierte Anforderungen
  - Leistung und Kapazität der Anlage
  - Laufende monatliche Kosten etc.
- Anwendbarkeitsorientierte Anforderungen
  - Einfachheit der Umstellung
  - Einfachheit der Programmierung

Die „Einfachheit der Programmierung" – ein durchaus komplexer Begriff, wie diese Arbeit unter anderem zeigen soll, – wird durch *Futh* folgendermaßen genauer umschrieben:

„Da der Programmierungsaufwand der heute angebotenen elektronischen Datenverarbeitungsanlagen zum Teil sehr unterschiedlich ist, muß der Einfachheit der Programmierung ebenfalls ein *bedeutender* Wert beigemessen werden. Die Einfachheit der Programmierung schließt nicht nur den Instruktionsaufbau und die verwendbaren Programmierungssysteme, sondern auch die Möglichkeit ein, auf Standardprogramme und andere Programmierungshilfen der Herstellerfirma zurückgreifen zu können" [6, S. 49].

Der „Einfachheit der Programmierung" wird im *Futh*'schen Ansatz entscheidender Einfluß beigemessen: In der Gewichtungsskala, die insgesamt 140 Gewichtungsfaktoren für 9 zu gewichtende Elemente vergibt (30–5 fallend) wird diese „Einfachheit der Programmierung" mit der zweithöchsten Gewichtung (25) bedacht.

Die Bedeutung der Programmierbarkeit für die Investitionsentscheidung wird in diesem Ansatz richtig erkannt. Das Beimessen eines „bedeutenden" Wertes jedoch bringt noch keinen Übergang von der qualitativen zur quantitativen Einbeziehung in ein effizientes Investitionskalkül.

Futh relativiert deshalb auch den Begriff der „Einfachheit der Programmierbarkeit" in dem er in einem Anlagenvergleich der „besten" Anlage den Faktor 1,0 zuteilt.

„Die Beurteilung einer elektronischen Anlage nach der Einfachheit ihrer Programmierbarkeit kann nur mit genauer Kenntnis des betreffenden maschinellen Systems und der darauf anwendbaren Programmierungsmethoden vorgenommen werden. Dabei ist es zweckmäßig, den Gesamtkomplex der Programmierung in Einzelgebiete aufzuteilen und diese dann gesondert zu beurteilen. Die wichtigsten Teile sind der Instruktionsaufbau (z.B. Befehls-Code und Adreßtyp), der Wirkungsgrad der automatischen Programmhilfen und der Umfang der von der Herstellerfirma zur Verfügung gestellten Standardprogramme, auch als Programmbibliothek bezeichnet" [6, S. 53].

Diese Einzelbeurteilungen sind nach Punktesystemen zu bewerten und zusammenzufassen, wobei sich eine „beste" Anlage ergeben muß.

Kritisch kann zusammengefaßt werden:

Vorteile:

– Die richtige Erkenntnis, die Programmierbarkeit als bedeutendes Entscheidungskriterium für die Investitionsentscheidung zur Anschaffung einer EDV-Mascine, miteinzubeziehen (und zwar mit der zweithöchsten Gewichtungsstufe),
– der Hinweis, daß die „Einfachheit der Programmierbarkeit" nur durch Aufspaltung und Einzelbeurteilung von Teilaspekten der Soft-ware möglich ist.

Nachteile:

– keine Hinweise darauf, welche Faktoren der Soft-ware in die Beurteilung einbezogen werden müssen,
– keine Möglichkeit einer absoluten kostenmäßigen Quantifizierung.
– Einbeziehung von Aspekten (wie z.B. Instruktionsaufbau),die keinen Einfluß auf die Programmierungsarbeit oder -einfachheit haben,
– keine Beschreibung der Bewertungsmöglichkeit des „Wirkungsgrades der automatischen Programmierungshilfen" bzw. der Programmbibliothek (Standardprogramm) etc.

Der erweiterte Einsatzorientierte Anforderungskatalog nach Benay [27, S. 10 ff.]

Benay erstellt einen Katalog von Anforderungen, denen eine bestimmte EDV-Maschine mindestens genügen muß, soll sie für das Unternehmen überhaupt geeignet sein. Durch Vergleich der Erfüllungsgrade dieses Forderungskatalogs lassen sich angebotene EDV-Maschinen in „für das Unternehmen mehr oder weniger geeignete" trennen, bzw. eine relativ beste Anlage herausfinden:

- *Anforderungen im Zusammenhang mit der Bedeutung des EDV-Maschinen-Einsatzes für die Unternehmensführung:*
  - Im Rahmen einer bereits gewählten Strategie für noch nicht oder nicht programmierbare Prozeduren.
  - Erleichterung der Strategieauswahl, insbesondere durch Möglichkeit der Simulation.
  - Verfahrensverbesserung in den Subsystemen der Produktion, Verwaltung etc.
  - Beitrag zu Publicity und Prestige: EDV-Maschinen als Unternehmensstatussymbol. Grundlage der Einschätzung – Fehleinschätzung – durch Konkurrenten und Kunden.
- *Anforderungen im Zusammenhang mit den durch die EDV-Maschine zu bewerkstelligenden Operationen:*
  - Verlangter OUTPUT
    EDV-Maschinen als Mindesterfordernis für gewünschten Output.
  - Anfallender INPUT
  - Ungleichmäßiger Arbeitsanfall
  - Notwendigkeit der Beschleunigung der Verfahren
  - Notwendigkeit der Ergebnisverarbeitung in den Informationssystemen – Weitergabe der Daten in teilintegrierten Systemen
  - Notwendigkeit der erhöhten Informationssicherheit in den Bereichen
    Produktion
    Absatz
    Finanzierung
- *Anforderungen im Zusammenhang mit den betrieblichen Verfahrenskosten*
  - Geringere Kosten der Datenerfassung
  - Geringere Kosten der Datenverarbeitung
- *Anforderungen in Zusammenhang mit Personalproblemen*
  - Personalreduktion
  - Ersetzung von Facharbeitern i.w.S.
  - Beseitigung der Personalprobleme bei zeitlich begrenzten Engpaßsituationen
- *Anforderungen im Zusammenhang mit der Verbesserung der Verfahren im Unternehmen*
  - Möglichkeit zentralisierter Datenverarbeitung
  - Notwendigkeit, Verfahren anzuwenden, die nur mit Einsatz von EDV-Maschinen wirtschaftlich realisierbar sind.

Kritisch kann zusammengefaßt werden: *Benay* legt in seinem Anforderungskatalog eine große Anzahl auswahlbeeinflussender Faktoren vor. Mangels eines Bewertungsansatzes und mangels zugehöriger Verfahren ist die Berücksichtigung der Anforderungen der im Auswahlprozeß für bestimmte EDV-Anlagen nicht ohne weiteres erreichbar. Es ist nicht möglich, a priori festzustellen, ob eine bestimmte angebotene EDV-Maschine den gestellten Anforderungen relativ besser/schlechter entspricht; der Anforderungskatalog ist daher ohne Zusatzverfahren nicht unmittelbar für die Grundlagenermittlung der Investitionsentscheidung anzuwenden.

Der kostenminimierende Ansatz (bei gegebenem Bedarf)

Die bisherigen Ansätze zum Problem der optimalen EDV-Maschinenauswahl durch Anforderungskatalog-Erstellung reichen nicht aus, Entscheidungsgrundlagen zu ermitteln. Deshalb scheint der Ausweg *Futh's*, ein Bewertungsschema zu entwerfen, gerechtfertigt. Der von ihm vorgelegte Ansatz weist jedoch Vereinfachungen in einem Ausmaß auf, daß entscheidungssituationsverzerrende Ergebnisse nicht ausgeschlossen werden können. Darüber hinaus wird in den vorliegenden Ansätzen der in dieser Arbeit vertretenen Aufspaltung in die Grundsatzentscheidung der Errichtung eines DV-Subsystems im Unternehmen unter Verwendung von EDV-Maschinen einerseits und in die Folge-Entscheidung zur Auswahl der optimalen EDV-Maschine andererseits nicht entsprochen.

Zur Grundsatzentscheidung müssen bereits die Systeme und Verfahren, die kurz-, mittel- und langfristig auf solche mit Einsatz von EDV-Maschinen umgestellt werden, festgelegt werden, sodaß dieser Katalog von Prozeduren als Bedarfsinput für das Investitionskalkül zur Verfügung steht.

Diesem gegebenen (deterministischen und/oder stochastischen) Bedarf steht die Gesamtheit der angebotenen EDV-Maschinen gegenüber. Es ist nun in Anwendung des Wirtschaftlichkeitsprinzips der triviale Ansatz zu wählen, daß diejenige und nur diejenige EDV-Maschine zu wählen ist, deren Gesamtkosten K_G über den Planungszeitraum t hinweg ein Minimum werden.

Die Schwierigkeit der Realisierung dieser trivialen Forderung ist mehrfach:

- Unsicherheit der geplanten Inanspruchnahme – mittel- und langfristige EDV-Maschinen-Bedarfsentwicklung im entscheidenden Unternehmen
- Unsicherheit der technologischen Entwicklung von Hard- *und* Software der EDV-Maschinen-Hersteller-Unternehmen
- Unvollständige Information über angebotene EDV-Maschinen
- Mangelnde Markttransparenz bezüglich der Summe aller angebotenen EDV-Maschinen.

3.3.3.2 Besondere Anforderungen an EDV-Maschinen

Im vorliegenden Kapitel „Auswahl der optimalen EDV-Maschine" sollen Kriterien und Auswahlverfahren behandelt werden, die dazu beitragen, daß für den Auswählenden

- die Information (objektivierte Daten) über die angebotenen EDV-Maschinen ein subjektives Maximum
- und der Angebotsmarkt subjektiv maximal transparent wird.

Die Frage der Unsicherheit der geplanten Inanspruchnahme und der Unsicherheit der technologisohen Entwicklung werden in den Kapiteln „Auswahl der betrieblichen Problemstellung für Einsatz digitaler Rechenautomaten" und „Die Optimalgestaltung der Finanzierung einer EDV-Maschine" behandelt.

Im Folgenden werden die auswahlentscheidungs-beeinflussenden Faktorengruppen angeführt bzw.

- Hard-ware
- Soft-ware und
- die Kosten

analysiert.

Als Lösungsvorschlag wird schließlich das Verbundene (erweiterte Kosten/Leistungs-) Auswahlverfahren dargestellt.

Die Bedeutung der Hard-ware als Optimalgestaltungsparameter

(1) Hard-ware-Charakteristika als Unterscheidungs-Merkmal

Die Beurteilung der Hard-ware-Charakteristika hinsichtlich ihrer technischen Leistungsfähigkeit wie Schnelligkeit der Verarbeitung, Sicherheit von Übertragung und Ein/Ausgabe etc. stellten die charakteristischen Optimierungsparameter früher Investitionsentscheidungen für EDV-Maschinen-Applikationen dar. Dies war deshalb gerechtfertigt, weil die technologischen Differenzen der angebotenen Modelle derart waren, daß die technische Komponente der EDV-Maschinen deren Anwendung bestimmte. So konnte beispielsweise die Rechengeschwindigkeit des Rechenlochers bei Applikation für bestimmte DV-Systeme zum Engpaß werden. Durch die EDV-Anlagen der 2. und der folgenden Generationen ist die Bedeutung dieses Optimalgestaltungsparameters, wie im folgenden zu zeigen sein wird, stark vermindert worden. Zum einen, weil die technologische Angleichung unter den anbietenden Hersteller-Unternehmen so weit fortgeschritten ist, daß dem Anwender gegenüber keine wesentlichen Unterscheidungsmerkmale zu Trage treten und zum anderen, weil der technologische Fortschritt die Verarbeitungsgeschwindigkeiten derart gesteigert hat, daß sie für die Applikation mit Ausnahme weniger wissenschaftlicher Probleme keinen

Engpaß mehr darstellt. Die Engpaßsituation hat sich insofern verlagert, als die I/O-Aggregate, also die Geräte an den Nahtstellen zur Systemumwelt, zu systembestimmenden Restriktionen wurden. Dies kann jedoch durch I/O-Aggregate-Kombinationen bzw. Satelliten-EDV-Maschinen mit der alleinigen Aufgabe der optimalen Beschickung der ZRE ausgeschaltet werden.

(2) Die Kenndaten der zentralen Recheneinheit

Obwohl die Kenndaten der ZRE in ihrer Bedeutung hinter den Kenndaten der Peripherie zurückstehen, weil sie in aller Regel überlegen sind, ist das Aufstellen eines Katalogs der Charakteristika der ZRE für den Modellvergleich von Bedeutung. *Faust* [46, S. 6] stellt einen Katalog von Kenndaten „besonderer Bedeutung" auf. Die ZRE ist technisch bestimmt und mit anderen Modellen vergleichbar, wenn folgende Angaben bekannt sind:

– „die innere Arbeitsgeschwindigkeit"	– Zykluszeit
– Größe und Art des Arbeitsspeichers	– Kernspeichercharakteristik
– System der Zeichenverschlüsselung und Worteinteilung·	
– Adressierungssystem	
– Art des Rechenwerkes (Akkumulatoren oder Speicherlogik)	– Rechengeschwindigkeit
– Umfang und Wirkungsweise der Operations- u. Steuerungsgeschwindigkeit	– Produktionsgeschwindigkeit
– Anzahl und Beschaffenheit der äußeren Datenkanäle	– interne Datentransport-geschwindigkeit
– Puffer- und Überlappungseinrichtung	– interne Datentransport-geschwindigkeit
– Eignung für Simulatenbetrieb	

Die Aufstellung zeigt die technische/hard-ware-Orientierung dieser Beurteilung. Neben den Charakterisierungskatalog wurden vom Verfasser diejenigen Größen gestellt, die allein die Auswahlentscheidung beeinflussen und daher als Entscheidungsparameter relevant sind. Nicht die Art des Rechenwerkes ist für den Anwender ein Entscheidungskriterium, sondern die Rechengeschwindigkeit; nicht-entscheidungsrelevante Unterscheidungskriterien können vernachlässigt werden.

Es soll daher im folgenden ein Katalog von entscheidungsrelevanten Kriterien, die zur Auswahl der hard-ware-mäßig optimalen ZRE führen, dargestellt werden [104, S. 91].

Charakteristikum	Beschreibt	Beeinflußt
Technische Grundkonzeption	Röhren/Dioden/Transistoren/Monolith/Mikromodul-Verwendung	Verarbeitungssicherheit, Störanfälligkeit (Stillstandszeiten, Instandsetzungs/Instandhaltungszeiten)
Zahlendarstellung	Dezimal/hexadezimal/dual	Testverfahren Ausbildungszeit
Verhältnis: bits/Zeichen bits/Alphanumerisches Zeichen Wortlänge	Interner Zeichenaufbau u. interne Einteilung	die tatsächliche Kapazität der ZRE
Kapazität des Kernspeichers (in Worten)	–	die Auslastungsmöglichkeit, die Verarbeitungsgeschwindigkeit
Zykluszeit/ Zugriffszeit	Zeit zum Lesen und Wiedereinschreiben einer Kernspeicherstelle/ Zeit zum Auffinden einer Kernspeicheradresse	die Verarbeitungsgeschwindigkeit
Zeitbedarf für Grundoperationen	–	die Verarbeitungsgeschwindigkeit

Dennoch können auch diese entscheidungsrelevanten Bestimmungsstücke noch weiter reduziert werden. Und zwar auf die beiden Parameter:

- Verarbeitungsgeschwindigkeit (in ZE) – V_{op}
- Kernspeichergröße (in K) – K_c

denn es gilt für die Verarbeitungszeit t_{op} der funktionale Zusammenhang
$t_{op} = f(V_{op}, K_c)$

Alle anderen Daten sind nur Charakteristika für die Bewerkstelligung der DV/ Rechenoperationen in technischer Hinsicht, die somit bei der wirtschaftlichen Beurteilung der Hardware einer EDV-Anlage eliminiert werden können.

Die folgende Gegenüberstellung von Operationszeiten von 3 Modellen einer EDV-Anlagen-„Familie" der 3. Generation zeigt die Bedeutung dieser Beurteilung und die Reduktion der Beurteilungskriterien.

Vergleich von charakteristischen Operationszeiten [126]

Modell 1: Kleine/mittelgroße EDV-Anlage
Kernspeicher 16 K (durch Koppelung ausbaubar auf 32/46 K)
Zykluszeit – 1,5 μs für ein 4B-Wort

Modell 2: Mittelgroße EDV-Anlage
Kernspeicher 16/32/64 K
Zykluszeit – 1,44 μs für ein 2B-Wort

Modell 3: Mittelgroße/große EDV-Anlage
Kernspeicher 16/32/64/128/264 K
Zykluszeit – 1,44 μs für ein 2B-Wort

Operation	Operationszeit (in μs)		
	Modell 1	Modell 2	Modell 3
Dezimalbefehle			
Addieren	$13{,}5+8{,}25+2{,}25L_1+1{,}5L_2$	$35{,}0+2{,}88L_1$	$15{,}36+1{,}8L_1+0{,}42L_2$
Subtrahieren	$13{,}5+8{,}25+2{,}25L_1+1{,}5L_2$	$35{,}0+2{,}88L_1$	$15{,}36+1{,}8L_1+0{,}42L_2$
Multiplizieren	$26{,}25+9L_1-15L_2+C(3{,}75(L_1-L_2)+3)$	$46L_1-53L_2(L_1-L_2)$	$28{,}49+16{,}69L_1-14{,}35L_2+2{,}34L_2(L_1-L_2)$
Dividieren	$24{,}5+29{,}25L_1-27L_2+37{,}5L_2(L_1-L_2)$	$(110+58L_2)\cdot(L_1-L_2)-18L_2-6{,}68$	$26{,}33+36{,}71L-35{,}14L_2+5{,}4L_2(L_1-L_2)$
Logische Befehle			
UND	$13{,}5+3{,}75(L_1+L_2)$	$20{,}00+2{,}4(L_1+L_2)$	$8{,}95+2{,}22(L_1+L_2)$
ODER	$13{,}5+3{,}75(L_1+L_2)$	$20{,}00+2{,}4(L_1+L_2)$	$8{,}95+2{,}22(L_1+L_2)$
exkl. ODER	$13{,}5+3{,}75(L_1+L_2)$	$20{,}00+2{,}4(L_1+L_2)$	$8{,}95+2{,}22(L_1+L_2)$

Länge des 1. Operanden (Anzahl der B) – L_1
Länge des 2. Operanden (Anzahl der B) – L_2
Quersumme der Multiplikatorziffern – c

Zum konkreten Vergleich werden Worte bestimmter Längen in die oben dargestellten Formeln eingesetzt (zweckmäßigerweise sowohl für Wort 1 als auch Wort 2 Halbworte der Länge von 2B).

Operation	Operationszeit (in μs)		
	Modell 1	Modell 3	Modell 2
Entscheidungsbefehle			
Springen und Speichern der Rücksprungadresse (RX)	Springen: 10,5 Nicht-Springen: 6,75	Springen: 4,80 Nicht-Springen: 3,84	14,22 13,92
Springen und Speichern der Rücksprungadresse (RX)	12,75	5,52	17,24
Springen bedingt	Springen: 11,25 Nicht-Springen: 9,05	3,84 3,36	8,16 6,24
Springen nach Zählen	Springen: 15,75 Nicht-Springen: 11,25	5,76 5,28	11,04 10,08
Springen, wenn Index größer	–	11,60 11,12	25,24
Springen, wenn Index kleiner	–	11,60 11,12	26,10

Die Operationszeiten für eine Dezimaladdition (SS-Format) der drei Modelle ergeben sich wie folgt:

Modell	Formel	L_1 in B	L_2 in B	Operationszeit	Index
1	$21{,}75+2{,}25L_1+1{,}5L_2$	2	2	29,25	100,0
2	$35{,}0+2{,}88L_1$	2	2	40,76	139,4
3	$15{,}36+1{,}80L_1+0{,}42L_2$	2	2	19,80	67,7

Das Ergebnis zeigt, daß das Verwenden des Befehles „Dezimaladdieren" bei Modell 2 zu schlechteren Ergebnissen als bei dem kleineren Modell 1 führt. Es muß daher, soll optimal programmiert werden, dieser Befehl nach Möglichkeit vermieden werden; hierzu enthält die Befehlsliste des Modells 2 Ausweichmöglichkeiten, z. B. Addieren in den Registern. Erst bei dem Modell 3 können diese Überlegungen im Vergleich zu den anderen Modellen entfallen, da die Werte absolut, also für jede Länge der Daten, niederer werden.

(3) Die Kenndaten der peripheren Geräte und externen On-line-Speicher

Die Beurteilung der peripheren Geräte und externen On-Line-Speicher erfolgt unter Vernachlässigung der Technischen Daten (z.B. Umdrehungszahl der Plattentürme, Bandgeschwindigkeit) ebenfalls ausschließlich nach Gesichtspunkten
- die Kapazität und
- die Geschwindigkeit

betreffend.

Und zwar:
- Bei I/O-Geräten – Lese/Schreibgeschwindigkeit (Zeichen/Datenträger/ZE)
- Bei externen On-Line-Speichern – Übertragungsgeschwindigkeit
  - Kapazität
  - mittlere Zugriffszeit (bei DAS)

Zur Verdeutlichung der Größenordnungen für Periphere Geräte und externe On-Line-Speicher von EDV-Anlagen der 3. Generation wurde folgende Tabelle der Kennwerte zusammengestellt:

Gerät	Arbeitsgeschwindigkeit (Lese/Schreib/-Übertragungsgeschwindigkeit)	Kapazität	Mittlere Zugriffszeit
Periphere Geräte (i/O-Geräte)			
Konsolschreibmaschine	10 d/s	–	–
Lochstreifenstanzer	100 d/s	–	–
Lochstreifenleser	400–1000 d/s	–	–
Lochkarten stanzer	6.000–18.000 cds/h	–	–
Lochkartenleser	40.000–86.000 cds/h	–	–
Schnelldrucker	36.000–75.000 l/h	–	–

Gerät	Arbeitsgeschwindigkeit (Lese/Schreib/ -Übertragungsgeschwindigkeit)	Kapazität	Mittlere Zugriffszeit
Externe On-Line-Speicher			
Magnetbänder	30.000–240.000 B/S	–	–
DSA-Speicher			
Magnetplatten	156.000 B/s	7,250 Mill.B	87,5 ms
Trommelspeicher	175.000 B/s	1,566 Mill. B	10,0 ms
Magnetkartenspeicher	70.000 B/s	561,512 Mill.B.	395,0 ms

(4) Hard-ware-Auswahlverfahren als Verfahren zur Reduktion auf systemunterschiedliche EDV-Maschinen

Nach dem oben Dargestellten muß die Frage gestellt werden, ob Hard-ware-Auswahlverfahren überhaupt zur wirtschaftlich optimalen Entscheidungsfindung beitragen können. In der Literatur wird dies bejaht und Verfahren hierzu dargestellt. Bei diesen Verfahren werden die Hard-ware-Komponenten dahingehend analysiert, ob sie nicht mit zu vernachlässigenden Unterschieden mehreren bzw. den meisten angebotenen EDV-Maschinen gleich sind; solche Komponenten werden aus der Vergleichsrechnung ausgeschieden. Dadurch wird der Hard-ware-Vergleich auf den Vergleich von Systemunterschieden reduziert. Weiters werden die verbleibenden Hard-ware-Komponenten auf ihre Relevanz für den Einsatz durch das Verwenderunternehmen untersucht und zweistufig gewichtet. *Williams* u.a. geben hierzu folgende Tabelle an [102, S. 19; 86, S. 22]:

(s. Abb. auf nächster Seite).

Der Vorteil dieser Methode liegt darin, daß es mit Hilfe dieser Werte möglich ist, die Hard-ware einer bestimmten EDV-Maschine sehr genau zu beschreiben, bzw. EDV-Maschinen Hard-ware-mäßig untereinander zu vergleichen und zu reihen. Abgesehen davon, daß unterstellt werden kann, daß bei den per 1971 angebotenen EDV-Maschinen vergleichbarer Größen keine wesentlich unterschiedlichen Werte ermittelt werden können, muß darauf hingewiesen werden, daß die Hard-ware-Charakterstika auch quantifiziert in keinem Fall einen *direkten* Maßstab der wirtschaftlich optimalen Anwendung bieten können.

Hard-ware-Komponente	Gewichte (in %)	
Simultanität (Multiprocessing)		30
Magnetbänder		
Kapazität pro Datenträger	6	
Übertretungsgeschwindigkeit (Band/ZRE)	6	
Anlauf/Stop-Zeiten	6	
Satzanzahl (40 d)/Datenträger	6	24
Zentrale Recheneinheit		
Zugriffszeit	9	
Befehlsübernahme/Durchführungszeit	9	18
I/O-Geräte		
Lochkarten-Lesegeschwindigkeit	8	
Lochkarten-Stanzgeschwindigkeit	3	
Schnelldruckergeschwindigkeit	12	23
Sonstige Werte		
Fest-Komma-Einrichtung	2	
Gleitkomma-Einrichtung	2	
Indexregister-Anzahl	1	5
		100

(5) Die besondere Bedeutung der Hard-ware-Charakteristika für externe On-Line-Speicher mit direktem Zugriff (DASD)

Geht man davon aus, daß der I/O-Engpaß durch Einsatz von beliebig vielen Multiplex-Kanälen bzw. I/O-Satelliten-EDV-Maschinen ausgeglichen werden kann, bleiben neben den relevanten Hard-ware-Daten der ZRE, nämlich Verarbeitungsgeschwindigkeit und Kapazität, diejenigen Speicher von besonderer Bedeutung, auf deren Daten, gesteuert durch die ablaufenden Programme, intern direkt zugegriffen werden kann. Dies schon deshalb, weil einerseits durch DASD die sonst durch notwendige Operatormanipulationen unterbrochenen DV-Systeme vollkommen geschlossen werden können und andererseits real-time-Prozeduren überhaupt ermöglicht werden (= Schwellenbedingung: ohne DASD ist keine/mit DASD ist real-time-Prozedur möglich). Real-time-Prozeduren sind aber andererseits Voraussetzung für unternehmensinterne Informationssysteme höherer Ordnung. Die besondere Bedeutung für die Optimalgestaltung soll folgende funktionelle Abhängigkeit zeigen:

$$C_{i_{DASD}} = f(N_{DASD}, t_a)$$

$C_{i_{DASD}}$ ... Kosten der Information, auf die direkt zugegriffen wird,

N_{DASD} ... Gesamtzahl aller Informationen auf die direkt zugegriffen werden kann: *DASD-Speicherkapazität.*

t_a ... Zeit, in der durchschnittlich auf die Information zugegriffen werden kann (mittlere Zugriffszeit).

Die Wirtschaftlichkeit R eines bestimmten DASD-Externen-On-line-Speichers mit der Kapazität N_{DASD} und der mittleren Zugriffszeit t_a ist, anwendungsorientiert) eine Funktion der vorhandenen Daten N_{DASD_n} und der notwendigen mittleren Zugriffszeit t_{a_n}.

Das wirtschaftliche Optimum ist dann und nur dann erreicht, wenn gilt

$$N_{DASD} = N_{DASD_n} \text{ und } t_a = t_{a_n}$$

Das heißt, daß sowohl Leerkapazität als auch Leerzeiten gegen Null gehen.

Den Zusammenhang $C_{i_{DASD}} = f(N_{DASD})$ zeigt folgende Abbildung [62, S. 202]:

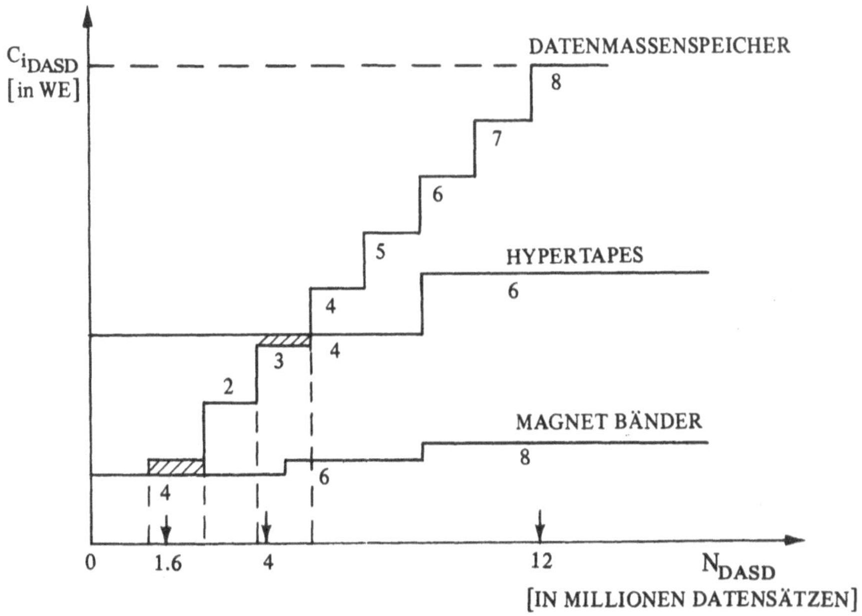

Die Beziehung zur mittleren Zugriffszeit t_a erhalten wir nach der Formel von *Dopping* [41, S. 212] zur Ermittlung der Kosten/Informationsauffindung:

$$C_i = t \cdot P/a + T \cdot B \cdot p \cdot /a$$

C_i ... Kosten der Informationsauffindung
t ... Gesamtzeit, in der die ZRE durch Informationssuchen blockiert ist (tatsächliche Zugriffszeit)
P ... Gesamtanschaffungs-Kosten der EDV-Anlage
a ... Maschinenstundenkosten-Umrechnungsfaktor
T ... Informationsbedarfsintervall
B ... Größe der gespeicherten Information (in bits)
p ... Anschaffungskosten des Speichers (mit notwendigen Zusatzaggretaten)/ bit.

Diese Formel bezieht auch die Kosten der ZRE (mit I/O-Aggregaten) mit ein und ermittelt Entscheidungsgrundlagen zwischen billigeren/langsameren und teureren/schnelleren DASD-Externen-on-line-Speichern.

Verhältnis Informationsauffindungsintervall – Kosten der Informationsauffindung

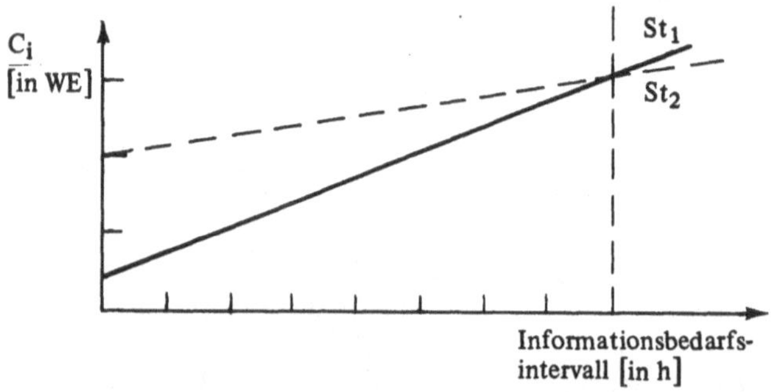

Die Beziehung zwischen notwendiger und tatsächlicher mittlerer Zugriffszeit in Abhängigkeit des Informationsauffindungsintervalls wird damit hergestellt.

Die Bedeutung der Soft-ware als Optimalgestaltungsparameter

(1) Der weite Soft-ware-Begriff

Die Soft-ware einer EDV-Maschine übernimmt die Funktion, die Brücken zwischen Hard-ware-Konzeption der Herstellerunternehmen und der Informations-Konzeption der Anwender-Unternehmer herzustellen. Zwischen den beiden Extremen der logischen EDV-Maschinen-Konfiguration – Universalmaschine, Turing-Maschine, – und Spezialmaschine: Lösung eines und nur eines bestimmten Problems des Anwenderunternehmens, muß die optimale EDV-Maschinenkonfiguration liegen, deren Steuerungsmöglichkeit vom Schalten von logischen Elementen bis zur speziellen Auftragserteilung an die EDV-Maschine z.b. hypothetischer „Super-Sprachen-Macro-Befehl: Löse das Lagerführungsproblem für die Parameter (p_1, p_2 . . . . . p_n)" reichen kann.

Für den Zusammenhang zwischen Soft-ware, Maschinenkosten, und Durchlaufzeiten (t_{op} – siehe oben) gilt folgender logischer Zusammenhang [12, S. 117]:

Softwareausstattung	Anwendungsfolgen
Kleine Logik	geringe Maschinenkosten aufwendige Programmierung lange Durchlaufzeiten
Große Logik	hohe Maschinenkosten einfache Programmierung kurze Durchlaufzeiten

Diese Faustregel findet sich in ähnlicher Form nicht-quantifiziert in der Literatur und resultiert aus der funktionellen Abhängigkeit der Soft-ware-Ausstattung von der durch sie bedingten Mindest-Hard-ware-Ausstattung einer bestimmten auszuwählenden EDV-Maschine.

Die Negativ-Definition der Soft-ware „ alles, was durch die Hersteller-Unternehmen dem Anwender zum sinnvollen Einsatz der EDV-Anlage bereitgestellt wird und nicht hard-ware ist" zeigt, daß sich der Begriff „soft-ware" nicht nur auf die „Maschinenlogik" (Betriebssysteme, etc.) bezieht. Und tatsächlich muß zur wirtschaftlich optimalen Auswahl ein weiterer Soft-ware-Begriff in die Beurteilung eingeführt werden; dieser weitere Begriff umfaßt die gesamte Problematik des wirtschaftlich optimalen Einsatzes einer EDV-Maschine und kann wie folgt gegliedert werden:

- Soft-ware 1. Ordnung
  - Betriebssysteme
  - Monitore (Betriebssteuerungssysteme)
  - Compiler (Sprachen)
  - Utilities (Dienstprogramme)
- Soft-ware 2. Ordnung
  - Programmbibliothek (Musterlösungen)
- Soft-ware 3. Ordnung
  - Systemausbildung (Anwenderschulung durch Herstellerunternehmen)
  - Systemunterstützung (Herstellermithilfe bei Anwenderproblemlösung)

Der Optimalgestaltungsbeitrag hinsichtlich des Einsatzes einer EDV-Maschine nimmt mit der Stufenordnung der Soft-ware, die sich in beiden Richtungen extrapolieren läßt – Hard-ware = vor Soft-ware 1. Ordnung/ wirtschaftlich optimaler Einsatz bei Erreichen der absoluten Installationsgrenze = höher als Soft-ware 3. Ordnung – zu.

Die folgende Besprechung der Soft-ware-Komponenten, die der eben dargestellten Einteilung folgt, soll die Einflußfaktoren der Optimalgestaltung des Einsatzes darstellen.

(2) Betriebssysteme

Betriebssysteme ermöglichen den anwendungsorientierten Betrieb von EDV-Maschinen. Sie stellen somit eine Schwellenbedingung der wirtschaftlich optimalen Anwendung dar. Ohne Betriebssystem ist wohl technisch optimales, nicht aber wirtschaftlich optimales Anwenden, Programmieren etc. möglich. Betriebssysteme selbst werden gekennzeichnet durch

- Aufbaukonzeption und
- Funktionsübernahme.

Die Aufbaukonzeption kann vorsehen:

fixe Systeme:
Ihre Bedeutung für die wirtschaftliche Optimalisierung ist dadurch eingeschränkt, daß ungeachtet der durch den Anwender benötigten Betriebssystemkomponenten der belegte Speicherplatz nicht variabel ist.

Modul-Systeme:
Das Betriebssystem ist funktionell so in Gruppen und Subgruppen gegliedert, daß für den Anwender die Möglichkeit besteht, problemangepaßte Zusammenstellungen mit minimaler Speicherplatzbelegung zu initiieren.

Die Funktionsübernahme eines Betriebssystems umfaßt alle Aufgaben, die durch das Betriebssystem in Form von optimal programmierten Programmen dem Anwenderunternehmen angeboten werden kann:
(s. Abb. auf nächster Seite).

Die Analyse der durch ein Betriebssystem übernommenen Funktionen zeigt die Möglichkeit des Ausschaltens *aller* Risiken der nichtoptimalen Programmierung für *alle* vom System selbst bewerkstelligten Funktionen. Da in aller Regel die Betriebssysteme nicht frei gewählt werden können, sondern mit bestimmten Hard-ware-Konfigurationen verbunden werden, ist deren Auswahl mit der Auswahl einer bestimmten Anlage fix verbunden. Das bedeutet aber, daß die wirtschaftlich vor der Hard-ware-Auswahl liegende Soft-ware-Auswahl die Kriterien der Hard-ware von der Anwenderseite her irrelevant werden läßt.

Bezeichnung der Betriebssystems-komponente	Übernommene Funktion
Monitor	Automatisierung des Übergangs von einem Job zum anderen (Ausschalten von Operatorfehlern, Rüstzeitminimierung, Steuerung der weiteren Betriebssystemkomponenten)
Compiler	Übersetzen der Programmiersprachen in durch die EDV-Maschine ausführbare Operationen (Maschinenbefehle als Impulsfolgen), Analyse der eingegebenen Programme auf formale Fehler, Ersatz von MACRO-Befehlen, Subroutinen und Funktionen durch tatsächlich notwendige Operationsfolgen oder Vorbereitung zum Aufruf derselben durch die entsprechende Betriebssystemkomponente.
Utility Programm (Utility$_1$, Utility$_2$, Utility$_n$)	Aufruf und Steuerung der verschiedenen Dienstprogramme (Utilities): oft wiederholte Grundoperationen werden in Form von parametrischen Programmen der Anwenderprogrammierung entzogen.

Die anwendungsorientierten Entscheidungsparameter der Betriebssysteme sind:

- Optimalisierung des Produktionsablaufes der EDV-Maschine
- Optimalisierungsbeitrag zur Problemprogrammierung durch Umwandlung höherer Programmiersprachen und Formaltestungsbeitrag
- Optimalisierungsbeitrag zur Problemprogrammierung durch Problemtesthilfeprogramme
- Optimalisierung von Anwendungsprogrammierung für ständig wiederkehrende Aufgaben durch Minimierung des Risikos der nicht optimalen Programmierung
- Optimalisierungsbeitrag zur Problemprogrammierung und des Produktionsablaufes durch besondere Einrichtung, z.B. automatische Überlappung von zu großen Anwenderprogrammen.

Einen praktikablen Ansatz zur Bewertung der Soft-ware-Ausstattung einer beliebigen EDV-Maschine stellen *Williams* u.a. dar [102, S. 22]. Acht Kategorien von Soft-ware-Komponenten werden definiert und ihre Brauchbarkeit, d.h. ihr potentieller Optimalgestaltungsbeitrag, an einer achtstufigen Skala gemessen:

1. Sorts	– Utility Programm
2. Programm Assembly Routines	– Sprache

3. Report Generator Programms	– Sprache
4. Executive and Controls Routines	– Monitor
5. Debugguing Routines	– Formaltesthilfe
6. ALGOL/FORTRAN-Compilers	– Sprachen
7. COBOL-Compiler	– Sprache
8. Miscellaneous Utility Programms	– Utility Programm

Die 8-stufige Bewertungsskala enthält vier zu vergebende Noten, die nach Beurteilung der Herstellerunternehmer-Literatur und Anwenderinterviews vergeben werden. Der Vorteil der Methode besteht darin, daß relative Wertigkeiten vergeben werden können, der Nachteil ist die unsystematische Zusammenstellung und willkürliche Auswahl der Bewertungskategorien, z.B. das gesamte Steuersystem mit dem bedeutenden Optimalisierungsanteil am Produktionsablauf der EDV-Anlage wird im Maximum gleich bewertet, wie eine der fünf angeführten mittleren und höheren Programmiersprachen.

Fälle aktueller Betriebssysteme und deren Optimalisierungs-Gestaltungs-Beiträge:

Die allgemeinen Beiträge zum wirtschaftlich optimalen EDV-Maschineneinsatz am Beispiel des Betriebssystems Siemens 25–45–55 [126, S. 62]:

Optimalisierungsbeitrag hinsichtlich des Produktionsablaufes der EDV-Maschine

erfolgt durch:	Funktion:
Ablaufüberwacher	Erkennen und Behandlung von Unterbrechungen Koordinieren der Ein/Ausgabe Fehlerbehebung bei peripheren Geräten Verkehr mit dem Operateur Einleiten des Ladens von Programmen Beenden des Programmlaufes
Ein/Ausgabesystem	Zweistufige E/A-Operationen: Physikalisches E/A: Datenübertragung i.e.S. zwischen ZRE und peripheren Geräten logisches E/A: Datenübertragung und Aufbereitung von logisch (durch den Programmierer steuerbar) zusammengehörigen Datensätzen Dateiabschluß und Eröffnungsoperationen Suchen und Finden von Schlüsseln in den Dateien Checkpointsetzen
Ablaufvorbereiter	Zuteilung der E/A-Geräte Wiederanlauf von Benutzerprogrammen an Checkpoints Speicherung von Mitteilungen im Mitteilungsbereich (zur Übergabe von Informationen zwischen nacheinander ablaufenden Programmen)

	Protokollieren von Steuerkarten Anzeige der Programmtitel des zu beginnenden Programms Meldung der Betriebsbereitschaft des zu beginnenden Programms
Ladeprogramme Urlader	erstmalige Inbetriebnahme des Betriebssystemes Laden des Organisationsprogramms Laden der weiteren Ladeprogramme Versetzen der ZRE in betriebsbereiten Zustand (Soft-waremäßig)
Systemlader	Laden der Systemprogramme vom Systemband in die ZRE
Programmlader	Laden der Benutzerprogramme (als Output des Assemblers oder des Binders)

Optimalisierungsbeitrag zur Problemprogrammierung durch Umwandlung höherer Programmiersprachen und Formaltestung

erfolgt durch:	Funktion:
Listenprogrammgenerator	Erzeugung eines Maschinenprogrammes aus einem problemorientierten Primärprogramm Formaltestung und Ausgabe von Formalfehlermeldungen
COBOL/FORTRAN	Erzeugung eines Maschinenprogrammes aus einem in den höheren Programmiersprachen erstellten Primärprogramm detaillierte Formaltestung Erstellung eines detaillierten Umwandlungsprotokolls Ausgabe von Formalfehlermeldungen

Optimalisierungsbeitrag zur Problemprogrammierung durch Problemtesthilfeprogramme

erfolgt durch:	Funktion:
Speicherauszug (für normal beendete Programme oder für abgebrochene Programme – wären „logisch" nicht mehr zugreifbar)	Ausgabe der Inhalte der – Register – Kanalregister – bestimmter (angebbarer) Bereiche des Arbeitsspeichers der ZRE während des Programmlaufes (in Unterbrechungen) oder nach dem Programmlauf zur Verfolgung der Zwischenstufen der Datenverknüpfungsoperationen
Bandauszug	Ausgabe der Inhalte bestimmter Bereiche von Magnetbändern zur Verfolgung der Speicher/Zwischenspeicheroperationen während des Ablaufes eines zu testenden Programmes

Ablaufverfolger	Ausgabe von Informationen über die Ausführung von Befehlen des zu testenden Programmes und über die Ergebnisse der internen Testroutine sowie Ergebnisse bestimmter Verknüpfungsoperationen zur Bestimmung von fehlerhaft programmierten Programmteilen nach Feststellung von fehlerhaften Gesamttestergebnissen
Automatisches Testsystem	Zusammenfassung von zu testenden Programmen und dazugehörigen Testdaten zur zeitminimierenden Testung unter Verwendung aller angeführten Testhilfen
Bedienungshilfen	Durch den testenden Operateur abrufbare parametrische Hilfsprogramme: Ausgabe der Anlagenausstattung Ausgabe von Registern Ausgabe von Auszügen (nicht im Programm vorgesehen) etc.

Optimalisierungsbeitrag zur Anwendungsprogrammierung für ständig wiederkehrende Aufgaben (durch Minimierung des Risikos der nichtoptimalen Programmierung durch den Anwender):

erfolgt durch:	Funktion:
Umsetzprogramme	Übertragung von Daten zwischen den peripheren Speichern und E/A-Geräten Band–Band Band–Drucker Band–Karte Karte–Band Karte–Drucker Karte–Karte einfach oder mehrfach einschließlich aller dazu notwendigen oder durch den Verwender parametrisch angegebenen Umwandlungsoperationen (der Datenformate)
Großspeicher-umsatz-programme	Übertragung von und zu Großspeichern aus anderen peripheren On-line-Speichern und den E/A-Geräten mit/ohne Optionen: Kopieren Umblocken Feldauswahl Auflisten Ausdrucken etc.

	einfach oder mehrfach einschließlich aller dazu notwendigen oder durch den Verwender parametrisch angegebenen Umwandlungsoperationen (der Datenformate)
Sortieren/ Mischen	Erzeugen und Durchführen eines Sortier/Mischprogrammes nach den parametrischen Angaben des Verwenders: 2–16-wegige Sortierung mit Bandwechselmöglichkeit.

Die besonderen Beiträge zum wirtschaftlich optimalen EDV-Maschineneinsatz am Beispiel des Betriebssystems IBM-DOS/360 [119, S. 58 ff.].

Betriebssysteme zur systemorientierten Anwendung von EDV-Maschinen, die damit herstellerunternehmensindifferent werden und den Anwenderaustausch ermöglichen, müssen der Hard-ware-Auslage bestimmter EDV-Maschinen angepaßt sein. Werden die Features der verschiedenen Betriebssysteme weitestgehend gleich sein, so ergibt sich bei unterschiedlicher Hard-ware-Konstruktion auch der unterschiedliche Aufbau der Betriebssysteme. Ein vom Verfasser angestellter Vergleich hat jedoch ergeben, daß die Grundkomponenten der Betriebssysteme durchaus ähnlich, in vielen Fällen ident sind, wie ja auch die Hard-ware-Konstruktionen eine Tendenz zur Angleichung zeigen.

Das im vorliegenden Fall darzustellende Betriebssystem erfüllt die oben dargestellten, hier als Grundfunktionen bezeichneten Aufgaben durch folgenden Aufbau:

Programmart	Programmbezeichnung	Funktionen
Steuerprogramme	Supervisor	Steuerung der Verarbeitung/Verarbeitungsabschnitte
Steuerprogramme	IPL (Initial Programloader)	Starten des Systems
System-Verwaltungsprogramme	Linkage-Editor	Programm-Unterprogramm-Programmteilverknüpfung (Erstellung von verarbeitungsfähigen Programmteilen)
	Bibliotheksprogramme	Führen der intern gespeicherten Bibliotheken (Hinzufügen, Streichen, Verdichten, etc.)
Verarbeitungsprogramme	Programmiersprachen Dienstprogramme	

Über diese Grundfunktionen des Betriebssystemes hinaus erfüllt das DOS/360 folgende Zusatzfunktionen:

Datenmanagement	interne Ein/Ausgabeoperationen Speicherung von internen Daten interner Zugriff zu gespeicherten Daten
Multiprogramming	Verarbeitung von mehreren Arbeiten (jobs), die in der ZRE bereitstehen, unter Minimierung der Wartezeiten der ZRE im Laufe von Verarbeitungsprozessen.
Datenfernübertragung	Zugriff zu internen Informationen und Verarbeitung von aufgerufenen Programmen, die von lokal entfernten Eingabestellen (terminals) bei der ZRE einlangen.

Datenmanagement

Aufgabe des Datenmanagements ist es, die Funktionen

- I/O-Operationen und zwar interne Operationen, d.h. die Übertragungsoperationen zwischen ZRE und peripheren Geräten,
- die Speicherung von Daten, soweit sie nicht durch willkürlichen Eingriff des Anwenders die Beeinflußbarkeitkeit verlieren, und
- den Zugriff zu den einzelnen gespeicherten Daten/Datengruppen (je nach willkürlich festzuseztendem Verarbeitungsmodus)

so zu gestalten, daß die

- Verarbeitungs/Übertragungs/Speichergeschwindigkeit ein Maximum bei gegebener Verarbeitungs/Übertragungs/Speichersicherheit

wird.

Die Bewerkstelligung dieser Funktionen erfolgt durch Bestandteile des Betriebssystems (Soft-ware-Komponenten) auf EDV-Submaschinen (Kanäle: Hardware-Komponente). Aus den Programmeigenschaften des Input/Output-Control-Systems (IOCS) ergeben sich die auch für Anwenderprogramme geltenden Restriktionen der Verarbeitungszeit und Speicherplatzverhältnisse. Ebenso trifft das für Programmiersprachen geltende Verhältnis Anwendungseinfachheit zu Verarbeitungs/Umwandlungsgeschwindigkeit–Speicherbedarf auf den Fall des IOCS zu.

Diesem Umstand und der empirisch einfach beweisbaren Tatsache, daß auf Grund der Kostenstruktur von EDV-Anlagen die ZRE in aller Regel den Engpaß bildet, Rechnung tragend, wurde im IOCS des DOS/360 eine Trennung in zwei Großgruppen des IOCS eingeführt:

Programmname	Aufgabe	Befindet sich
Physisches IOCS	„Aufbau und Verwaltung von Warteschlangen aufgrund von E/A-Anforderungen oder E/A-Unterbrechungen Starten einer E/A-Einheit Verarbeitung von E/A-Unterbrechungen Prüfung und Behandlung von Fehlerbedingungen" [119, S. 57]	im Supervisor (siehe oben)

Aus den Aufgaben des *physischen* IOCS geht hervor, daß es sich hierbei um eine spezielle Ein/Ausgabesprache handelt, die Befehle zur Ein/Ausgabe übersetzt und durchführt, die entweder vom Anwender durch parametrische Befehle (willkürliche E/A-Anforderungen) oder durch das *System* selbst (E/A-Unterbrechungen, Fehlerbedingung, etc.) erfolgen können.

Programme	Aufgabe	Befindet sich
Logisches IOCS	„Eröffnen und Abschließen von Dateien Anforderung von EA-Operationen (=E/A-Befehle im engeren Sinn) Behandlung der Dateienden- (End of File) und Datenträgerenden- (End of Volume)Bedingungen Steuerung der durch den Benutzer definierten E/A-Puffer" [119, S. 59]	Als Unterprogramm in Benützerprogrammen eingefügt (daher im Gegensatz zum physischen IOCS nicht während der gesamten Verarbeitungszeit im Kernspeicher)

Aus den Aufgaben des *logischen* IOCS geht hervor, daß es sich hierbei um die nächsthöhere spezielle I/O-Sprache handelt, deren parametrische Befehle in Befehle für die nächst niedrige Sprache, nämlich das physische IOCS, umgesetzt werden.

Theoretisch steht dem Anwender auch das physische IOCS zur weiteren Programmlaufoptimalisierung offen; dem Optimalisierungsbeitrag der Selbstprogrammierung steht jedoch der Nachteil der weiteren Programmierungsrisiken, der zunehmenden Problementfernung, Testverluste, etc. gegenüber.

Die Einteilung in „physische" und „logische" Bestandteile erfolgt im EDV-Sprachgebrauch als übersetzte Übernahme aus der angelsächsischen Literatur. Die Begriffe „physisch" und „logisch" in ihrer allgemeinen Bedeutung sind sinnlos; in diesem Zusammenhang bedeuten sie Untergliederungen des Begriffes Soft-ware und zwar der Art, daß die Stufengliederung Hard-ware/Soft-ware erweitert wurde. Es ergibt sich von der Technologie entfernend und der Anwendung nähernd der Stufenbau:

– Hard-ware
– Soft-ware (physische Komponente)
– Soft-ware (logische Komponente)

Wegen der weiten Verbreitung der Begriffe „physisch" und „logisch" im oben beschriebenen Sinn, wurde oben das Begriffspaar in diesem Sinn verwendet.

Zusätzlich zu den I/O-Operationen werden die beiden oben theoretisch getrennten Funktionen des Datenmanagements durch das IOCS nicht trennbar serviciert. Gesonderte Routinen/Subprogramme erlauben ein Spektrum von Möglichkeiten, die problemadäquates Speichern von Daten erlauben.

Ohne auf die Probleme der internen Datenerrichtung näher eingehen zu können, seien die drei theoretisch denkbaren (durch das IOCS servicierten Speichermöglichkeiten) angeführt:

– Sequentielle Speicherung und Zugriff
– Direkte Speicherung und Zugriff
– Sequentielle Speicherung und Zugriff mit Möglichkeit der direkten Speicherung und direktem Zugriff

Zusammenfassend stellt sich der Optimalisierungsbeitrag des IOCS bezüglich der Funktion des Datenmanagements wie folgt dar:

○ Optimalisierung der Inanspruchnahme der Kanäle und I/O-Einheiten durch Warteschlangenbearbeitung und Pufferung

○ Optimalisierung des internen Datenflusses zwischen ZRE und peripheren Aggregaten durch selbsttätige Behandlung von Hard-ware und Soft-ware-Unterbrechungen.

○ Optimalisierung durch Anpassung von Dateien an Problemstellungen und an die Hard-ware bzw. Soft-ware (physische Komponente) der EDV-Maschine.

○ Optimalisierung der Programmierung der I/O-Operationen durch Ausschaltung der Programmierung durch den Anwender.

Multiprogramming

Multiprogramming stellt eine spezielle Verarbeitungsart von Programmen in ein und derselben ZRE dar. Abhängig von der Kernspeicherkapazität werden durch das DOS/360 bis zu drei Programme gleichzeitig in den Kernspeicher aufgenommen und deren Verarbeitungszeit durch das System minimiert. Dies erfolgt dadurch, daß der Supervisor, der im Zeitpunkt t_i nur jeweils ein Programm p_j servicieren kann, in einer Programmfolge von maximal 3 Jobs Wartezeiten innerhalb eines Programmes z.B. bei Übergabe der Kontrolle an das IOCS oder zwischen den Programmen z.B. Ladezeiten minimiert. Der Optimalisierungsbeitrag des Multiprogrammingbetriebes besteht in der Verringerung der Gesamtverarbeitungszeit bei Verarbeitung von Programmen.

Datenfernübertragung

Zur Verarbeitung von einlangenden Nachrichten und der vom Anwender verlangten Verarbeitung bei Vorhandensein von von der EDV-Maschine räumlich entfernten I/O-Stellen, „Terminals", bedarf es, über das vorhandene System des IOCS hinaus, eines Programmsystems, das analog der Optimalisierung der I/O-Operationen des Systems intern durch das logische IOCS, die ankommenden Daten- und Verarbeitungsnachrichten einer optimalen Verarbeitung durch die ZRE zuführt.

Die Hauptfunktionen sind demnach

- die Steuerung des Nachrichtenverkehrs zwischen den angeschlossenen Terminals und der ZRE
- die Steuerung der Verarbeitung von Nachrichten von den Terminals gemäß den in den Nachrichten enthaltenen Verarbeitungsparametern und zu verarbeitenden Daten.

Bezüglich der Verarbeitungssteuerung gilt das über die Optimalisierungsbeiträge des Betriebssystems generell und speziell Gesagte. Bezüglich der Verkehrssteuerung werden Optimalisierungsbeiträge durch die Erfüllung folgender Funktionen, die einer Anwenderprogrammierung ebenfalls offen stehen, erfüllt:

- Abfragen der Datenstationen
- Nachrichten empfangen von einer Datenstation
- Datenstationen addressieren
- Senden von Nachrichten zu einer Datenstation
- Dynamische Puffersteuerung
- Aufbau von Nachrichtenwarteschlangen bei Random-Speichern
- Fehlerprüfung, Wiederholung einer Übertragung und Löschen von fehlerhaften Eintragungen [119, S. 64].

Der Optimalisierungsbeitrag zum Gesamtlauf des Systems ist evident. Analog gelten die Anmerkungen zu den Optimalisierungsbeiträgen des Gesamtsystems.

(3) Programmiersprachen

Die Bedeutung der Programmiersprachen hinsichtlich ihrer über die Betriebssysteme hinausgehende Anwendungsorientierung, die als klassenindividuelle Problemorientierung, d.h. daß für bestimmte Klassen von Problemstellungen adäquate Sondersprachen existieren, aufgefaßt werden kann, stellt eine ausreichende Begründung dar, die „Sprachen", die durch Teile der Betriebssysteme in das System eingebunden werden, in einem getrennten Abschnitt zu behandeln. Dies umso mehr, als zwar die Betriebssystemteile „Übersetzer" Analyse und maschinenorientierte Umsetzung bewerkstelligen, die „Sprachen" aber an sich und in Emanzipation von diesen bestehen.

An den Anfang seien in einem kurzen Abriß einige allgemeine Probleme der Sprachen gestellt:

Sprachen dienen der Kommunikation zwischen Empfängern und Sendern, wobei als *oberste* wesentliche Aufgabe die *Eindeutigkeit* steht. Eine mögliche materielle Sprachendefinition lautet:

Eine Sprache ist ein System, die die Kommunikation zwischen einem/mehreren Sender(n) und einem (mehreren) Empfängern in eindeutiger Weise ermöglicht.

Dieses System der Kommunikation muß über Systemelemente, die „Zeichen" *und* Verständniselemente, die „Begriffe" verfügen.

Dabei gilt:
„Sender und Empfänger müssen über . . . gleiche Zeichen . . . und Begriffsrepertoire verfügen" [63, S. 113]
und

„Sender und Empfänger müssen die Zeichen und Begriffe in gleicher Weise deuten und bei ihrer Verknüpfung zu einem größeren Sinngehalt (Satz, Formel, usw.) die gleichen syntaktischen Regeln befolgen" [63, S. 113].

Während eine materielle Sprachendefinition die eindeutige Zuordnung von Zeichen und Begriff fordert, befassen sich die Formaldefinitionen der mathematisch, formallogischen Sprachentheorien ausschließlich mit den Eigenschaften der Sprache an sich.

Im formalen Sinn entsteht eine Sprache, indem aus einer endlichen Menge von Symbolen *Symbolketten* gebildet werden. Im allgemeinsten Sinn stellt nun eine bestimmte endliche Teilmenge der Kettenmenge eine „Sprache im formalen Sinn" dar; und zwar gekennzeichnet durch einzelne Ketten = *„WÖRTER"*,
durch mittels *„Schlußzeichen"* getrennte Folgen von Ketten = *„SÄTZE"*,
durch das Vorhandensein einer *„GRAMMATIK"*, worunter man versteht: „eine endliche Menge von Regeln . . . , aus welchen man jeden Satz der betreffenden Sprache erzeugen kann oder aus denen man erkennen kann, ob eine Kette (der Gesamtkettenmenge) ein Satz der betreffenden Sprache ist oder nicht" [90, S. 55].

Prüfen wir an Hand dieser wenigen, aber signifikanten Elemente Sprachen, so finden wir charakteristische Unterschiede, wobei es zu untersuchen gilt, ob diese Unterschiede einen Beitrag zur Optimalgestaltung zur Problemprogrammierung leisten; diese Frage muß grundsätzlich zu Beginn der Behandlung der Sprachen gestellt werden, da zu prüfen ist, ob nicht die Lebenden Sprachen als Endpunkt einer möglichen Compilerentwicklung am besten geeignet sind, mit den EDV-Maschinen in Kommunikation zu treten.

Höhere Programmiersprachen (FORTRAN, COBOL, PL/1)	Lebende Sprachen
Menge der zulässigen Ketten (Wörter)	
Sehr beschränkt: (COBOL-130-„COBOL-WÖRTER")	Französisch ca.200.000 Deutsch ca.400.000 Englisch ca.600.000
Optimalgestaltungsbeitrag: Schnell und leicht zu lernen geringe Redundanz (redundante Wörter werden nur eingeführt, um Angleichung an Lebende Sprachen herzustellen)	
Menge der zulässigen Symbole (Schrift)	
Buchstaben Ziffern Sonderzeichen	Buchstaben Ziffern Sonderzeichen
Optimalgestaltungsbeitrag: Neutral	
Menge der zulässigen Sätze	
Sehr beschränkt (Befehlssätze, Bedingungssätze, Beschreibungssätze)	Keine Beschränkung angebbar
Optimalisierungsbeitrag: Der die Programmiersprachen Anwendende wird durch die Sprache gezwungen, das Problem in Satzmuster zu bringen und damit zu algorithmieren. Vorteile: eindeutige Problemdefinition; Emanzipation vom Problemlöser und Möglichkeit des Problemlösungstransportes	
Redundanz und Veränderungen (durch Auslassungen, etc.)	
Urformen der Höheren Programmiersprachen vermeiden jede Redundanz, dies wurde weitestgehend	redundant

in ALGOL und FORTRAN erreicht; neuere Entwicklungen lassen redundante Zusatzwörter zu, um „Allgemeinverständlichkeit" d.h. Ähnlichkeit mit Lebenden Sprachen zu erreichen.
In nichtredundanten Sprachen: Auslassungen nicht zulässig (FORTRAN: IA = IA + 1)
In redundanten Sprachen: Auslassungen zulässig (COBOL: FELD 1 IS LOWER THAN FELD 2 – „IS"/„THAN" – redundant).

Auslassungen durch Grammatik und Stilvorschreibungen sehr beschränkt

Die Versuche, von den maschinenorientierten Zeichenfolgen zu allgemeinen Programmiersprachen zu gelangen, gehen auf *Goldstine, von Neumann* und *Zuse* (Vgl. Universelle Programmiersprache „Plankalkül" [103]) zurück, erlangten aber ihre überragende wirtschaftliche Bedeutung erst durch die Einführung von digitalen EDV-Maschinen in wirtschaftlichen Unternehmen.

Allgemeine Anforderungen an Programmiersprachen

Die Aufgabe der Programmiersprachen besteht im oben definierten Herstellen der Verbindung zwischen der subjektiven Problemlösung und deren Übertragung auf eine EDV-Maschine. Die Programmiersprachen dienen also einem *Objektivierungsvorgang.* Ihre logische Begrenzung finden sie in den formallogischen Vorschriften der Sprachtheorie, ihre technologische im Entwicklungsstand der EDV-Maschinentechnologie, ihre wirtschaftliche in ihrem Beitrag zur Problemlösung. Es muß auf den rückkoppelungsähnlichen Einfluß der Ausgestaltung von Höheren Programmiersprachen an dieser Stelle hingewiesen werden: Programmiersprachen, die mathematisch-wissenschaftlich orientiert sind, vernachlässigen in der Regel einfach handzuhabende Elemente der Servicierung der I/O-Aggregate.

In solchen Fällen läßt sich beobachten, daß unabhängig von der geforderten oder selbstentworfenen Problemlösung die Programmierer geneigt sind, die Anzahl von I/O-Prozessen in den erstellten Programmen so gering wie möglich zu halten. Bei Behandlungen von schwierigen mathematischen Problemen in EDV-Maschinen, die I/O-orientierte Programmiersprachen ermöglichen, behilft man sich mit vorberechneten, intern gespeicherten Tabellen, wobei an Stelle von Rechenoperationen Suchoperationen eingesetzt werden.

Die rein algorithmischen Sprachen eignen sich jedoch nicht für alle Probleme in wirtschaftlichen Unternehmen, auch deshalb, weil die Systeme, die sich EDV-Maschineneinsetzender Prozeduren bedienen, in ihrer derzeitigen Ausprägung nur selten geschlossene sind; das heißt, daß sich manuelle und maschinelle Prozeduren häufig abwechseln. Dies bedingt die laufende Umwandlung von maschinenverständlichen in allgemeinverständliche Daten und vice versa. Hierfür eignen sich nur Programmiersprachen, die geeignete I/O-Servicierungen aufweisen, was in aller Regel bei streng algorithmischen Programmiersprachen nicht der Fall ist. Als Beweis hierfür kann die Erweiterung der algorithmischen Programmiersprache FORTRAN IV/1130 durch ein Commercial Subroutine Package und die Einbindung von Elementen der Höheren Programmiersprache COBOL in PL/1 angeführt werden.

Arten der Programmiersprachen, orientiert an Einflußfaktoren der Problemprogrammierung

Die Beschreibung der Charakteristika von Programmiersprachen führt zu einer möglichen Gliederung dieser, die über eine reine Darstellung hinausgeht, weil sie an den Einflußfaktoren der Problemprogrammierung orientiert ist.

a) *Programmiersprachen nach dem Grad der Emanzipation von Hard-ware-Elementen (geordnet nach steigender Loslösung):*

- „NIEDERE" Programmiersprachen
  - maschinenorientierte niedere Programmiersprachen:
  - Maschinencodes
  - Problemorientierte niedere Programmiersprachen:
  - Autocoder
  - Assembler
  - Report Programm Generator (bis IBM-1400-Serie bzw. IBM 360/20 und vergleichbare Ausgaben).
- „MITTLERE" Programmiersprachen
  - Report Programm Generator (ab 360/30 und vergleichbare Ausgaben)
  - FORTRAN II
- „HÖHERE" Programmiersprachen
  - ALGOL
  - FORTRAN IV
  - COBOL
  - PL/1

b) *Optimalisierungsbeitrag von Programmiersprachen durch vorvollzogenen Teilproblemlösungen* (und deren Einfluß auf die Flexibilität der Programmiersprachen):

- Programmiersprachen ohne Optimalisierungsbeitrag – Vollflexible Programmiersprachen
  - Maschinencodes
  - Assembler (frühe Ausgaben)
- Programmiersprachen mit Optimalisierungsbeitrag – teilflexible Programmiersprachen
  - Assembler (erweiterte Ausgabe einschließlich MACROS)
  - Simulationssprachen
  - Höhere Programmiersprachen (ALGOL, FORTRAN IV, COBOL, PL/1)

- Programmiersprachen mit wesentlichem Optimalisierungsbeitrag – nichtflexible Programmiersprachen
  - Betriebssysteme } in Blockstruktur
  - Dienstprogramme }

c) *Programmiersprachen, an ihren Zielen orientiert.*

- Programmiersprachen, die der Verwenderproblemlösung dienen (Problemlösungsorientierte Programmiersprachen i.e.S.)
  - Alle „Sprachen", die in der Ligeratur als solche bezeichnet werden („niedere" bis „höhere")

- Programmiersprachen, die der Übernahme von in Programmiersprachen erstellten Programmen auf bestimmte EDV-Maschinen und deren interner Steuerung dienen:
  Monitor-Befehle, Supervisor-Befehle – als Sprachen im formellen Sinn; Kommunikationssystem Mensch–Monitor, Mensch–Supervisor – als Sprachen im materiellen Sinn.

Charakteristika der Hauptgruppen der Programmiersprachen

Zur Erweiterung der Kenntnis über die potentiellen Optimalisierungsbeiträge der Programmiersprachen soll versucht werden, die Charakteristika dieser zu bestimmen. Als zentrales Charakteristikum wird die Symbolkette „Wort" herangezogen [12, S. 144]:

- Niedere Programmiersprachen

Maschinenorientierte niedere Programmiersprachen [90, S. 56]

Wort/Satz	Bedeutung
700721218	„Addiere den Inhalt der Speicherzelle Nr. 712 zum Inhalt eines bestimmten Rechenregisters und führe danach den Befehl aus, welcher auf dem Speicherplatz Nr. 1218 steht"
Wort/Satzstruktur	Operationsschlüssel Operationsadresse Adresse des nächsten auszuführenden Befehls
Symbolvorrat:	Ziffern
Allgemeinverständlichkeit:	– – –
Problemlösungsbeitrag:	– – –

○ Problemorientierte niedere Programmiersprachen

Wort/Satz	Bedeutung
AP Feld1, Feld2	„Addiere im Sonderformat (gepackt) die Werte im Feld1 und im Feld2 und speichere die Summe im Feld1"
Wort/Satzstruktur	Operationsschlüssel Adresse (indiziert) und Länge des Speicherplatzes 1 Adresse (indiziert) und Länge des Speicherplatzes 2
Symbolvorrat:	Ziffern und Buchstaben Sonderzeichen
Allgemeinverständlichkeit:	Durch symbolische Operationsschlüssel erhöht (A = Addieren etc.)
Problemlösungsbeitrag:	– – –

○ Höher Programmiersprachen

FORTRAN (und ähnliche algorithmische Sprachen)

Wort/Satz	Bedeutung
A = A + 1.	„Erhöhe den Wert im (realen) Feld A um die reelle Zahl 1".
B = (sqrt(B))/ (C + 5.* D)	„Dividiere die Quadratwurzel aus B durch die Summe aus C und der Multiplikation der reellen Zahl 5 x D und speichere das Ergebnis im Feld B".
Wortstruktur	Symbolkette mit fester Bedeutung: A – Feld reeller Zahl / – Befehlswort: „Dividiere" 5. – Feld mit reellem Wert „5" SQRT – (parametrisches) Befehlswort: „Ermittle Quadratwurzel aus . . . "
Satzstruktur	(zugelassene) Wortkombination; Satztrennung: Leerstelle in Spalte 71 ohne Fortsetzungskennzeichen.
Allgemeinverständlichkeit:	Sehr hoch für Beherrschende der Mathematischen Formelsprache; Transformation der Formel: $X_1 = \frac{p}{2} + \sqrt{\frac{p^2}{4} - q}$ in X1 = P/2 + SQRT (P**2/4 – Q)
Problemlösungsbeitrag:	Durch Funktionsbibliothek flexible Teilproblemlösungen (Standardprobleme)

○ Parametrische und Blockstrukturierte Höhere Programmiersprachen (MONITOR, SUPERVISOR; FILE CONTROL PROCESSOR)

Wort/Satz	Bedeutung
DTFSR (mit 27 möglichen Parametern)	Beschreibung der Daten einer Datei und zwar derart, daß ohne weitere Spezifikation die unter dem Dateinamen ansprechbaren Datensätze auf externen On-line-Speichern zur Bearbeitung in der ZRE zur Verfügung stehen.
Wortstruktur	Symbolkette mit fester Bedeutung
Symbolvorrat:	Ziffern Buchstaben Sonderzeichen
Allgemeinverständlichkeit:	Durch Symbolketten, die im allgemeinen aus Abkürzungen aus dem Englischen entstanden sind (DFTSR = Define the File – serial)
Problemlösungsbeiträg:	Ausgliederung der Programmierung der Kanal-EDV(Sub) Maschine durch Selbstprogrammerstellung nach Parametern

Übersicht über vorhandene höhere Programmier-Sprachen (Auswahl)

Sprache	Charakteristik
ALGOL	Sprache zur Lösung mathematisch/wissenschaftlicher Probleme
ALTRAN	FORTRAN-Erweiterung für Symbolische Algebra
AMTRAN	Mathematisch/wissenschaftliche Sprache zur Direkteingabe in On-Line-Systemen
BASIC	Lehrsprache für einfache numerische Probleme
COBOL	Sprache zur Lösung betriebswirtschaftlich-kaufmännischer Probleme (maximale Anpassung an Englisch)
COGO	Sprache zur Lösung von Bautechnischen Problemen
COLAIS	Sprache zur Behandlung spezieller numerische Probleme
CPS	Sprache (PL/1 – Subset) zum On-Line-Betrieb
FACT	Sprache zur Lösung betriebswirtschaftlich-kaufmännischer Probleme
FORMAC	FORTRAN – Erweiterung zur Lösung spezieller Probleme der formalen Algebra

FORTRAN	Sprache zur Lösung mathematisch/technischer Probleme
GPSS	Sprache zur Lösung von Simulationsproblemen
JOSS	Sprache zur Lösung einfacher numerischer Probleme in On-Line-Systemen
JOVIAL	Sprache zur Lösung numerischer Aufgaben und Datenverarbeitung i.e.S.
LISP	Hochentwickelte Sprache zum List-Processing (Version 2 mit ALGOL-Elementen)
MAD	Sprache zur Lösung numerischer Probleme mit einem Hochleistungscompiler
Magic-Paper	Sprache zur Lösung numerischer Probleme in on-line-Systemen
MAP	Sprache zur Lösung numerischer Probleme mit Funktionen der Höheren Mathematik
NELIAC	Sprache zur Lösung numerischer Probleme einschließlich logischer Prozesse
PL/1	Erste Sprache zur Lösung von mathematisch-technischen *und* betriebswirtschaftlich-kaufmännischen Problemen
QUICKTRAIN	FORTRAN-Version für On-Line-Systeme mit zusätzlichen Testhilfen
RUSH	PL/1 – Subset für On-Line-Systeme
SIMSCRIPT	Sprache zur Lösung von Simulationsproblemen
SIMULA	Sprache zur Lösung von Simulationsproblemen
TREET	Sprache zum LIST-Processing (Ähnlich LISP)

Die Analyse dieser Auswahl aus der Gesamtheit der Programmiersprachen zeigt, daß nur

3 (ca. 8%) der 1967 existierenden Sprachen sich der Problemlösung von betriebswirtschaftlich-kaufmännischen Problemen widmen (COBOL, FACT und PL 1), während sich

39 Sprachen mit allgemeinen oder speziellen mathematischen, bzw. technischen Problemen beschäftigen. Dies läßt unter anderem erkennen, daß

– einerseits die Möglichkeiten einer allgemeinen, flexiblen Sprache beschränkt sind,
– andererseits es im mathematisch/technischen Bereich sinnvoller ist, für spezielle Probleme spezielle Sprachen zu erstellen. Wirtschaftliche Bedeutung erlangen diese Sprachen nur dann, wenn Elemente dieser in die Allgemeinen Sprachen übernommen werden.

Beitrag der höheren Programmiersprachen zur Optimalgestaltung des Einsatzes von EDV-Maschinen

Einfachheit der Programmierung:

- Verringerung der Schulungszeit der Programmierer
- Kurzfristige Einschulung von Programmierern *ohne* Vorkenntnisse der EDV

Ähnlichkeit der kodierten Problemlösungen mit der Problemlösungsniederschrift in allgemeinverständlichen lebenden oder Formelsprachen

- Verminderung der Kodier/Lochfehler – Verringerung der Kodier/Lochzeiten
- Verringerung der Formaltestzeiten
- Problemlösungstransparenz (auch nach Kodierung) d.h. Testzeitminimierung bei materiellen Tests
- Problemlösungsmobilität (bei Nichtselbstverwendung der kodierten Problemlösungen)
- Möglichkeit der Durchführung von Änderungen durch Programmerstellerfremden (Mobilität der Programminstandhaltung)

Die in der Literatur vielfach beschriebenen Nachteile der Verwendung von höheren Programmiersprachen

- Höherer Speicherplatzbedarf
- Längere Umwandlungszeiten

sind als Funktion der EDV-Maschinen-Konfiguration aufzufassen und können daher nur in einem Gesamtbewertungsmodell Beachtung finden. Darüber hinaus weichen die empirischen Daten hinsichtlich der Belastung durch höhere Programmiersprachen nach Ansicht von *Artmann* und *Klee* [111, S. 424] im Gegensatz zum theoretischen Ansatz *nicht* wesentlich von den Bearbeitungszeiten und dem Kernspeicherbedarf niederer Programmiersprachen ab.

Daß der Auswahl der optimal geeigneten Programmiersprache, ein Problem, das in der unternehmerischen Praxis gar keine oder doch zu wenig Beachtung findet [108], eine wesentliche Bedeutung beigemessen werden muß, soll an Hand des folgenden Abrisses eines „Leistungsvergleiches Höherer Programmiersprachen", den *Berkeley* [28, S. 16] schon im Jahre 1964 anstellte, bewiesen werden:

Verfahren:

Es wurde ein Problemkatalog erstellt und zur Programmierung und Produktion solchen Programmierern übergeben, die als „Experten" bezeichnet wurden.

Gemessene Werte:

Hierbei wurden folgende Werte gemessen und dem Leistungsvergleich zu Grunde gelegt:

- Gesamtkodierzeit für alle Probleme

– Gesamttestzeit für alle Probleme
– Gesamtzeit von Übergabe der Aufgabestellung bis zur Vorlage der vollständigen Lösungen.
– Anzahl der erforderlichen Lochkarten (Kodierzeilen) – Rückschluß auf Kompaktheit und Blockcharakter der Sprachen.

Untersuchte Sprachen:
– ALGOL
– COBOL
– COMIT
– FORTRAN
– IPL-V
– JOVIAL
– LISP
– MAD

Die gestellten Aufgaben:
– Addition zweier Konstanter
– Addition zweier eingelesener Werte
– Listeneingabe und -addition mit Schleifen
– Heraussuchen von Mehrfachvorkommen von gleichen Symbolen in Symbolketten (zweifache Problemstellung)
– Erstellen eines Unterprogrammes zur Verwendung der BOOL-schen-Symbole (AND(A, B), OR(A, B) und NOT(A))

Die Ergebnisse:

Programmsprache	Gesamtkodierzeit (in h)	Gesamttestzeit (in h)	Gesamtzeit von Übergabe bis Lösungsvorlage (in Tagen)	Anzahl der Lochkarten (Kodierzeilen)
ALGOL	2	4	7 Tage	110
COBOL	2	6	5 Wochen	660
COMIT	3	6	6 Wochen	300
FORTRAN	1	15	16 Stunden	– *
IPL-V	5	5	2 Wochen	590
JOVIAL	2	6	10 Tage	130
LISP	1	1	4 Stunden	130
MAD	3	2	3 Tage	210

*Nicht ermittelbar, da On-Line-Direkt-Eingabe.

Klammert man die „Gesamtzeit von Übergabe bis Lösungsvorlage" als nicht bedingt durch die Programmiersprachen aus der Überlegung aus, ergibt die Analyse der Untersuchung:

- Die mathematisch/logisch orientierte Aufgabenstellung ermöglicht es den mathematisch/formallogisch orientierten Sprachen, insbesondere LISP, die günstigsten zeitmäßigen Werte zu erzielen.
- Dies trifft sowohl für die Kodierzeit als auch die Gesamttestzeit zu. Die FORTRAN-Zeit kann wegen des On-Line-Betriebes nicht zum Vergleich herangezogen werden; die Nettotestzeit wurde nicht vorgelegt.
- Die mathematisch/logisch orientierte Aufgabenstellung wurde durch die mathematisch formallogisch orientierten Sprachen, insbesondere ALGOL, auch hinsichtlich des geringeren Kodieraufwandes (vorvollzogene Teillösungen sind in den Programmfazilitäten enthalten) besser gelöst.

Die vermutete funktionelle Abhängigkeit der möglichen Optimalprogrammierung hinsichtlich der Elemente: Kodieraufwand, Zeitaufwand, Speicherplatzaufwand von der Übereinstimmung: Natur des Problems – spezifische Programmiersprache kann damit als bewiesen angenommen werden.

(4) Systemunterstützung und Systemausbildung

Das Problem der Optimalgestaltung des Prozesses „Einsatz von EDV-Maschinen im Unternehmens-DV-Subsystem" stellt sich in jedem einzelnen, unternehmensindividuellen Fall erneut. Die Komplexität dieses Prozesses und die Unmöglichkeit im wirtschaftlichen Sinn in einem on-the-case-Verfahren die Optimalgestaltung zu „erlernen", läßt den wirtschaftlich rational Entscheidenden zwei Angebotselemente neu erschließen, die bei Investitionsentscheidungen bislang gar keine oder nur eine untergeordnete Berücksichtigung erfahren hatten, nämlich
- Systemunterstützung und
- Systemausbildung.

Diese beiden Faktoren, in Ansätzen auch bei anderen Investitionen in die Sachapparatur feststellbar, aber auf Grund des Ausmaßes erst bei EDV-Maschineninvestitionen von entscheidender Relevanz, begleiten den Einsatzprozeß in allen seinen Teilbereichen, bzw. Teilschritten. Die Summe der angebotenen Elemente der Systemunterstützung und Systemausbildung sei *„Soft-ware – 3. Ordnung"* genannt.

Nach Schritten kann unterschieden werden:

- Systemunterstützung bei Optimalgestaltung der Installation der EDV-Maschinen
- Systemunterstützung bei Optimalgestaltung der laufenden Problemprogrammierung.

Die Beurteilung der angebotenen Unterstützung wird dem Investitionsgeneigten Entscheidungsunterlagen liefern müssen.

In nichtdynamischer Betrachtung kann eine Aufgliederung der Systemunterstützung in folgende Komponenten vorgenommen werden:

Hardware-Komponente [63, 7. Blatt]
– Instandsetzungs- und Instandhaltungsmaßnahmen

Soft-ware-Komponente [102, S. 22]
– Personelle Unterstützung während der Installationszeit
– Personelle Unterstützung der laufenden Problemprogrammierung
– Maschinenzeitmäßige Unterstützung während der Installationszeit [115, S. 706]
– Problemorientierte Unterstützung der laufenden Problemprogrammierung durch Angebote aus einer laufend erweiterten Programmbibliothek
– Problemlösungsorientierte Unterstützung durch laufende Information aus einer Problemlösungs/Verfahrensbibliothek
– Ausbildungsorientierte Unterstützung durch Einrichtung und Zugänglichmachen von Lehrinstitutionen.

Diese Komponenten, dem tertiären Wirtschaftsbereich entstammend, können, sei es durch die EDV-Maschinen-Herstellerunternehmen, sei es in freiwilliger oder konkurrenzhafter Ausgliederung durch Beratungs- und Schulungsunternehmen übernommen werden.

Die Systemunterstützung als Auswahlargument

Es kann unterstellt werden, daß die Auswahl einer bestimmten EDV-Maschine in großem Maße von der angebotenen Systemunterstützung durch die Herstellerfirmen abhängig ist. Zumindest wird von den investitionsgeneigten Unternehmern erwartet, daß in *Zusammenarbeit* mit den Systemberatern der Herstellerfirmen die Übernahme der vorhandenen Organisationsstruktur auf ein eventuell geändertes System unter Einbeziehung der anzuschaffenden EDV-Maschine bewerkstelligt wird, stellt doch in aller Regel das Personalauswahl- und Schulungsproblem den bedeutendsten Engpaß bei EDV-Maschinen-Installationen im Unternehmen dar.

Isoliert man die Beurteilung einer anzuschaffenden EDV-Maschine und die voraussichtliche Systemunterstützung durch die Herstellerfirmen von den sonstigen Verkaufsanstrengungen (emotionaler bzw. nichtrationaler Art) kann folgendes System angewendet werden:

Es wird ein Modellfall erstellt, bestehend aus:
– Lösungsvorschlägen zu Detailproblemen und
– Formalproblemen,

der eine voraussichtliche Einbeziehung *aller Aggregate* der anzuschaffenden

EDV-Maschine beinhaltet. Zu erproben ist hier die Fähigkeit des zugewiesenen Systemberaters zur Lösung von unternehmensinternen Problemen.

Für die Herstellerunternehmen ergibt sich in diesem Zusammenhang folgende Mehrfachproblemstellung:

- Problem der bestimmten, begrenzten Anzahl von Systemberatern (bei mehreren gleichzeitigen Anfragen)
- Problem der unterschiedlichen Qualität der Systemberater (Anlagen, Ausbildung, Erfahrung, im allgemeinen,Erfahrung in Spezialgebieten)
- Problem der für eine bestimmte Anfrage aufzuwendenden Zeit, die die Systemberater mit der Lösung der gestellten Probleme beschäftigt sein können
- Problem der freien Maschinenzeit eines eigenen Rechenzentrums oder rückgemieteter Anlagen

Nachdem all diese Probleme durch Kosten quantifiziert werden können, ergibt sich für die Herstellerfirma das Gesamtproblem des Risikos, einen Auftrag ohne Möglichkeit, die Kosten dem entgangenen Kunden ganz oder teilweise aufzurechnen, nicht zu erhalten.

Es ist daher einsichtig, daß die Herstellerunternehmen einen entsprechenden Risikozuschlag ansetzen werden müssen. Hingegen bleibt die Möglichkeit, die Wahrscheinlichkeit, einen bestimmten Auftrag zu erhalten, zu erhöhen, indem man für verschiedene Anfragebeantwortungen unterschiedlich qualifiziertes Personal und unterschiedlich viel Zeit aufwendet. Es bleibt die Frage, für welche Aufträge die besondere Mühe bzw. die höheren Kosten übernommen werden sollen [61, S. 54].

Die Systemausbildung als Auswahlargument

Das Anwenden von EDV-Maschinen in Unternehmenssubsystemen kann, intensitätsmäßig davon abhängig, ob Erstinstallation oder Ersatzinstallation vorliegt, für diejenigen,

- die Prozesse umstellen und
- diejenigen, die EDV-Maschinen bedienen, d.h. die umgestellten Prozesse effektuieren,

als *Bündel von Lernprozessen* aufgefaßt werden.

Es ergibt sich aus den Verfahrensänderungen ein objektiv feststellbarer „Bedarf an ausgebildetem Personal", der sich auch als „Bedarf an Personalausbildung" darstellen läßt. Der zusätzliche Personalausbildungsbedarf kann nach Aufgabenbereichen wie folgt gegliedert werden:

- o *Hard-ware-bezogen:*
  - Maschinenbezogener Ausbildungsbedarf 1. Ordnung: *Instandhaltungs- und Instandsetzungsaufgaben*
  - maschinenbezogener Ausbildungsbedarf 2. Ordnung: Bedienung der EDV-Maschine, insbesondere der I/O-Aggregate = *Operator-Aufgaben*
- o *Soft-ware-bezogen:*
  - Verfahrensbezogener Ausbildungsbedarf: Übernahme der Problemlösungen, Verfahren der speziellen EDV-Maschine des Unternehmens – *Programmierer–Kodiereraufgaben*
  - problembezogener Ausbildungsbedarf: Bestandsaufnahme, Systemanalyse, Problemlösungsvorschläge – *Aufgaben der Systemanalysatoren.*

Dieser spezielle Ausbildungsbedarf ist entwicklungsbedingt und orientiert sich daher am technologischen und verfahrensmäßigen Fortschritt der EDV-Maschinen-Hersteller-Unternehmen und nicht an der Entwicklung des traditionellen öffentlichen Bildungssystems. Der auch in anderen Bereichen feststellbare und durch die technische Entwicklung bedingte Schulbildungs-„time-lag", der in der Folge für geeignete Dienstleistungsunternehmen als „Know-how-Differential" zu einer zeitlich bedingten, in der Zeit abnehmenden (rebus sic stantibus) Rente führt, bedeutet für Personalentwicklungsabteilungen von EDV-Maschinen-Verwenderunternehmen die Notwendigkeit des Ausweichens auf nicht-schulische Varianten.
Es bieten sich hierfür folgende drei Lösungen an:

- o Selbstausbildung an Hand vorliegender Systemliteratur (ist nicht bei Einführung völlig neuer Prozeduren, sondern nur als Weiterbildung vorstellbar)
- o Ausbildung durch Ausbildungsinstitutionen (nichtöffentliche Schulen, etc.):
  - Ausbildung durch Ausbildungsinstitutionen von Verbänden und Vereinigungen wie Interessenvertretungen, Unternehmerverbände, Arbeitnehmerorganisationen etc.
  - Ausbildung durch Dienstleistungsunternehmen (Beratungsunternehmen, Schulunternehmen)
  - Ausbildungs-/Schulungsabteilungen (oder sonstige Einrichtung) von EDV-Maschinenherstellerunternehmen.

Von den angegebenen 4 Varianten hat insbesondere die Subvariante „Schulung durch Institutionen der EDV-Maschinen-Hersteller-Unternehmen" die größte Bedeutung erlangt.
Auf Elemente moderner Lehrtechnologie sei insbesondere durch die notwendigen bildungseinzelwirtschaftlichen Optimierungsansätze hingewiesen. EDV-Hersteller-Unternehmen bringen nur dann ein positives Auswahlargument durch ihre Schulungseinrichtungen ein, wenn bereits kurzfristig der Ausbildungserfolg im

Anwenderunternehmen festgestellt werden kann. Zur dazu notwendigen Ausbildungszeitminimierung, unter der begünstigenden Einschränkung, daß sich der Lehrstoff in Bezug auf konkrete Lehrschritte im wesentlichen gesichert darstellt, haben sich die folgenden Besonderheiten bezüglich der Ausbildungsform herausgebildet:

Kursform: Intervallsystem
Blocksystem
Sandwichsystem

Lehrverfahren: Programmierte Unterweisung
Übung am konkreten Fall
Übung im Team (Üben der optimalen Arbeitstaktiken)
On-the-job-learning

In einer Mehrzahl der festgestellten Fälle wird von den Anwenderunternehmen die Variante der Hersteller-Unternehmen-angebotenen Schulungsaktivitäten gewählt, woraus sich bei entsprechendem Angebot die Bedeutung der Software 3. Ordnung als Auswahlargument ableiten läßt.

Zur Beseitigung des qualifizierten Personalengpasses stehen dem Anwenderunternehmen grundsätzlich folgende Varianten zur Auswahl:

- Auffinden von sowohl problemvertrautem, als auch EDV-Maschinenvertrautem Personal
  unternehmensintern
  unternehmensextern
- Auffinden von problemvertrautem Personal und EDV-Maschinenausbildung
  unternehmensintern
  unternehmensextern
- Auffinden von maschinenvertrautem Personal und Problemausbildung
  unternehmensintern
  unternehmensextern.

Wobei für die Ausbildung selbst folgende Varianten zur Auswahl stehen:

	ohne Nachschulung *geschlossenes* Ausbildungssystem	mit Nachschulung *offenes* Ausbildungssystem
Schulungsort außerhalb des Anwenderunternehmens	t – Max K – Max	t – Min K – Max
Schulungsort innerhalb des Anwenderunternehmens	t – Max K – Min	t – Min K – Min

t – Ausbildungsgesamtzeit K – Ausbildungsgesamtkosten

Es ergibt sich in der Matrix die Variante „Ausbildungsort im Anwenderunternehmen/offenes Ausbildungssystem" als die günstigste. Diese Variante wird tatsächlich aber erst ab einer bestimmten Minimalgröße des Anwenderunternehmens und einer bestimmten Minimalerfahrungszeit gewählt werden können; in der Mehrzahl der untersuchten Unternehmen konnte die Wahl der Variante „Offenes Ausbildungssystem/Ausbildung außerhalb des Anwenderunternehmens" ermittelt werden.

Beispiel einer systematischen, durch ein Hersteller-Unternehmen angebotenen, Ausbildung

Die folgende Darstellung [118] zeigt die Besonderheiten der Ausbildungsanordnung zur Lehrzeitminimierung. Durch die Notwendigkeit, bereits in der 2. Phase nach Erlernung der grundlegendsten Programmierkenntnisse die Ergebnisse der „Lernproduktion" im Anwenderunternehmen einzusetzen, ergibt sich die Notwendigkeit der in vorliegendem Fall optimal durchgeführten Blockbildung im Sandwichsystem. Die zwischen den Blöcken erfolgenden, in der Darstellung nicht ersichtlichen, Phasen des „on-the-job-learning" stellen mit den im Lern-

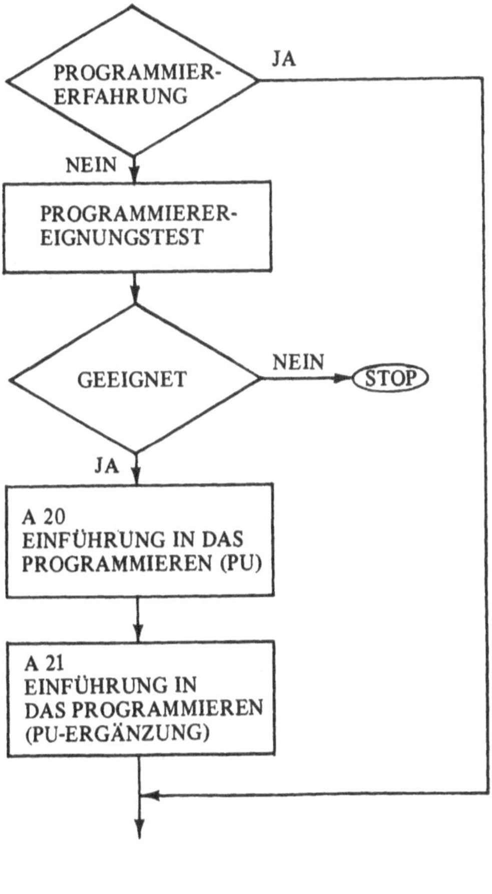

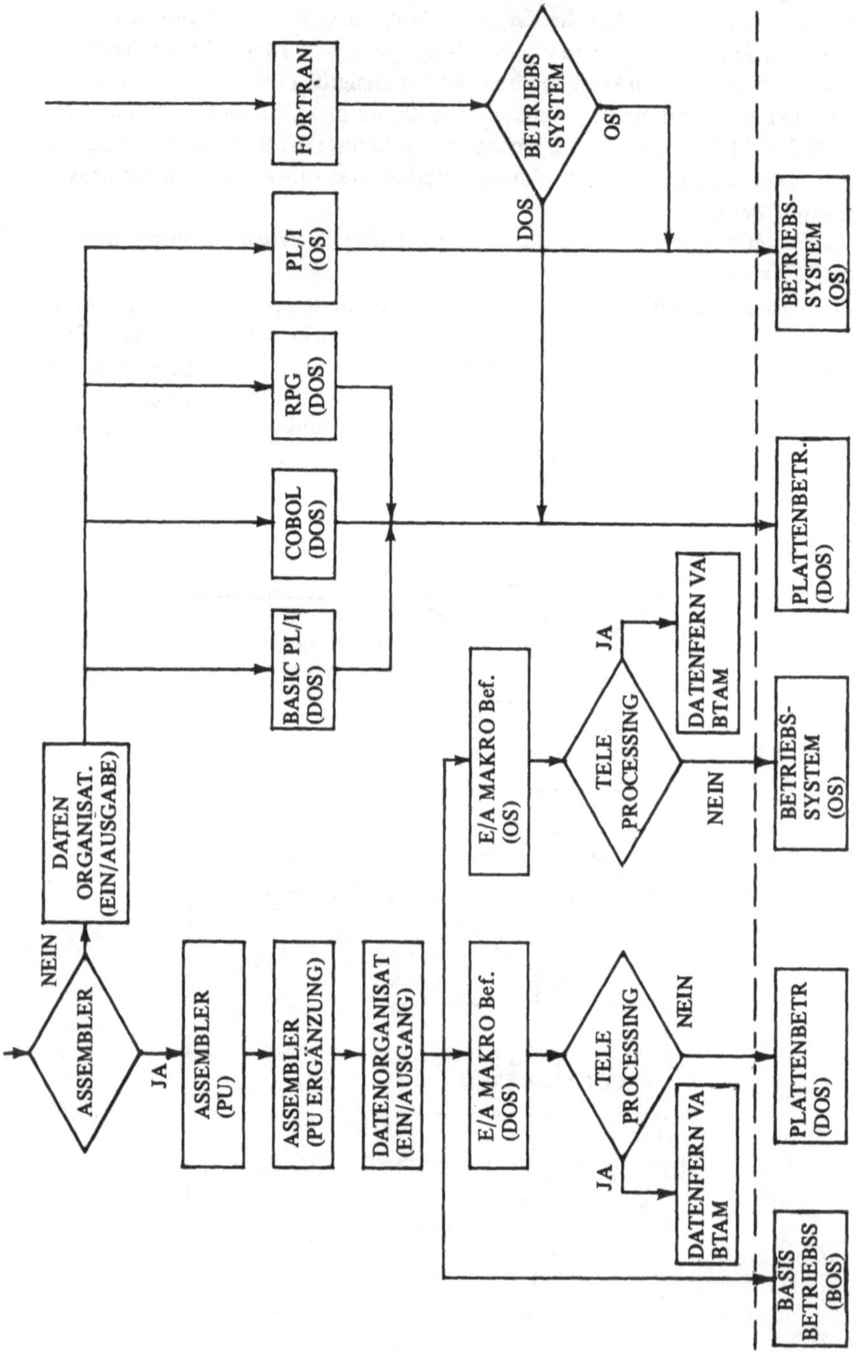
ASSEMBLER
JA
NEIN
ASSEMBLER (PU)
ASSEMBLER (PU ERGÄNZUNG)
DATENORGANISAT (EIN/AUSGANG)
E/A MAKRO Bef. (DOS)
TELE PROCESSING
JA
NEIN
DATENFERN VA BTAM
PLATTENBETR (DOS)
BASIS BETRIEBSS (BOS)
DATEN ORGANISAT. (EIN/AUSGABE)
BASIC PL/I (DOS)
COBOL (DOS)
RPG (DOS)
PL/I (OS)
FORTRAN
BETRIEBS SYSTEM
DOS
OS
E/A MAKRO Bef. (OS)
TELE PROCESSING
JA
NEIN
DATENFERN VA BTAM
BETRIEBS-SYSTEM (OS)
PLATTENBETR. (DOS)
BETRIEBS-SYSTEM (OS)

vorgang produzierten Programmen/Programmteilen bereits Teilnahme an der Programmproduktion dar. Auf die besondere Art der Motivation und die Streß-Situation während der Installationsphase der EDV-Maschinen sei hingewiesen.

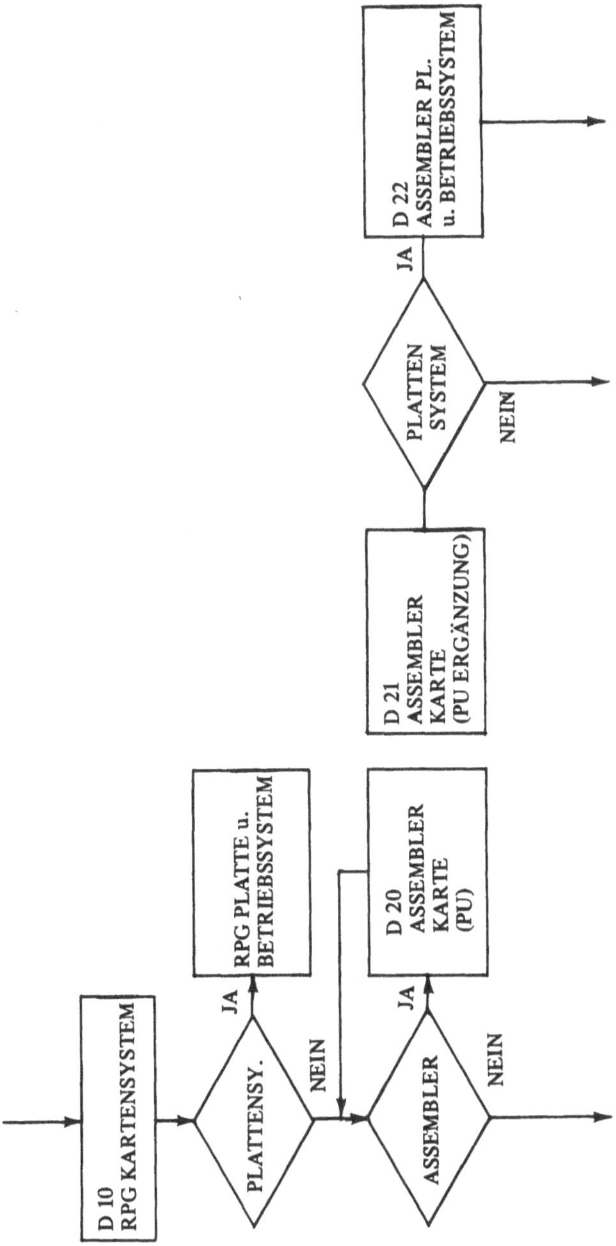

Die besondere Bedeutung der Systemausbildung auf Grund der Entwicklung des Personalbedarfs

Die Bedeutung der Personalschulung, insbesondere die Wertigkeit des Schulungsangebotes durch EDV-Maschinen-Herstellerunternehmens zeigt die auf der Untersuchung von *Price* [77] beruhende Aufbereitung der möglichen Personalbedarfsentwicklung für einen sechsjährigen Zeitraum. Die Zahlen wurden vom konkreten Zeitraum, für den sie ermittelt wurden, durch Indexberechnung gelöst (Schätzbasis 1964 – Schätzhorizont 1970).

Die Personalschätzung unterscheidet Bedarf an
– Systemanalysatoren,
– Programmierern,
– Operateuren,

die unterschiedlich auszubilden sind. Die Ausbildung kann nun im Bereich der Operateure vollständig, im Bereich der Programmierer, soweit es sich um problemorientierte Ausbildung und für Systemanalysatoren, soweit es sich um maschinen-, insbesondere Soft-ware-orientierte Ausbildung handelt, durch die Schulungseinrichtungen der EDV-Maschinen-Herstellerunternehmen erfolgen. Deren Existenz wird zum zwingenden Auswahlargument, weil, wie schon oben gesagt, diese Ausbildung durch private und öffentliche Ausbildungsinstitutionen nicht oder nicht ausreichend wahrgenommen werden kann.

Die Tabelle weiter unten weist die Werte für das Ausgangsjahr und zwei Werte für das Schätzungshorizontsjahr getrennt nach EDV-Maschinen-Größen bzw. Konfigurationen, die in der zugrundeliegenden Untersuchung nicht näher spezifiziert wurden, aus. Der erste Wert gibt den Personalbedarf unter der Unterstellung des gleichbleibenden Personalbedarfes für vergleichbare EDV-Maschinen-Konfigurationen, also unter Ausschaltung des Technischen Fortschritts an; der zweite, kleinere Wert stellt den Wert unter Beachtung folgender Einflußfaktoren dar:

– „Automatisches Programmieren" – durch Verwendung von Höheren Programmiersprachen, insbesondere Blocksprachen und parametrischen Sprachen
– Einsatz von Programmbibliotheken zur Anwendung von vorvollzogenen Problemlösungen und damit Ausschaltung von Personalrisiko *und* Risiko der nichtoptimalen Programmierung
– Entwicklung der Betriebssysteme zur Minimierung der Operateureingriffe und daher zur quantitativen Personalverringerung
– Weiterentwicklung und Optimalisierungsgestaltung der Sub-EDV-Maschinen (Kanäle) zur optimalen, interventionsfreien bzw. interventionsarmen Kommunikation zwischen ZRE, externen On-Line-Speichern und Eingabe/Ausgabeaggregaten.

	AUSGANGSJAHR (a_0)				Schätzungshorizont (a_6)							
					Ohne technischen Fortschritt				Mit technischem Fortschritt			
	Absol. Wert		Summe	Index	Absol. Wert		Summe	Index	Absol. Wert		Summe	Index
	Pro Einheit	System-zahl			Pro Einheit	Maschi.-zahl			Pro Einheit	Maschi.-zahl		
EDV-Kleinmaschinen mit manueller Eingabe												
Systemanalysatoren	0.5		1.729	100	0.5		5.250	303.6	0.4		4.200	242.9
Programmierer	1.5	3.456	5.187	100	1.5	10.500	15.750	303.6	1.0	10.500	10.500	202.4
Operateure	1.5		5.187	100	1.5		15.750	303.6	1.0		10.500	202.4
Summe (1)		3.456	12.103	100		10.500	36.750	303.6			25.200	208.2
EDV-Kleinmaschinen												
Systemanalysatoren	2.0		18.264	100	2.0		54.400	296.7	1.8		48.960	268.1
Programmierer	5.0	9.132	45.660	100	5.0	27.200	135.000	296.7	3.0	27.200	81.600	178.7
Operateure	2.5		22.830	100	2.5		68.000	296.7	1.5		40.800	178.7
Summe (2)			86.754	100		27.200	257.400	296.7			171.360	197.5
EDV-Mittelmaschinen												
Systemanalysatoren	4.0		7.860	100	4.0		24.000	305.3	3.5		21.000	267.7
Programmierer	8.0	1.965	15.720	100	8.0	6.000	48.000	305.3	5.0	6.000	30.000	190.8
Operateure	5.0		9.825	100	5.0		30.000	305.3	3.0		18.000	183.2
Summe (3)		1.965	33.405	100		6.000	102.000	305.3			69.000	206.6
EDV- Großmaschinen												
Systemanalysatoren	9.0		6.696	100	9.0		20.700	309.1	8.0		18.400	274.8
Programmierer	15.0	744	11.160	100	15.0	2.300	34.500	309.1	10.0	2.300	23.000	206.1
Operateure	8.0		5.952	100	8.0		18.400	309.1	5.0		11.500	193.2
Summe (4)	32.0	744	23.808	100		2.300	73.600	309.1			52.900	222.2
Gesamt (1) + (2) + (3) + (4)		15.299	156.070	100		46.000	469.750	301.0		46.000	318.460	204.0

Die Verminderung gegenüber dem ermittelten Personalbedarf ohne Berücksichtigung des Technischen Fortschritts beträgt:

– bezüglich der Systemanalysatoren	10%
– bezüglich der Programmierer	35%
– bezüglich der Operateure	35%

(5) Die Bedeutung der Kosten als Optimalgestaltungsparameter

Akzeptiert man den in der Entscheidungspraxis der Unternehmen häufig anzutreffenden Fall der ausschließlichen oder überwiegenden Beobachtung, bzw. Gewichtung der Kostenkomponente, so ergibt sich die Notwendigkeit, die für ein solches kostenorientiertes Auswahlverfahren relevanten Elemente aus der Gesamtheit der bei einer EDV-Maschinen-Installation anfallenden Kosten zu isolieren.

Die Grundsatzklassifizierung trennt die Kostengesamtheit in

- o *Herstellerunternehmen-unabhängige Kosten:*
  Diese beeinflussen das Gesamtsystem, das Subsystem „Datenverarbeitung", und nicht die Auswahl einer bestimmten EDV-Maschine. Sie sind somit Installationsgrundsatzentscheidungsrelevant und beeinflussen die duale Vorentscheidung.
- o *Herstellerunternehmen-abhängige Kosten:*
  Durch Ausscheiden des herstellerunternehmens-unabhängigen Kostenblocks ergibt sich ein relativ einfacher Kostenvergleich, da die Kostengruppen direkt ermittelbar und klassifizierbar erscheinen.

Dem einfachsten *Kostenkalkül* liegen folgende sechs Kostengruppen zu Grunde [104, S. 91]:

Average Monthly Rental	=	Kosten der Miete der durchschnittlich geplanten Installation
Rental Range	=	Mietkostenband, begrenzt durch mögliche Konfigurationsabweichungen
One-Sum-Prize Range	=	Kaufkostenband, begrenzt durch mögliche Konfigurationsabweichungen
Power	=	Energiekosten der durchschnittlichen, geplanten Installationskonfiguration
Air Conditioning	=	Klimatisierungskosten der durchschnittlichen, geplanten Installationskonfiguration.

Die Bewertung nach diesen Kostengruppen ergibt für den Investitionsentscheidenden eine kostenorientierte Rangordnung der angebotenen EDV-Maschinen. Der deterministische Charakter dieses Bewertungsverfahrens wird in zwei Fällen durchbrochen:

– in der Bestimmung „der durchschnittlichen, geplanten Konfiguration",

– in der Bestimmung der Breite der Bänder (Mietkostenband, bzw. Kaufkostenband).

Die Bestimmung der Bandbreiten durch angebotene Zusatzaggregate zur Installationsgrundkonfiguration kann dadurch bewertet werden, daß zur Kostenkomponente noch die Leistungskomponente tritt, wie das folgende Beispiel zeigt [86, S. 22]:

	Mietkosten/m (WE)	Zeitgewinn (%)
EDV-Anlage mit 6 Bändern (= Installationsgrundkonfiguration)	12.930	–
EDV-Anlage mit 6 + 2 Bändern (Obere Grenze des Konfigurationsbandes)	13.430	33

Es steht also einem Zeitgewinn von 33% ein Kostenanstieg von nur 4% gegenüber.

Dieses wirtschaftlich günstigere Verhältnis kann jedoch nur dann realisiert werden, wenn der Zeitgewinn

– entweder einen bestehenden Engpaß, der durch die EDV-Maschine begründet ist, beseitigt, oder

– dadurch die wirtschaftlich begründbare Neuübernahme von Verfahren des Datenverarbeitungssubsystems auf Verfahren mit EDV-Maschinen genützt werden kann.

Die wirtschaftliche Realisierung eines Hard-ware-bedingten Zeitgewinnes stellt ein Einsatzproblem dar, das sich der isolierten Kostenbetrachtung entzieht und unter Unsicherheit erfolgt.

Es läßt sich beobachten, daß selbst die in der frühen Literatur beschriebenen kostenorientierten Bewertungsansätze der Auswahlverfahren nicht ohne die Berücksichtigung der Leistungskomponente (1. deterministische Stufe) bzw. der Einsatzkomponente (2. stochastische Stufe) das Auslangen finden.

Als charakteristisches Beispiel hierfür sei hier das kostenorientierte Auswahlverfahren nach *Williams e.a.* angeführt, das den ermittelten Kosten nur mehr ein Gewicht von 0,2 zuordnet und die Vergleichbarkeit der Gesamtkosten der untersuchten EDV-Maschinen durch die Indexformel

„(Points awarded) = 20 (lowest price)/(price of the equipment being evaluated)" [162, S. 22]

weiter relativiert.

Es bleibt darzustellen, daß die isolierte Kostenbetrachtung bei EDV-Maschinen-Investitionsentscheidung in aller Regel aber auch dann versagen muß, wenn sie in Beziehung zur „Leistung" im Hard-ware-orientierten Sinne gebracht wird.

3.3.3.3 Verfahren zur Auswahl der optimalen EDV-Maschine

Als Optimalisierungsparameter für die Auswahl einer bestimmten EDV-Maschine aus einer Angebotsmenge wurden dargestellt:

- *Kostenorientiert bzw. Inputorientiert*
  die Bedeutung der *Kosten* als Optimalisierungsparameter
- *Leistungsorientiert bzw. Outputorientiert*
  die Bedeutung der *Hard-ware* als Optimalisierungsparameter
  die Bedeutung der *Soft-ware* als Optimalisierungsparameter.

Die Bedeutung wirtschaftlich gerechtfertigter Auswahlverfahren, die zum Auffinden der für ein bestimmtes EDV-Subsystem eines auswählenden Unternehmens optimalen EDV-Maschine dienen, muß nicht bewiesen werden. Es kann jedoch nicht ohne weiteres vorausgesetzt werden, daß in der Menge der angebotenen EDV-Maschinen die optimale enthalten ist. Daher stehen in aller Regel *absolute Auswahlverfahren* nicht zur Verfügung.

Des weiteren sieht sich der Auswählende dem Anbietenden gegenüber in der Situation des Spielers mit unvollkommener Information. Nimmt man an, daß sich in der Skala der Eigenschaften der angebotenen EDV-Maschinen Unterschiede finden lassen, die wohl den Anbietenden, nicht aber den Auswählenden bekannt sind, ergibt sich die Aufgabe des Auswählenden durch sein Verfahren subjektiv maximale Information zu erwerben.

Während die Kostenkomponente in der Regel transparent gestaltet ist, sodaß die Information durch die Anbietenden ausreichend und wahr ist, bleibt es Aufgabe des Auswählenden, die Leistungskomponente (Hard-ware *und* Soft-ware) selbst oder durch neutrale Dritte zu bestimmen bzw. bestimmen zu lassen und damit die Beurteilungsfunktion aus dem eigenen Unternehmen auszugliedern.

Einen Katalog von Aufgaben gibt *van Court* an [94, S. 407]:

- „Determine approximate time on possible computers
- Time the best candidate computer system in detail
- Analyze software for efficiency, availability and ease of use
- Consider non-technical aspects"

Aufgabe des Auswählenden bleibt es, zur maximalen subjektiven Information zu gelangen, wobei sich das subjektive Element auf die Anzahl der Informationen erstreckt; die Informationen selbst müssen weitgehend objektiviert sein. Dem steht entgegen, daß in den meisten Fällen der Wirtschaftspraxis die Informationen aus Unterlagen, bzw. aus Auskünften der Vertriebsabteilungen der EDV-Herstellerunternehmen bezogen werden.

(1) Bisherige Behandlung des Problems in der Praxis

Bewertungsverfahren, die neben der Kostenkomponente auch die Leistungskomponente berücksichtigen, wurden in den USA schon nach der 1. EDV-Maschineninstallationswelle (EDV-Maschinen „Erster Generation") entwickelt.

Hard-ware-Charakteristika standen zunächst im Mittelpunkt der Untersuchungen zur EDV-Maschinenauswahl:

„When selecting a digital computer for a simulation problem, there are questions of computer speed, storage capacity, availability, costs and ease of programming" [94, S. 407]

Das Vorherrschen des Hard-ware-Komponenteneinflusses kann aus dem Gegenüberstehen von drei quantifizierbaren Hard-ware-Elementen, einem quantifizierbaren Kostenblock und einem nicht quantifizierten und nicht definierten Soft-ware-Element, „Einfachheit der Programmierung" abgeleitet werden. Die objektivierte Datenermittlung und das Herstellen einer ausreichenden Markttransparenz konnte durch das Heranziehen von öffentlichen und nichtöffentlichen Beratungsinstitutionen erreicht werden.

Bereits vor 1956 war man sich jedoch bewußt geworden, daß Berücksichtigung der Hard-ware- und Kostenkomponenten bei nicht quantifizierter Programmierungseinfachheit zu Fehlinvestitionen führen könnte. Zu diesem Zeitpunkt der EDV-Maschinenentwicklung standen erst niederste Programmiersprachen in Entwicklung. Die Beurteilung der Programmiereinfachheit konnte daher auf die Prüfung „Vorhandensein von Programmierhilfen, die über die Maschinensprache hinausgehen vs. Nichtvorhandensein solcher Programmierhilfen" reduziert werden.

Man entwarf zunächst vorwiegend auf wissenschaftlich/technische Probleme beschränkte Musterprobleme, ermittelte die Zeiten, die für die Bearbeitung solch eines Problemkomplexes insgesamt erforderlich waren und versuchte damit zum ersten Mal Hard-ware- und Soft-ware-Komponenten im Verbund zu bewerten. Im Folgenden sei die von *Farell* ermittelte Zeitvergleichstabelle aus 1956 für zwei Aufgaben (Numerische Integration nach *Milne* und *Runge-Kutta*) wiedergegeben: [94, S. 408]

EDV-Maschinen-Type	Gesamtzeit für das Verfahren nach *Milne* (in ZE)	nach *Runge-Kutta* (in ZE)
IBM	1,023	1,296
UNIVAC	1,740	2,280
ORDVAC	0,718	0,920
AVIDAC	0,198	0,261
ORACLE	0,269	0,348
MANIAC	1,558	2,029
SEAC	2,357	2,770
Statac Svoop	0,199	0,269
ORAC	4,104	5,978
WHIRLWIND	0,067	0,088
Consolidated Engineering	5,040	6,516

Obwohl auch in diesem Verfahren noch Einflußfaktoren berücksichtigt werden, die nicht mit der Leistungsfähigkeit der EDV-Maschinen an sich in Beziehung zu bringen sind, z.B. spezifische Algorithmen, und obwohl dabei unterschiedliche Soft-ware-Komponenten z.B. Programmierung, Testung etc. noch nicht berücksichtigt werden, stellt dieses Verfahren dennoch einen ersten, brauchbaren Vorläufer der weiter entwickelten Verbundenen Verfahren zur Auswahl von EDV-Maschinen dar.

(2) Lösungsansätze der Verbundenen Verfahren

Aufgabe der Verbundenen Verfahren ist es, eine Gesamtbewertung einer EDV-Maschine im Hinblick auf bestehende oder zukünftige EDV-Subsysteme im auswählenden Unternehmen vorzunehmen, sodaß in einem Vergleich aller angebotenen EDV-Maschinen die ***relativ beste*** ausgewählt werden kann. Theoretisch sind neben Komponenten wie

- Anlagenkonfiguration (Hard-ware-Kosten)
- Durchlaufzeit und Durchlaufkosten
- Systemunterstützung
- Installationskosten (Hard- *und* Soft-ware also einschließlich von Programmierkosten)

folgende Faktoren zu berücksichtigen:

- geplante Umstellungen von manuell/maschinellen Verfahren auf Prozeduren mit Einsatz von EDV-Maschinen
- zukünftige Hard-ware-Entwicklungen
- zukünftige Soft-ware-Entwicklungen

Damit erfolgt die Einführung unsicherer Komponenten, deren Vernachlässigung sich durch Definiton des EDV-Maschinen einsetzenden Unternehmens als selbstlernendes, kybernetisches System, das Anpassungsprozesse dynamisch vornimmt, vertreten läßt; bezüglich des Einflusses auf Wahl der Finanzierungsvarianten unter Risikominimierung vgl. „Die Optimalgestaltung der Finanzierung einer EDV-Maschine" weiter unten.

Im folgenden werden folgende Verbundene Verfahren zur Auswahl von EDV-Maschinen dargestellt:

Verfahren A: Errichtung von Standards zur gleichzeitigen Hard-ware/Soft-ware-Vergleichung

Verfahren B: Verwendung der Daten einer Vergleichsberichtsbank

Verfahren C: Geschlossene Durchsatzprüfung

Verfahren A: *Errichtung von Standards zur gleichzeitigen Hard-ware/Soft-ware-Vergleichung*

Dieses Verfahren bezweckt insbesondere eine mögliche Quantifizierung des schwer zu fixierenden Begriffes „Programmierbarkeit". Die Errichtung der Standards als Sollgrößen erlaubt es an Hand von Abweichungen, die Eignung der Soft-ware-Ausstattungen bestimmter EDV-Maschinen zu vergleichen. Das Verfahren eignet sich daneben auch für Personal/Leistungskontrollzwecke im Bereich der Programmiererbewertung.

Zur Ermittlung der Standards stehen zur Verfügung

- Time/Motion-Untersuchungen
- Untersuchung und Analyse der bisher erbrachten Programmierleistungen
- Schätzwerte aus der Erfahrung.

Da das Wesen dieses Verfahrens darin besteht, nicht idente Programme auf vergleichbaren EDV-Maschinen zu programmieren und durchlaufen zu lassen und eventuelle Kennwerte zu messen, und dabei die Programmierung nicht durch dieselben Programmierer durchführen zu lassen, ist es Hauptaufgabe des Verfahrens, Kenngrößen zur Vergleichbarkeit von Programmen zu ermitteln. Programme gleicher „Wertigkeit" werden dann zur Ermittlung der Verbundwerte von EDV-Maschinen herangezogen.

Brandon und *Kirch* schlagen hierzu folgendes Verfahren vor:
Ermittlung von drei Programmkenngrößen: „Each program will therefore have three parameters, expressed as X N / Z:

X is the rating of complexity (A through F)
N is the number of pages divided by ten
Z is the number of input/output units" [33]

Zu den einzelnen Parametern muß kritisch bemerkt werden:

– *Seitenanzahl als Kriterium der Programmgröße:*
Es wird behauptet, daß der Anteil von MAKRO-Befehlen, Internen Funktionen, Pseudooperationen, Kommentaren und Compilersteuerbefehlen bei ausreichend großer Programmanzahl konstant bleibt. Dies trifft jedoch nur auf Niedere Programmiersprachen zu. Bei Nicht-1:1-Übersetzung, bei Fortschreiben in den Zeilen der Kodierblätter, durch Interne Funktions- und Unterprogrammverwendung ergeben sich Verzerrungen, die eine Vergleichbarkeit der Programmgröße an Hand der Seitenanzahl der Kodierblätter hinsichtlich der Anwendung des Verfahrens zur EDV-Maschinen-Bewertung unmöglich machen.
Auch die Klassifizierung (in 10er-Klassen) beseitigt nicht die Ungenauigkeit.

– *„Complexity" als Kriterium der Programmierschwierigkeit*
Während feststeht, daß ein funktionaler Zusammenhang zwischen dem Grad der logischen Verknüpfungen und Verzweigungen eines Programmes und der Schwierigkeit (in ZE meßbar), dieses Programm zu erstellen besteht, muß das Bewertungsverfahren des vorliegenden Verfahrens als Scheinquantifizierung in Frage gestellt werden:

Folgende Noten werden vergeben:

„A .... Simple
B .... Moderately Difficult
C .... Difficult (Average)
D .... Quite Complex
E .... Extremely Difficult
F .... Impossible" [33]

Wegen der subjektiven Beurteilung nach logischem und Abstraktions-Vermögen, nach Erfahrung hinsichtlich bekannter Algorithmen u.a. muß dieser Wert auf Bedenken stoßen.

– *Die Verwendung von Input/Output-Aggregaten als Kriterium der Programmierschwierigkeit*

Das Verfahren unterstellt richtigerweise, daß es wirtschaftlicher sei, möglichst wenige verschiedene I/O-Aggregate einzusetzen. Allein aus der Zahl der Aufrufe *verschiedener* Aggregate ist jedoch noch nicht auf die optimale EDV-Maschinen-Ausnutzung zu schließen. Vollends verliert dieser Wert bei Programmierung von time-shared Großanlagen seine Signifikanz.

Zusammenfassend kann diesem Verfahren also nur eine *Hilfsfunktion* im Rahmen der Prüfung des Hard-ware/Soft-ware-Verbandes zugebilligt werden. Gleichwohl muß einem System, das es bei ausreichender Verfeinerung erlaubt, EDV-Maschinen mit verschiedenen Programmen verschiedener Programmierer (in

Bezug auf Programmierbarkeit quantifiziert) zu prüfen, eine integrale Position im Gesamtprüfungsverfahren zugestanden werden.

V e r f a h r e n B: *Verwenden der Daten einer Vergleichsberichts-Bank*

Die Komplexität einer wirtschaftlich rationalen Investitionsentscheidung für EDV-Maschinen, die sich in jedem Fall und in jedem Unternehmen neu, jedoch ähnlich darstellt, wobei das individuelle Unternehmen nur in größeren Zeitabschnitten dem Problem der Investitions- bzw. Ersatzinvestitionsentscheidung gegenüber steht, legt es nahe, die Funktion der Investitionsentscheidungsvorbereitung aus dem entscheidenden Unternehmen selbst auszugliedern. Die solcherart entstandenen Dienstleistungsunternehmen (= Beratungsunternehmen) stehen vor einer mehrfachen Ausgabe:

- Erarbeitung *allgemeingültiger Standardberichte*
- Beratung im *individuellen Investitionsentscheidungsfall.*

Die Verfahren im individuellen Entscheidungs- bzw. Beratungsfall unterscheiden sich nicht von denen, die auch dem entscheidenden Unternehmen zur Verfügung stehen.

Bei Erarbeitung allgemein gültiger Standardberichte steht man aber vor der spezifischen Aufgabe, ohne Kenntnis der individuellen Erfordernisse der entscheidenden Unternehmen einen Katalog von quantifizierten Daten aufzustellen, der die individuellen Entscheidungen möglich macht.

Die Vergleichsberichts-Bank der Auerbach Corporation [86, S. 19] enthält folgende Angaben, zunächst hinsichtlich der quantifizierbaren Daten:

- Systemcharakteristika (Allgemeine Beschreibung)
- Datenstruktur (interner Datenaufbau)
- Interne Speicheraggregate
- Zentrale Recheneinheit
- E/A-Aggregate
- Typische Grundkonfigurationen
- Übersetzer
- Betriebssysteme

Der Vorteil dieser Angaben liegt in der Objektivierung durch Überprüfung der Angaben der EDV-Anlagen-Hersteller-Unternehmen durch das Beratungsunternehmen. Theoretisch stellen sie aber nur isolierte Angaben dar, die über die Verwendbarkeit im Verbund wenig aussagen.

Dementsprechend wurde in die Vergleichsberichte auch die Beschreibung der Durchführung von Standardproblemlösungen aufgenommen. Diese gehen über die Versuche von *Farell* weit hinaus und umfassen insbesondere: [86, S. 20]

- Datei-Bearbeitung
- Sortieren und Mischen
- Matrix-Inversion
- Verarbeitung statistischer Daten
- (Standardauswahl) mathematischer Algorithmen

Gemessen werden:

- Ein- und Ausgabezeiten (in Blöcken / I/O-Aggregat)
- Wartezeiten der ZRE durch I/O-Aggregate
- Rechenzeiten der Zentralen Recheneinheit

Während Input- und Output-Daten definiert werden, wird interne Organisation, Verknüpfungs- und I/O-Operationen der Soft/Hard-ware der Herstellerunternehmen der untersuchten EDV-Maschinen überlassen.

Zusammenfassend kann dem Verfahrensbündel, das zur Errichtung einer umfassenden Vergleichsberichtsbank führt, eine wesentliche Funktion im Rahmen des Prüfungsverfahrens zur Auswahl einer optimalen EDV-Maschine zugebilligt werden. Es erlaubt es insbesondere aus der Gesamtmenge der angebotenen, auf dem Markt befindlichen EDV-Maschinen, bei nahezu vollständiger Information, bzw. Markttransparenz, diejenige Klasse von EDV-Maschinen abzugrenzen, die in das abschließende Prüfungsverfahren einbezogen werden kann. Auf Grund dieser Vorauswahl durch das Verfahren „Verwendung der Daten einer Vergleichsberichts-Bank" können zeit- und kostenmäßige Verlagerung auf die unternehmensindividuelle, bzw. unternehmensinterne Endauswahl vorgenommen werden, wodurch eine Verbesserung des Entscheidungskalküls, der dazu notwendigen Informationssammlung und Informationsaufbereitung, deren funktionale Zeit- und Kostenabhängigkeit unterstellt werden kann, möglich wird.

Beispiel der Ergebnisse der Messung der Leistungsfähigkeit verschiedener Konfigurationen desselben EDV-Maschinensystems (Verwendbare Daten der Vergleichsberichtsbank) [86, S. 19]

(s. Tabelle auf nächster Seite).

Verfahren C: *Geschlossene Durchsatzprüfung*

In einem geschlossenen Aufbau der anzuwendenden Prüfungsverfahren schlösse sich an die Vorauswahl unter Verwendung des Verfahrens B und eine allfällige Prüfung der Programmierbarkeit nach Verfahren A,die durch die Soft-ware-Angleichungen, wie sie teilweise bereits effektuiert, teilweise trendhaft durch Analyse der Soft-ware-Beschreibungen der EDV-Maschinen-Systeme der bedeutendsten EDV-Maschinen-Herstellerunternehmen festgestellt werden konnte, an Be-

SYSTEM PERFORMANCE

Work-sheet		Item	Configuration III	VI	VII A	VIII B Block-ed Details	VIII B Un-blocked Details	Refe-rence
4	Unit of mea-sure	(word)						
		Std. routines	4.990	4.990	4.990	4.183	4.990	
		Fixed	0	0	0	0	0	
		3(Blocks 1 to 23)	162	162	162	162	162	4:200 1151
Stan-dard Prob-lem A		6(Blocks 24 to 48)	420	420	420	420	420	
		Files	1.344	1.344	1.344	2.400	1.344	
		Working	100	100	100	100	100	
		Total	7.016	7.016	7.016	7.265	7.016	

deutung verliert, ein *abschließendes unternehmensindividuelles Prüfungsverfahren* mit der Aufgabe, die

Durchsatzgesamtzeiten und
Durchsatzgesamtkosten

für Prozeduren, die sofort oder mit ausreichender Wahrscheinlichkeit zukünftig auf Verfahren mit Einsatz von EDV-Maschinen übernommen werden sollen, zu ermitteln. Als optimales Verfahren hat sich hierfür das *Standardproblemverfahren* herausgebildet. Hierbei handelt es sich jedoch nicht um Standardfunktionen, wie sie oben dargestellt wurden, sondern um unternehmensindividuelle Standardprobleme wie z.B. Lohnabrechnung im speziellen Unternehmen, Betriebsabrechnung, Statistiken, etc. Diese Standardprobleme werden bezüglich Input und Output so formuliert, daß die Systemberater der anbietenden EDV-Maschinen-Hersteller-Unternehmen in der Lage sind, für die von ihnen angebotenen EDV-Maschinen die entsprechenden Programme zu erstellen.

Beurteilt werden die *Ergebnisse:*

- Gesamtzeit der Erstellung des Angebotes: Rückschluß auf *Systemunterstützung und Programmierbarkeit*

- ○ Konzepte: – Dateibearbeitung
  - – I/O-Operationen
  - – Logische Anlage der Problemlösung
- ○ Gesamtumwandlungszeiten für die erstellten Programme: Rückschluß auf die *Leistungsfähigkeit der Betriebssysteme*
- ○ Gesamtdurchlaufzeit (Input – gewünschter Output):
  Rückschluß sowohl auf Hard-ware als auch Soft-ware. Je nach Organisation des unternehmensinternen EDV-Subsystems und der Prioritäten (zeitmäßige, kostenmäßige, entscheidungsunabhängige, etc.) können die ausgeschriebenen Standardprobleme mit Gewichten versehen werden. Die Gesamtbeurteilung erfolgt in solchen Fällen durch ein Benotungssystem.

F a l l: Erstellung eines Angebotes auf Grund der Ergebnisse einer geschlossenen Durchsatzprüfung.

Im Folgenden wird ein Protokoll dargestellt, wie es im Rahmen einer geschlossenen Durchsatzprüfung, den auswählenden Unternehmen von Seiten der EDV-Maschinen-Herstellerunternehmen präsentiert wird: [113]

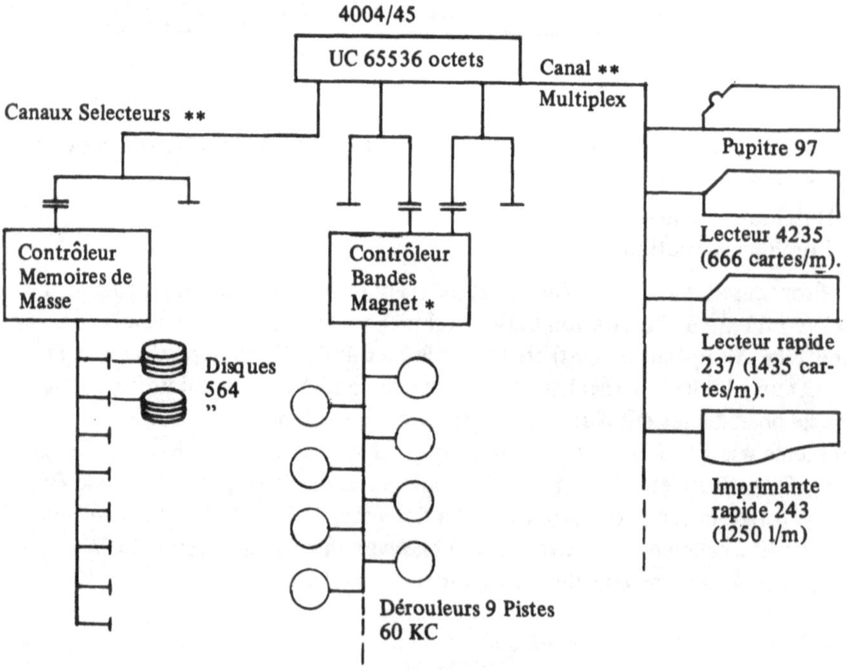

* 2 accès simultanés possibles
** Simu possible entre tous les canaux.

Description des Operations de Constitution des Programmes

- L'objectif est de constituer une „bande Système", supportant les programmes du Software d'exécution (EXECUTIF) et les programmes spécifiques de l'essai, c'est à dire:
  - Les Programmes PEG101 et GROG108, ecrits en Cobol et remis à SIEMENS par l'URBAINE & LA SEINE
  - Les Programmes d'introduction de Cartes, de tri et d'impression fournis par SIEMENS.
- Les programmes seront exécutés sous contrôle du T.O.S. (Tape Operating System), le „Tape Disc Operating System" n'étant pas encore tout à fait operationnel.
- Les Programmes écruts en COBOL (PEG101, GROG108 et Intro-Cartes) sont tout d'abord compilés, puis assemblés (LINKAGE EDITOR) sur une bande de manoeuvre – Le Programme d'Impression, ecrit en langage ASSEMBLEUR subit les memes opérations et est mémorise sur une autre bande de manoeuvre – Enfin le Programme de Tri est généré et placé sur une troisième bande – Dans une derrière opération d'assemblement tous les programmes, ainsi que l'EXECUTIF et certains programmes utilitaires, sont placés sur une seule bande qui sera utilisée pour l'execution des essais. (Du reste, elle restera sur le dérouleur sur lequel elle aura été créée).
- Remarques

  Le Programme PEG101 n'a subi aucune modification de forme. Une retouche mineure a été effectués dans la Division „Procedure" afin de traiter certains cas de perforations anormales dans les données d'entrée: La correction a été fournie par L'URBAINE & LA SEINE.

  Le Programme GROG108 n'a subi aucune modification de forme dans la Division Procedure. Seule un option Cobol dans la Data Division a été supprimée (OCCURS xx DEPENDING ON Data name), cette-ci ne donnant pas satisfaction au moment de l'exécution (Le Compilateur est en cours de correction). Cette modification a pour effet de rendre le programme moins performant.
- Déroulement de la constitution des programmes

  Les deux schémas suivants indiquent
  - l'utilisation des dérouleurs pour la constitution
  - l'enchainement des messages frappés à la machine à ecrire du pupitre pendant le déroulement du travail.

  Les fonctions sont intégralement enchainées (Aucune intervention de l'opérateur, hormis le lancement).

  On ne produit pas de listes du programme objet (Cette production peut être demandée par carte paramètre).

Constitution de la bande Programme
Schéma de l'utilisation des dérouleurs

Temps total: 19'45"

		00	01	02	03	04	05	06	07	Temps pratique
COBOL	GROG 108	M1		M2	M4	M3	BANDE SYST.			35" execut 2'50"
	PEG 101	"		"	"	"	"			1'45"
	INTRO CARTES	"		"	"	"	"			1'10"
LINKAGE				S			"			2'45"
ASSEMBLEUR	IMPRESSION	M4	M2		M1	M3	"		LIB-RAI-RIE	2'55"
LINKAGE			S							0'50"
TRI		M3			M2	M1	"			1'10"
LINKAGE					S		"		"	3'0"
BANDE	PROGRAMME	S	E_1	E_2	E_3		"	BANDE SYSTEM	"	2'45"

M = Manoeuvre
E = Entrée
S = Sortie
ZZZZ = Manipulation

MESSAGES MACHINE A ECRIRE

E	LOD MON, R2, 4Ø5ØØ		Appel du Moniteur par l'opérateur
V	MON	Ø2L6	(tous les autres messages
V	COBOL	Ø2L6	sont frappés par le moniteur)
6	COBOL	32 COMPILATION COMPLETED	
U	COBOL	Ø399	
V	COBOL	Ø2L6	Compilations COBOL
6	COBOL	32 COMPILATION COMPLETED	
U	COBOL	Ø399	
V	COBOL	Ø2L6	
6	COBOL	32 COMPILATION COMPLETED	
U	COBOL	Ø399	
V	LNKEDT	Ø2L6	LINKAGE
6	LNKEDT	Ø899 xxxEND LNKEDT	
U	LNKEDT	Ø399	
V	ASSMBL	Ø2L6	Compilations ASSEMBLEUR
U	ASSMBL	Ø399	
V	LNKEDT	Ø2L6	
6	LNKEDT	Ø899 xxxEND LNKEDT	LINKAGE
U	LNKEDT	Ø399	
V	SRTGEN	Ø2L6	GENERATION DE TRI
U	SRTGEN	Ø399	
V	LNKEDT	Ø2L6	LINKAGE
6	LNKEDT	Ø899 xxxEND LNKEDT	
U	LNKEDT	Ø399	
V	LLU	Ø2L6	REALISATION DE LA
6	LLU	EOJ	BANDE PROGRAMME
U	LLU	Ø399	
V	MON	Ø2NH	FIN DE LA SESSION MONITEUR

- Encombrement des Programmes

  Ainsi qu'on peut le verifier sur les listings fournis par le linkage Editor, les programmes frequentent dans leur version monoprogrammation, et compte tenu des bloques les encombrements suivants: INTRO CARTES, avec detection de caractères invalides

  PEG101 GROG108 IMPRESSION

  Le PROGRAMME DE TRI occupe mais toute la mémoire lui est affectée afin de permettre la constitution de monotonies moins nombreuses.

- Description de l'execution des programmes

  Les deux schémas suivants indiquent

  – l'utilisation des dérouleurs pour l'exécution
  – l'enchainement des messages frappés à la machine à écrire pendant le déroulement du travail.

  Ces fonctions sont intégralement enchainées; aucune intervention au pupitre, hormis le lancement et les eventuelles procédures de repris.

Exécution en Monoprogrammation. Tous les fichiers sur bande magnétique.
SCHEMA DE L'UTILISATION DES DEROULEURS & autres éléments. Non compris l'impression temps total compris les manipulations: ≅ 76 minutes

FONCTIONS ENCHAINÉES	ELEMENT	00	01	02	03	04	05	06	07	Lecteur cartes R1	Imprimante	Temps pratique approximatif
Lancement Lecture des paramètres pour l'enchainement		PROG								E		
CYCLE 1 (30.000 articles environ).	PEG 101	"	① E (30.000)	② S_1					③ S_2 (Erreurs)			4'00"
	TRI	"		③ E	④ S	M1	M2	M3	M4			5'30"
	GROG 108	"	⑤ E2*		④ E1	⑥ S1	⑦ S2	⑧ S3				4'00"
CYCLE 2 (100.000 articles environ)	PEG 101	"	① E (100.000)	② S1					③ S3 (Erreurs)			17'00"
	TRI	"		② E	④ S	M1	M2	M3	M4			20'00"
	GROG 108	"	⑤ E2**	⑥ $S1_2$	④ E1	⑥ $S1_1$	⑦ S2	⑧ S3	⑧ $S3_2$			24'50"
	IMPRESSION	"						⑧ E_2	⑧ E_1		S	

Enchainement des messages
Dans l'example ci-dessous, seul les messages marqués d'une fliche ont été frappés par l'operateur.

```
E  LOD PEGIØ, , , RI 48ØØØ
V  PEGIØI   Ø2L6
6  PEGIØI   5Ø84  COBOLØI    ØI ØØI3ØI
6  PEGIØI   5Ø82  COBOLØI    ØI ØØI3ØI
6  PEGIØI   5Ø8Ø  COBOLØ2    Ø2 ØØ1286
6  PEGIØI   5Ø8Ø  COBOLØ3    Ø7 ØØØØ6I
V  PEGIØI   Ø2NH
V  TRIURB  Ø2L6
6  TRIURB  5Ø84  SORTIN      Ø2 ØØ1286
6  TRIURB  5Ø82  SORTIN      Ø2 ØØ1286
6  TRIURB  Ø713  TOTAL INPUT RECORD COUNT ØØØ28937
6  TRIURB  5Ø8Ø  SRMGOUT  Ø3 ØØ1274
6  TRIURB  Ø73Ø  TOTAL OUTPUT RECORD COUNT ØØØ 28937
V  TRIURB  Ø2NH
V  GROGIØ  Ø2L6
6  GROGIØ  5Ø84  COBOLØI     Ø3 ØØ1274
6  GROGIØ  5Ø84  COBOLØ2     Ø1 ØØØØØI
6  GROGIØ  5Ø82  COBOLØ3     Ø3 ØØ1274
6  GROGIØ  5Ø82  COBOLØ2     ØI ØØØØØI
6  GROGIØ  5Ø8Ø  COBOLØ3     Ø4 ØØ5642
6  GROGIØ  5Ø8Ø  COBOLØ4     Ø5 ØØØØ62
6  GROGIØ  5Ø8Ø  COBOLØ5     Ø6 ØØØØØØ
V  GROGIØ  Ø2NH
V  PEGIØI   Ø"L6
6  PEGIØI   5Ø84  COBOLØ1    Ø1 ØØ4543
6  PEGIØI   5Ø82  COBOLØI    Ø2 ØØ4543
6  PEGIØI   5Ø8Ø  COBOLØ2    Ø2 ØØ4497
6  PEGIØI   5Ø8Ø  COBOLØ3    Ø7 ØØØ222
V  PEGIØI   Ø2NH
V  TRIURB  Ø2L6
6  TRIURB  5Ø84  SORTIN      Ø2 ØØ4497
6  TRIURB  5Ø82  SORTIN      Ø2 ØØ4497
6  TRIURB  Ø713  TOTAL INPUT RECORD COUNT ØØIØØ921
6  TRIURB  5Ø8Ø  SRMGOUT  Ø3 ØØ4453
6  TRIURB  Ø73Ø  TOTAL OUTPUT RECORD COUNT ØØIØØ921
V  TRIURB  Ø2NH
V  GROGIØ  Ø2L6
```

```
6 GROGIØ 5Ø81 COBOLØ5   Ø6 ØØ7Ø8I
X GROGIØ ØØØ2A TAPE Ø4 WRITING
X Ø
6 GROGIØ 5Ø8I COBOLØ3   Ø4 Ø13829
6 GROGIØ 5Ø84 COBOLØ2   ØI ØØ5642
6 GROGIØ 5Ø84 COBOLØI   Ø3 ØØ4453
6 GROGIØ 5Ø82 COBOLØI   Ø3 ØØ4453
6 GROGIØ 5Ø82 COBOLØ2   ØI ØØ5642
6 GROGIØ 5Ø8Ø COBOLØ3   Ø2 ØØ5526
6 GROGIØ 5Ø8Ø COBOLØ4   Ø5 ØØØ23I
6 GROGIØ 5Ø8Ø COBOLØ5   Ø7 ØØ6788
V GROGIØ Ø2NH
V SEURBO Ø2L6
X SEURO  ØIØIA LI INOPERABLE
X Ø
X SEURBO ØIØIA LI INOPERABLE
X Ø
X SEURBO ØIØIA LI INOPERABLE
```

○ Essais en multiprogrammation
Ces essais se composent de deux parties
- Essais de multiprogrammation en utilisant les programmes des essais en monoprogrammation
- Essais de multiprogrammation en utilisent des programmes utilitaires.

○ Pour la première partie une bande programme spéciale a été créée seul le bloque du fichier erreur créé par PEG101 diffère, afin de gagner de la place en mémoire centrale. De plus on n'accorde au tri que 25.500 octets et il se déroule sur 3 dérouleurs au lieu de 5.

○ Pour la deuxième partie, on utilise une bande Système standard complète. Sont lancés pour une exécution simultanée:
- une conversion simple carte-bande magnétique
- une impression de „programmes après incident" (DUMP)
- une duplication de bande avec édition
- deux initialisations de disque

Ces programmes ont été choisis parceque d'une part ils permettent de montrer 5 voies de programme et d'autre part, ils mettent en oeuvre simultanément:
4 dérouleurs, 1 lecteur, les 2 disques, et l'imprimante.

Essais en Multiprogrammation
(Programmes PEG 101 et TRI en version réduite.)

	ELEMENT	00	01	02	03	04	05	06	07	Temps pratique approximatif
pour base de temps	PEG 101 seul		PROG	E_1	S_1	S_2				4,35
	TRI seul	E	”				S	M_1	M_2	10,05
2 Voies =	PEG 101 + TRI	E_T	”	E_p	S_{1p}	S_{2p}	S_T	$M1_T$	$M2_T$	10,55
3 Voies =	ENTRÉE CARTES, IMPRESSIONS, TRI	E_T	”		S (cartes)	E (Impr.)	S_T	$M1_T$	$M2_T$	–

(3) Stufenbau der Auswahlverfahren

Ein umfassendes Auswahlverfahren wird sich auf folgende Komponenten zu beziehen haben:

- Hard-ware-Komponente:
  - Hard-ware-Beschaffenheit
  - Hard-ware-Leistung
- Soft-ware-Komponente:
  - Soft-ware-Beschaffenheit
  - Soft-ware-Leistung
  - Soft-ware-Unterstützung
- Kostenkomponente

Der Abfolge der Prüfungen unter Anwendung der dargestellten Verfahren kann wie folgt erfolgen:

- Verwendung einer *Vergleichsbericht-Bank* zur Vorauswahl der potentiell „besten" Anlagen
- Detailauswahl der weniger geeigneten Maschinen auf Basis der *Feststellung der Programmierleichtigkeit*
- Individualauswahl der „besten" d.h. der relativ optimalen EDV-Maschine durch die *Geschlossene Durchsatzprüfung.*

Verwendet man an Stelle der Absoluten Werte der Prüfungen ein Benotungsschema, was theoretisch keinen Unterschied darstellt, praktisch aber die Zuordnung einer Gesamtnote ermöglicht, so ergibt sich eine Gesamtbewertungszusammenstellung, die der Zusammenstellung nach *Williams a.o.* [102, S. 20] entsprechen kann:
(s. Tabelle auf nächster Seite).

3.3.4. Die Optimalgestaltung der Organisation der EDV/Rechen-Abteilung

3.3.4.1 Beschreibung der EDV/Rechen-Abteilung

Unter DV/Rechen-Abteilung soll diejenige Stelle im Rahmen einer statisch aufgefaßten organisatorischen Unternehmens-Infrastruktur bezeichnet werden, die mit geeignetem Personal und entsprechender Sachapparatur ausgestattet, folgender dreifacher Aufgabenstellung gerecht wird:

- Beitrag zur unternehmensinternen Forschung
- Beitrag zur Produktion im Rahmen des unternehmensinternen Informationssystems
- Funktion als zentrales Instrument der Unternehmens-Datenbank.

Factors	Elements	Standard Use	Formulae for Calculating Points Awarded	Weights or Maximum Points Awarded
H/SW	Simultaneity	Ability to Read Write and Compute	RWC=30 RC=20 WC=20 RW=10 Offline I/O=5	30 or 35
HARD-WARE: Equipment Specification Factor 20% — Tape System	Tape Capacity in # of Characters	Largest # of Characters of any Syst.	1	6
	Tape Speed Char/Sec	Largest # of Characters per Second	1	6
	# of 40 Characters Records per Reel	Largest # of Records Reel	1	6
	Stop/Start Time in m s	Fastest Time	2	6
CPU	Access Time	Fastest Time	2	9
	Fetch Execute	Fastest Time	2	9
I/O	Card Read/Min.	Fastest Time	1	8
	Card Punch/Min.	Fastest Time	1	3
	Print Lines/Min.	Fastest Time	1	12
Arith.	Fixed Point Arithmetic	Fastest Time	2	2
	Floating Point Arithmetic	Fastest Time	2	2
	Number Index Registers	Highest Number	1	1
	TOTAL			
Col. I	To Convert From Base of 100 to Base of 20 Percentage Points		÷ 20	Points Awarded
SOFT-WARE: Benchmark Factor 20%	Marketing Info. Retrieval & List Prep.	Lowest Running Time	2	7
	Billing & Sales Analysis	Lowest Running Time	2	6
	Scientific Information Retrieval	Lowest Running Time	2	6
	Statistical Problem	Lowest Running Time	2	1
Col. II				Points Awarded
Soft-ware Factor 20%	Sort	For each of the 8 Types of Soft-ware: A Program Incorporating the best Features of the Programs of all MFGRS	Excellent – 4 Good – 3 Fair – 2 Poor – 1 Non existant – 0	4
	Assembly			4
	Report Generator			4
	Executive			4
	ALGOL/FORTRAN			4
	COBOL			4
	Debugging			4
	Misc. Utility			4
	TOTAL			
Col. III	Convert Total Grades to Base of 20 Percentage Points		1	Points Awarded
Support Factor 20%	Programming & Support		Evaluation Relative to Five being Best	5
	Engineering Support			5
	Back-Up			5
	Company Image			5
Col. IV				Points Awarded
Cost Factor 20%	Monthly Rent	Lowest Rent	2	20
Col. V				Points Awarded
			Sum of Columns I, II, III, IV, and V	

Formula #1
Points Awarded = Points Available × $\frac{\text{Measurement of Component}}{\text{Largest Measurement}}$

Formula #2
Points awarded = Points Available × $\frac{\text{Lowest Measurement}}{\text{Measurement of Component being Evaluated}}$

Außer der exekutiven Komponente (EDV-Maschinen und deren systemgerechte Bedienung und Einbindung in höhere Systeme) muß durch das Personal der EDV-Rechen-Abteilung eine große Anzahl von Beratungsaktivitäten erfüllt werden, vor allem bei Umstellung von Prozeduren auf solche unter Verwendung von EDV-Maschinen (Teamarbeit als problemadäquate Arbeitstaktik).

3.3.4.2 Stellung der EDV/Rechen-Abteilung im Gesamtunternehmen

Bedingt der instrumentale Aspekt der EDV/Rechen-Abteilungen, und zwar vor allem die Funktion im Rahmen des Unternehmensinformationssystems nicht nur eine Einbindung, sondern eine völlige Integration in das Gesamtunternehmenssystem, so ergeben sich hinsichtlich des Personals, das Beratungsaufgaben und daher die Funktionen einer unternehmensinternen Unternehmensberatungsstelle wahrnimmt, besondere Anforderungen hinsichtlich der Kompetenzen, der Über- und Unterordnungsverhältnisse und der stellenzugehörigen Informationswege.

Beide Funktionen lassen die Form der Zentralisation der DV/Rechen-Abteilung für sinnvoll erscheinen. Dies gilt auch für die Ausgliederung der EDV/Rechen-Abteilungen als EDV-Rechen-Unternehmen. Als Argumente können dafür mit *Price* [77, S. 24] definiert werden:

- *Einsatzoptimalisierung* in kleinen Abteilungen/Unternehmen, Kooperation der Abteilungen im Unternehmen, Kooperation der kleinen Unternehmen auf zwischenunternehmerischer Grundlage zur Erreichung der wirtschaftlich *kritischen* EDV-Maschinen-abhängigen *Unternehmensgesamtgröße*.
- *Kostenminimierung*
  Vollauslastung einer gegebenen EDV-Maschine zur Zeit-Speicherplatzoptimierung und der daraus resultierenden Kostenoptimierung.
- *Zusammenlegung der Hauptdateien*
  Zur zeitminimalen Bearbeitung der Hauptdateien bei interdependenten Operationen (Mehrfachbearbeitung von Hauptdateien, insbesondere bei unmittelbarer Verarbeitung)
- *Interventionsmöglichkeit* der Unternehmensleitung, Hauptdateien mit Möglichkeit direkten Zugriffs; management-by-exception-Meldungen und Steuerung von Prozessen als Antwort durch direkten Eingriff in die Hauptdateien und die dazugehörigen Programme bzw. Prozeduren.

3.3.4.3 Die Innenorganisation einer EDV/Rechen-Abteilung

Grundsätzlich ist die Optimalgestaltung der Organisationsform abzugrenzen von

- der Wahl einer spezifischen EDV-Maschine
- Ertragsüberlegungen der EDV-Maschinenanwendung
- dem Ausgliederungsgrad (DV/Rechen-Abteilung einerseits; DV/Rechen-Unternehmen andererseits).

Aus der doppelten Aufgabenstellung resultiert die Variante des *funktionellen organisatorischen* Aufbaus der Organisation einer EDV/Rechen-Abteilung:

Programmiergruppe:
Mit dem Schwergewicht ihrer Funktionen auf dem Gebiet der Beratungsaktivitäten (Forschungsabteilung, bzw. Forschungsunternehmen).

Produktionsgruppe:
Mit dem Schwergewicht ihrer Funktionen auf dem Gebiet der Produktionsaktivitäten (Produktionsunternehmen)

Abhängig von dieser Funktionsteilung ergibt sich auch die Aufspaltbarkeit der Optimalisierungsansätze.

Als offenkundig kann unterstellt werden, daß der Optimalgestaltung des Forschungs(teil)betriebes größere Probleme entgegenstehen als der Optimalgestaltung des Produktionsbetriebes. Eine Trennung der beiden funktionell verschiedenen Teile einer DV/Rechen-Abteilung wird daher zur besseren Transparenz der Optimalgestaltungsmöglichkeiten führen; der Anteil der Forschungsaktivitäten erschwert die Optimalgestaltung der Gesamtabteilung in der Weise, daß eine funktionale Abhängigkeit des Erreichens des Optimums vom Anteil der Forschungsaktivitäten vermutet werden kann.

Die Unmöglichkeit oder zumindest Unzweckmäßigkeit einer solchen Trennung veranschaulicht das folgende Schaubild, das darzustellen versucht, wieweit die Aktivitäten der Forschungsabteilung durch Beratung und Programmierung die Optimalgestaltung der Subabteilung Produktion beeinflußt.

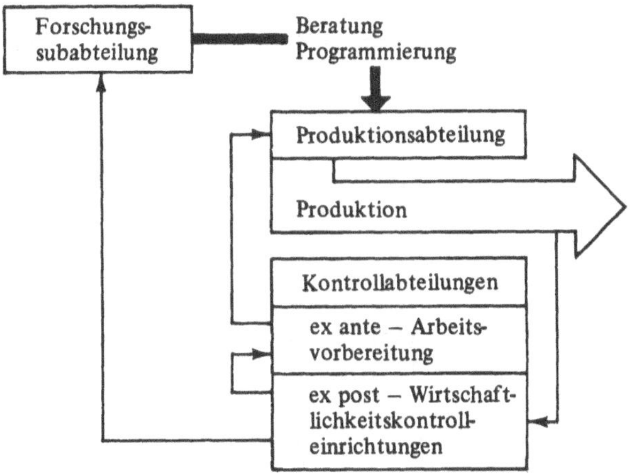

Die grundsätzliche Frage nach der Optimalgestaltung der Organisation läßt sich aufspalten:

- Feststellen einer Mindesterfordernis bezüglich der Konfiguration der EDV-Maschine.

  Die aktuellen Anlagenkonfigurationen und eventuelle Leerkosten haben keinen Einfluß auf die Organisation bzw. deren Optimalgestaltung; sie sind investitionsentscheidungsrelevant.

  Durch Feststellen der Mindesterfordernis wird die zu errichtende Organisation ermöglicht und dadurch werden die EDV-Maschinenkosten isoliert.

- Ermitteln von Leistungsmeßdaten

  Für die Beurteilung und Optimalgestaltung der internen Organisationstüchtigkeit einer EDV/Rechen-Abteilung scheint das Erreichen von fixierbaren Leistungen als Basis. Diese formulierten und vorgegebenen Leistungsmeßdaten können in Kosten transformiert und damit derviert in eine Gesamtwirtschaftlichkeitsbeurteilung eingehen.

Grundsätzlich wird die Abhängigkeit der Organisationsform von der Problemstellung festgestellt:

– Wissenschaftliche Problemstellung:
  Installation – Lauf (in der Regel einmalig oder „selten")

– „Commercial" – Problemstellung
  Installation – Lauf (in der Regel mehrmalig oder „häufig")
  dazu organisatorisch zu bewältigen:
  Datenerfassung
  Datenaufbereitung

Auf die auch durch *Boullet* [37] behauptete Erreichbarkeit der Wirtschaftlichkeit durch den *Kuppelprodukteffekt* in Grenzkostenbetrachtung, also den „kostenlosen" Anfall von Zusatzinformationen in konkreten Fällen sei verwiesen.

3.3.4.4 Spezielle Organisationserfordernisse

Aufgabenstellung und Organisationsformen

Abhängig von der Prozedureinteilung ergibt sich unterschiedlicher EDV-Maschineneinsatz mit Rückwirkung auf die Organisationsform.

(1) Einzelprozedureinsatz (EDV/Rechen-Abteilung)
(2) Mehrfachprozedureinsatz (EDV-Rechen-Unternehmen)

Nach dem Zurverfügungstellen von Beratungs- und Bedienungspersonal unterscheidet *Glowatzki* [115]:

(1) Der *„Geschlossene Betrieb"*
ist eine Rechenstelle mit ausreichendem Personal, das von einem bestimmten Stadium der theoretischen Vorarbeiten ab dem Kunden, bzw. der auftraggebenden Abteilung die Programmierung für die Maschinenrechnung und die praktische Durchführung der Arbeit auf der Maschine abnimmt".

(2) Der *„Offene Betrieb"*
ist eine mit einer elektronischen Rechenmaschine ausgestattete Rechenstelle, in der jeder Benutzer seine eigenen Probleme vorbereitet und erledigt. Die Aufgabe der wenigen ständigen Arbeitskräfte beschränkt sich auf die Beratung des Kunden in mathematischer Hinsicht, auf die Vorbereitung von Bibliotheksprogrammen, u.ä..

Von den vier Möglichkeiten wird im vorliegenden Fall ausschließlich die komplexeste Variante „Mehrfachprozedureinsatz/geschlossener Betrieb" behandelt, die die Probleme der anderen Variante einschließt (den „offenen Betrieb" findet man ausschließlich bei EDV-Maschinen in wissenschaftlichem Einsatz mit dem Zutritt von *wenigen*).

Der Grundsätzlichen Aufgabenstellung
- Leitung
- Durchführung (Produktion)
- Kontrolle (ex-ante/ex-post)

entspricht der Groborganisationsaufbau [39, S. 375]:

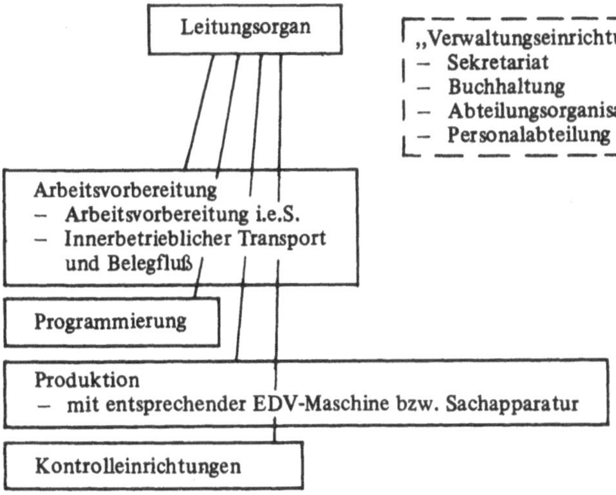

Der Organisationsaufbau folgt dem eines „klassischen" Produktionsbetriebes zu Recht, da auch theoretisch keine Abweichungen festgestellt werden können.

Aufgabenverteilung und Personaleinsatz

Der Groborganisation folgt folgende detaillierte Aufgabenzuordnung [39, S. 368]

- Arbeitsvorbereitung
  - Inner- und außerbetrieblicher Transport
  - Daten/Informationsein- und -ausgang (von und zum Kunden bzw. der Abteilung)
  - optimaler Belegfluß in der DV/Rechen-Abteilung bzw. im DV/Rechen-Unternehmen
  - Job-Dokumentation
- Programmierung
  - Programmierung bislang ungelöster Problemstellungen
  - Hilfestellung für Kunden, die bisher ungelöste Problemstellungen mit eigenen Programmierern bearbeiten
  - Programminstandhaltung der Problemprogramme
  - Programminstandhaltung der Dienstprogramme u.a. Soft-ware-Bestandteile einschließlich der Programmierung neuer Soft-ware-Bestandteile
- Kontrolleinrichtungen
  - Outputkontrolle
  - Programmlaufkontrolle
  - Wirtschaftlichkeitskontrolle (mit Schwerpunkt auf Kostenkontrolle)

Zur verfolgten internen Differenzierung in Produktionsbetrieb und Forschungsbetrieb können folgende empirische Daten angegeben werden [39, S. 367]:

Aufgabenstellung	Anteil in %	
Produktion		
Salaries, wages, pensions	10%	
Factory administration	10%	
Planning and production control	20%	
Goods movement and stockrecording	10%	
Standardpricing	5%	
Statistical work	5%	
Concern administration	5%	
Sundries	5%	
		70%
Forschung		
Systems	10%	
Scientific	18%	
Sundries	2%	
		30%
		100%

Der Personaleinsatz in den beschriebenen Subabteilungen stellt sich empirisch wie folgt dar [37, S. 263]:

Abteilung/Subabteilung	Unternehmen A		Unternehmen B	
Funktion	Anzahl	%	Anzahl	%
Produktion				
Programmierung	40	6,3	7	6,4
Produktion i.e.S.	385	61,1	98	89,1
Kontrolle	15	2,4	4	3,6
	440	69,8	109	99,1
Forschung				
Markt- u. Organisationsberatung	40	6,2	1	0,9
Systemanalyse	50	8,0	–	
Programmierung	100	16,0	–	
	190	30,2	1	0,9
	630	100%	110	100%

Der Belegfluß in der Rechen/EDV-Abteilung

Ein kontinuierliches Verarbeiten des anfallenden Belegmaterials kann als optimale Organisation einer DV/Rechen-Abteilung aufgefaßt werden. Nicht allen Informationsvorgängen entspricht allerdings ein kontinuierlicher Datenanfall, der für die kontinuierliche Belegverarbeitung die notwendige Voraussetzung darstellt.

Zusätzlich ergibt sich aus der Durchbrechung des Subsystems Datenverarbeitung im Bereich der EDV-Maschine und der oben nachgewiesenen Nichtanpassung der Verarbeitungsgeschwindigkeit der Teilaggregate die Möglichkeit des EDV-Maschineninternen – EDV-Systeminternen Staus. Die Gesamtverarbeitungszeit (T_{tot}) setzt sich demnach aus Verarbeitungszeiten einerseits und aus Stauzeiten (Wartezeiten) andererseits zusammen.

Der mögliche Belegfluß kann wie folgt dargestellt werden:

Stauzeiten	Verarbeitung
Belegseingangsstau	*Belegaufbereitung*
Eingabestau	Verarbeitung in der EDV-Maschine
Ausgabestau	Ausgabe in interne Speicher externe On-line-Speicher oder Ein/Ausgabeaggregate
Belegsausgangsstau	Ausgangsproduktendfertigung

Die Berechnung der Gesamtverarbeitungszeit T_{tot} aus den nahezu konstanten Einzelverarbeitungszeiten $b_i(t)$ und den Staulaufzeiten $\Delta\ \mu-1, \mu(t)$, ermittelt aus dem Stau $M\mu- 1,\mu$, erhält ihre Bedeutung für die Vorgabezeiten bei der Gesamtproduktionsorganisation bei Mehrfachproduktion. Bei EDV-Groß-Systemen besteht allerdings die Möglichkeit des Stauausgleiches durch die Pufferung mittels Satelliten-EDV-Maschinen.

Durch die besondere Bedeutung der Beanspruchungszeit der ZRE ergibt sich die Möglichkeit der relativen Vernachlässigung der Staulaufzeiten und die Notwendigkeiten der Verarbeitungsorganisation zur optimalen Auslastung der ZRE. Nach der Beschaffenheit des Datenanfalls: kontinuierlich, nichtkontinuierlich, dicht, locker (in der Zeiteinheit) ergeben sich zwei Grundvarianten der Verarbeitungsorganisation bezüglich der ZRE:

– *schritthaltende* Verarbeitung
– *schubweise* Verarbeitung

für die *Piloty* folgende Diagramme angibt [76, S. 1146]:

Schritthaltende Verarbeitung

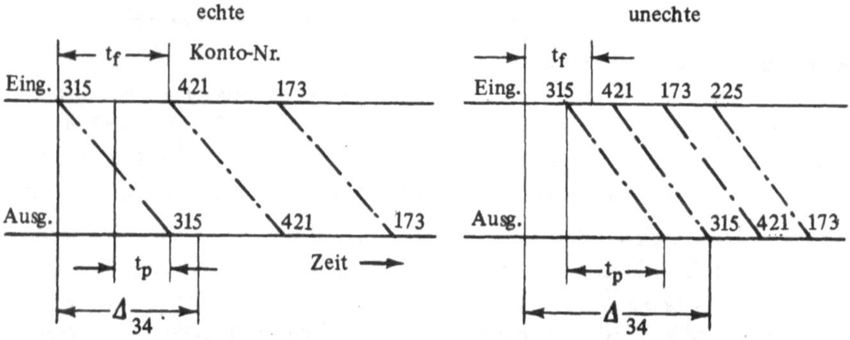

Ohne weitere Spezifikation des vorliegenden Problems kann die Organisation sowohl nach schubweiser wie auch nach echter bzw. unechter schritthaltender Verarbeitungsweise bezüglich der ZRE optimal gestaltet werden. Erst durch Entscheidung für die Real-Time-Verarbeitungsvariante ergibt sich die Notwendigkeit der Wahl einer bestimmten, im vorliegenden Fall der schritthaltenden, Variante. Da in aller Regel die Eingabe von Daten auf eine Ausgabe „wartet", ist es erforderlich, ankommende Information unter Wartezeitminimierung bei Entstehen von Warteschlangen optimal zu verarbeiten. Ist hingegen das Entstehen von Warteschlangen bestimmter Größenordnungen zulässig, kann schubweise Verarbeitung angewendet werden, die über längere Zeiteinheiten (siehe Diagramm) die optimale Auslastung der ZRE sicherstellt.

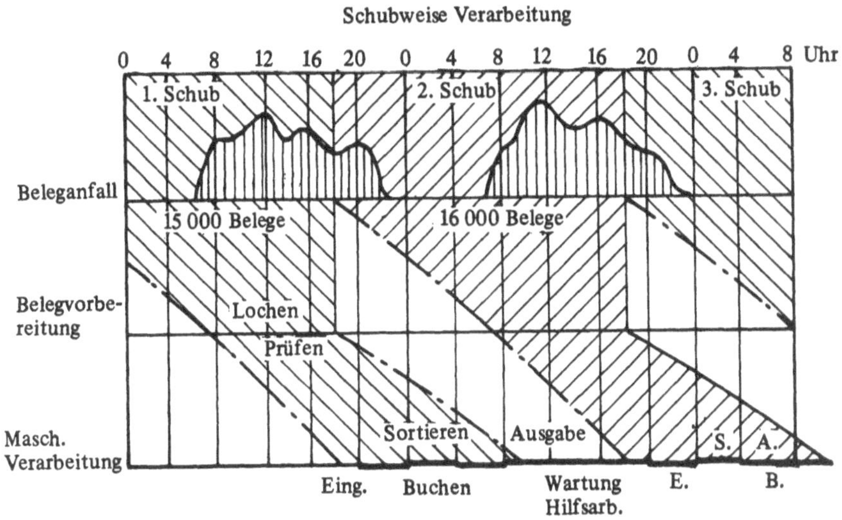

Die Entscheidung zur optimalen Organisation ist nicht von einer bestimmten EDV-Maschinenkonfiguration abhängig und daher auch nur bedingt investitionsentscheidungsrelevant; sie entsteht durch die zulässigen externen Wartezeiten wie z.B. Real-time-Organisation im Bank- und Sparkassenbetrieb, Real-time-Organisation bei Flugreservierung als Funktion der Leitungskosten durch Bestehenbleiben der Verbindung bei schritthaltender Verarbeitung. Auf die Möglichkeit von kombinierten Varianten mit stufenweiser Pufferung zur Zeit/Kosten-Optimierung für konkrete Problemstellungen kann im Rahmen dieser Arbeit nur hingewiesen werden (ZRE-Einsatzoptimierung über längere Zeiträume als Funktion der in Puffern gesammelten Schübe; Leitungskostenminimierung durch Sofortservicierung von ankommenden Abfragen).

3.3.4.5 Die Wirtschaftlichkeit der EDV-Rechen-Abteilung als Produktionsunternehmen

Die Entsprechungen Produktionsbetrieb und DV-Rechen-Abteilung veranschaulicht folgende Gegenüberstellung:
(s. Tabelle auf nächster Seite).

Kenndaten zur Wirtschaftlichkeitsbeurteilung

Zur kostenorientierten Wirtschaftlichkeitsermessung als Kriterium der optimalgestalteten Organisation sind zu ermitteln:

- Nettolaufstunden
- Personalstunden
- Maschinen/Materialbedarf (einschließlich der Miete bzw. der umgelegten oder abgeschriebenen Kaufpreise).

Hierbei werden in der Regel Verkaufsmöglichkeiten außer acht gelassen.

„Allgemeiner" Produktionsbetrieb	DV/Rechen-Abteilung	Anmerkungen
Produktforschung und -entwicklung	System/Problem-analytiker	Interdependenz zur Rechen/EDV-Abteilung als Forschungsbetrieb
Sachapparatur	EDV-Maschinen, Satelliten und Zusatz-maschinen	
Instandhaltung der Sachapparatur	Instandhaltung von Hard-ware *und* Soft-ware	
Rohmaterial	Eingabedaten	
Arbeitsvorbereitung	Arbeitsvorbereitung	
Produkte	Information (-skombination)	

Die Analogie zu anderen Produktionsbetrieben ist offenkundig; dementsprechend können zur Optimalgestaltung alle herkömmlichen Optimalisierungsverfahren mit und ohne Engpässe angewendet werden; es konnte festgestellt werden, daß Engpaßsituationen in aller Regel Ausnahmesituationen darstellen, da EDV-Maschinen in aller Regel mit Kapazitätsreserven angeschafft werden und das Annähern an die Kapazitätsgrenze unmittelbar zu Erweiterungs- oder Ersatzinstallations/Investitionsüberlegungen führt.

Die kostenorientierte Wirtschaftlichkeitsbetrachtung kann insbesondere am Problem *dauernd geladener* Programme dargestellt werden:

- Direkt zurechenbare Kosten:
  - Bedienungspersonalkosten
  - EDV-Maschinenkosten
  - Direkte Materialkosten (Protokolle etc.)
- indirekt zurechenbare Kosten
  - Rüstarbeiten
  - Wiederholungsarbeiten (break down-Zeiten)

Da durch gegebenen Output der Optimalgestaltungsansatz eine reine Kostenminimierungsfunktion ohne Engpässe mit „traditionellen" Kostenminimierungsansätzen erreicht werden kann, braucht hier nicht näher darauf eingegangen werden.

Der Budgetierungsansatz nach de Jaeger

De Jaeger schlägt folgendes Optimalgestaltungsverfahren auf Basis der Budget-Optimalisierung vor [39, S. 369 ff.]:

- Erarbeitung der Budgetzahlen aus der *gegenwärtigen Sachapparatur* und Personalsituation durch Budgetabteilung in Zusammenarbeit mit Abteilungsverantwortlichen.

  Zu Grunde können folgende Aufteilungsverhältnisse gelegt werden:

Zeiten	in h	in %
(Theoretische) Maximal-Maschinenstundenanzahl	2.145	100.0
abzüglich: Instandhaltung und Störungen	90	4.2
Wartezeiten (Minimum) (bei Einschichtbetrieb)	450	21.0

- Erarbeitung der Budgetzahlen, die *Personalbedarfszahlen* betreffend.

  Zu Grunde gelegt kann die vorhandene bzw. geplante Sachapparatur gelegt werden. Folgende Verhältniszahlen des Personalbedarfs konnten abhängig von den zu bedienenden Aggregaten empirisch ermittelt werden:

Aggregat	Personalbedarf (in Einheiten)
Eingabeaggregat	1
EDV-Maschinen (Mittlerer Größe mit externen On-line-Speichern)	6
EDV-Großmaschinen	16

- Erarbeitung der *Budgetzahlen der Raumkosten*
  Erarbeitung der *sonstigen Kosten*

  Aus den oben geschätzten, individuell extrapolierten Kostensummen werden die Budgetplangrößen für akkumulierte *Stundenkosten* ermittelt, die als interne Verrechnungspreise gedeutet werden.

- Erarbeitung der zu *erwartenden Aufgaben* für eine Abrechnungsperiode und Umlegung in Stunden-Inanspruchnahme der DV/Rechen-Abteilung. Summierung als zu erwartende Einnahmen.

- Aktueller Einnahmen/Ausgabenvergleich am Ende der Budgetierungs- bzw. Abrechnungsperioden oder Teilperioden mit Abweichungsfeststellung.

Auch der Ansatz nach *de Jaeger* beweist die Identität der Produktionsabteilung einer Rechen/EDV-Abteilung mit „allgemeinen" Produktionsbetrieben.

Das Budgetierungskalkül des allgemeinen Produktionsbetriebes läßt sich auf Grund der Analogien sinnvoll anwenden; wesensmäßige Unterschiede zu anderen Plan- und Standardkostenrechnungsverfahren konnten nicht festgestellt werden.

Die Personalkostenunabhängigkeit zeigt folgende Aufstellung nach EDV-Maschinengrößen, die eine bestimmte Organisationsindifferenz mit wachsender EDV-Maschinengröße vermuten läßt (in kostenorientierten Betrachtungen) [39, S. 372]:

Aggregate	Jährliche Gesamtkosten (in Verhältniszahlen)				
	Miete (Kaufkosten	Bedienung Personalkosten	Raumkosten	Sonst. Kosten	Summe
Eingabeaggregate	1	4,75	0,50	0,50	6,75
EDV-Maschinen („konventionell")	1	0,65	0,15	0,40	2,20
EDV-Kleinmaschinen („Kartenmodelle")	1	0,25	0,05	0,70	2,00
EDV-Kleinmaschinen (Externe Online-Speicher)	1	0,15	0,03	0,50	1,65
EDV-Mittelmaschinen	1	0,10	0,02	0,35	1,47
EDV-Großmaschinen	1	0,05	0,01	0,30	1,36

Grenzen der Möglichkeiten der Kostenminimierung durch organisatorische Maßnahmen

Dem naiven Ansatz der kontinuierlich bzw. stufenmäßig gleitenden Reservekapazitäten [115, S. 709] wurde durch die Feststellung, daß zur Übernahme von Prozeduren auf EDV-Maschinen Engpaßprobleme in aller Regel nur kurzfristig auftreten, entsprochen.

Die Grenzen der Kostenminimierung durch Organisation von DV/Rechen-Abteilungen/Betrieben können aus folgender Kostenaufstellung nach *Boullet* abgeleitet werden [37, S. 266]:

Funktions- bzw. Kostenbereich	Organisations-abhängig	Organisations-unabhängig
Leitung und Verwaltung (einschließlich Fakturierung bei Rechen/EDV-Betrieben	12%	10%
Programmierung, Arbeitsvorbereitung		8,3%
Karten-Lochen und Prüfen		16,6%
Verarbeitung i.e.S.		26,3%
Kontrolle		2,4%
Lagerung und innerbetrieblicher Transport	3,6%	6,6%
Raumkosten		6,6%
sonstige		7,6%
	15,6%	84,4%

Es ergibt sich somit ein organisationsabhängiger Kostenanteil an den Gesamtkosten einer DV/Rechen-Abteilung von nur 15,6% zuzüglich einiger geringer nicht von der Verarbeitungsgeschwindigkeit abhängiger Faktoren. Kostenanteilsänderungen bei wechselnd optimaler Organisation konnten nicht ermittelt werden; eine wesentliche Änderung in der Gesamtkostenaufschlüsselung erscheint jedoch kaum möglich bzw. in keinem Verhältnis zur Beeinflussung der Programmlaufgesamtkosten durch Organisation der bearbeitenden Systeme und Subsysteme, bzw. durch Programmorganisierung zur Zeit- und Speicherplatzoptimierung.

3.3.4.6 Die Wirtschaftlichkeit der DV/Rechen-Abteilung als Forschungsunternehmen

Die Entsprechungen Produktionsunternehmen – DV/Rechen-Abteilung veranschaulicht folgende Gegenüberstellung:

Produktionsunternehmen	DV/Rechen-Abteilung	Anmerkungen
Produkt-Forschung und -Entwicklung	System/Problem-analyse Forschungsarbeit	
Sachapparatur	„Literatur"	Selbst/fremderstellte; unabhängig von Speicherform
	EDV-Maschinen	
Instandhaltung der Sachapparatur	„Bibliotheksdienst"	
Rohmaterial	Probleme	
Produkte	Problemlösungen (Lösungsvorschläge)	

Den Problemlösern stellen sich Probleme grundsätzlich in zwei Klassen:
- Gelöste Probleme
- Ungelöste Probleme

Auch die Klasse der objektiv gelösten Probleme muß in ihren Lösungen nicht konkret vorliegen. *Glowatzki* unterscheidet drei Subklassen [115, S. 70]:

○ *Mathematisch bereits formulierte Problemlösungen*
Ihre optimale Übertragung ist eine Funktion der Wahl der optimal geeigneten Programmierungssprache, sofern sie nicht ohnedies schon in Programmbibliotheken parametrisch vorliegen.

○ *Nicht bereits mathematisch formulierte Problemlösungen*
z.B. Aufgaben der theoretischen Physik. Der Lösungsgang ist bekannt, aber so komplex, daß er in Schritte zerlegt werden und schrittweise in algorithmische Prozeduren aufgelöst werden muß.

○ *Nicht bereits mathematisch formulierte Problemlösungen,*
die auch nicht für den praktischen Fall gelöst vorliegen, sondern nur abstrakt-theoretisch gelöst wurden. Dazu gehören die meisten organisatorischen Probleme, nach *Glowatzki* die sogenannten „Ingenieurprobleme". Diese meist nur formal gelösten Probleme lassen sich in Forschungsunternehmen von EDV/Rechen-Abteilungen mit der Klasse der nicht bereits mathematisch formulierten Problemlösungen vereinen; sie stellen die wesentliche Aufgabe dieser Funktionsbereiche dar.

Die Klasse der ungelösten Probleme läßt sich weiter unterteilen in:
- Ungelöste und lösbare Probleme
- Ungelöste und unlösbare Probleme [75]

Abgesehen von den forschungstheoretischen Ansätzen ergeben sich aus der Unsicherheit der Problemlösung an sich, der Unsicherheit der Wahl der optimalen Lösungsverfahren und den Unsicherheiten der Optimalität der gefundenen Problemlösung wirtschaftliche Zurechnungsprobleme, da durch die Lösungsprozeduren Kosten verursacht werden, deren kausale Zurechnung in vielen Fällen nicht, z.B. Scheitern des Versuches Soft-ware zu verbessern, oder nur ungenau, z.B. Scheitern einer Problem-Theorie und Wahrscheinlichkeit der Problemlösung von ungelösten Problemen, möglich ist. Weitere Beispiele: Lösungen, die in mehreren Aufgabenstellungen mit unterschiedlicher Bedeutung vorkommen; Gelingen einer Problemlösung, die erst in der Zukunft für Auftraggeber unsicherer Anzahl und Intensität verwendet werden kann. Diese Probleme wurden in der Literatur bislang nur formal-mathematisch behandelt und werden in der wirtschaftlichen Realität bislang wegen des geringen Anteils der Forschungs-Aktivitäten in DV/Rechen-Abteilungen, die nach wirtschaftlichen Gesichtspunkten kontrolliert werden, vernachlässigt. *Boullet* [37, S. 266] schreibt von einem Anteil des „advanced research" einschließlich der zugehörigen Programmierung von nur etwa 8,3% der Gesamtkosten.

3.3.5 Die Optimalgestaltung der Installation einer EDV-Maschine

3.3.5.1 Die Anforderung an das System „Datenverarbeitung" bei Erst- und Ersatzinstallationen

Die Umstellungsperiode bei Erst- und Ersatzinstallationen bringt wie andere, ähnliche Prozedurveränderungen Krisenanfälligkeit bezüglich der Funktionsfähigkeit von Systemen/Subsystemen des Unternehmens mit sich. Der Forderung nach Risikominimierung in diesem Zeitraum entsprechen konkrete Forderungen [77, S. 132]:

- hinsichtlich der zu übernehmenden Prozeduren
  - „Einwandfreie Logik des Gesamtsystems"
  - Reibungs- und lückenloses Zusammenspiel aller Teilfunktionen
  - Rechtzeitige und genügende Bereitstellung des für den laufenden Betrieb benötigten Unterlagenmaterials.
- hinsichtlich der installierten EDV-Maschine:
  - „Richtige Bemessung der Anlage-Kapazitäten, damit weder extreme Arbeitsspitzen noch Datenhäufungen das permanente System sprengen können."
  - Funktionssicherheit der Anlage und der Programmierung derselben.
- hinsichtlich der zu übernehmenden Prozeduren *und* der installierten EDV-Maschine
  - „genügende technische und organisatorische Vorkehrungen zum Abfangen von Störungen in der Anlage und im System"
  - „rechtzeitige und gründliche Unterweisung des gesamten am laufenden Betrieb beteiligten Personals".

Dies zeigt deutlich die umfassende Interdependenz der in dieser Arbeit isoliert behandelten Optimalgestaltungsbereiche. Auf die logische Aufsplitterung des Begriffs „Installation" sei wie folgt hingewiesen:

		Nach der Installation	
		DV-Maschine	EDV-Maschine
Vor der Installation	keine DV-Masch.	„konventionelle" Erstinstallation	Erstinstallation
	DV-Maschine	erweiternde „konventionelle" Ersatzinstallation	umstellende Ersatzinstallation
	EDV-Maschine	kostenminimierende Ersatzinstallation	erweiternde Ersatzinstallation

3.3.5.2 Die optimale Durchführung der Erst/Ersatz-Installation

Bildung einer Installations/Umstellungsgruppe

Zur Erfüllung der oben geforderten Voraussetzungen und Ermöglichung der die laufenden Verfahren nicht beeinträchtigenden Umstellungsvorbereitungen und Effektuierungen werden Installationsgruppen/Umstellungsgruppen gebildet, die nach den Umstellungsvarianten differieren:

Zusammensetzung von Installations/Umstellungsgruppen

bei Erstinstallationen	bei Ersatzinstallationen
Mitglieder der Organisationsabteilung Systemberater der EDV-Maschinenhersteller	Mitglieder der Organisationsabteilung Systemberater der EDV-Maschinenhersteller
Trainees (zur on-the-job-Ausbildung und fortschreitenden Integration in den Organisier- und Programmierprozeß)	– – – – – –
Verbindungsmann zur Unternehmensleitung (wenn Trennung von Org.-Abteilungsleitung)	Verbindungsmann Unternehmensleitung (wenn Trennung von Org.-Abteilungsleitung)
Verbindungsleute zu Finanzbuchhaltung, Betriebsbuchhaltung (und/oder ähnliche Kontrolleinrichtungen des Unternehmens)	Verbindungsleute zu Finanzierungsabteilung, Betriebsbuchhaltung (und/oder ähnliche Kontrolleinrichtungen des Unternehmens).

Funktionell umfaßt die Installations/Umstellungsgruppe folgende Stellen [63, 7. Blatt ff.]:

- Kontroll/Überwachungs/Verbindungsstelle mit den Kompetenzen
  - Unterrichtung der Unternehmensleitung über Fortschreiten der Installationsverfahren
  - Kontrolle des Ablaufens der Installationsverfahren
  - Vorbereitung von Anordnung der Unternehmensleitung die Installation bzw. Umstellung betreffend, bezüglich der Änderungen der bisherigen Verfahren, Änderung der bisherigen Kompetenzbereiche = alle Änderung im personellen und organisatorischen Stellenplan bzw. in der Personalinfrastruktur.

  Arbeitsweise:
  - Laufende Kontrolle
  - periodische Berichterstattung
- Installations/Umstellungsgruppenleitung mit den Kompetenzen:
  - Koordination der Aktivitäten der Gruppe

- Zeitliche und funktionelle Planung der Installations/Umstellungsaktivitäten in den ablaufenden Phasen:
  Organisation der Subsysteme und Ermittlung geänderter Prozeduren
  Erstellung der Lösungsvorschläge
  Erstellung der lösungsvorschlagsadäquaten Algorithmen und Verifizierung derselben

○ Systemorganisation mit den Kompetenzen:
- Organisation der Subsysteme und Ermittlung geänderter Prozeduren
- Erstellung der organisatorischen Lösungsvorschläge

Arbeitsweise:
- Aufspaltung in Teams nach Lösungsvorschlägen und Unternehmenssubsystemen

○ Programmierung mit den Kompetenzen: .
- Übernahme der Lösungsvorschläge und Erstellung lösungsvorschlagsadäquater Algorithmen
- Verifizierung (Testen) derselben bis zur Einsatzfähigkeit, d.i. die optimale Sicherheit der Richtigkeit der Programme

○ Maschinenbedienung mit den Kompetenzen:
- nichtproduktivzeitminimale Laufphasen für Testläufe und Produktionsläufe.

Aufgaben der Installation/Umstellungsgruppe

Unter Ausklammerung der Entscheidungsvorbereitung für die EDV-Maschinen-Investitionsentscheidung der Unternehmensleitung, die in der Literatur und Praxis oftmals zu den Aufgaben der Installations/Umstellungsgruppe gezählt werden, lassen sich die folgenden Detailaufgaben festlegen:

○ Installationsentscheidung auf Unternehmensleitungsebene:
- Grundsätzliche EDV-Maschineninvestitionsentscheidung
- Spezifische EDV-Maschineninvestitionsentscheidung

○ Installationsentscheidungsvorbereitung und Installationsdurchführung durch die Installations/Umstellungsgruppe
- Organisatorische Installation:
  Organisatorische Aufgaben
  Programmieraufgaben höherer Ordnung
  Programmieraufgaben niederer Ordnung
- Technische Installation

○ „Ermittlung der tatsächlichen Grundlagen der Aufgabenstellung und der wirklichen Bedürfnisse und Aufstellung eines Systemrahmens

Entwicklung von Systemkonzepten für die Bearbeitung aller Vorgänge im Gesamtrahmen
Abstimmung der entwickelten Konzepte mit der Geschäftsleitung und den an der geplanten Bearbeitung maßgeblich Beteiligten und Festlegung des für die weiteren Arbeiten verbindlichen Systemrahmens.

- Entwicklung einer Musterorganisation nach den bisher erarbeiteten Unterlagen, die sich auf die wesentlichsten Teile der späteren Bearbeitung beschränkt.

- Detaillierte Ausarbeitung der Speicherorganisation unter Berücksichtigung der programmierungstechnischen Belange.
Entwicklung der Gesamtorganisation auf voller Breite und Programmierung der Anlage
Test- und Probeläufe und notwendige Korrekturen.

Erstellung der allgemeinen Arbeitsunterlagen und Einweisung des Personals" [46, S. 1].

Die besondere Aufgabe der Installations/Umstellungsgruppe zur Entscheidungsvorbereitung siehe *Faust* wie folgt [46, S. 1]:

„Offizieller Vortrag und Vorführung bei der Geschäftsleitung und dem maßgeblichen Beteiligten" (Vorgeführt wird nach *Faust* die erstellte Musterlösung).

Darüber hinaus wird in dieser Stellungnahme, wenn sie nicht nur zur Optimalgestaltung und nicht zur unbedingten Rechtfertigung des Bestandes der Installations/Umstellungsgruppe beitragen soll, zu berücksichtigen sein:

- „Eingehender Vergleich: Alt–Neu–Organisation"
- „genaue Kapazitätsnachweise der Anlagen hinsichtlich Arbeitsgeschwindigkeit der für die Umstellung ausgewählten Arbeiten,
Speicherkapazitäten,
Daten-Ein- und Ausgabegeschwindigkeiten,
Abstimmung der rein maschinellen, elektronischen Arbeiten mit den vorhandenen Beleganfällen, der Belegschreibe und der Weg der Belege innerhalb des Betriebes bis zur Datenverarbeitung".
- „Festlegung einer Zeitskala, welche Berichte als Tagesberichte außerhalb der elektronischen Anlage trotzdem weiterlaufen müssen, falls die Elektronik nicht täglich Berichte, aus welchen Gründen auch immer, liefern kann" [106, S. 66].

Aus den Aufgaben der Installations/Umstellungsgruppe wurde bereits der logische Ablauf der Installation i.w.S. ersichtlich. Diesem logischen Ablauf entspricht in der Unternehmenswirklichkeit auch der zeitliche Ablauf, der als dreiphasiges Prozeßbündel beschrieben werden kann:

1. Phase: *Entscheidungsvorbereitung*
Vorbereitung und Fällen der Grundsatz- und EDV-Maschinenauswahlentscheidung

2. Phase: *Detailplanung und Programmierung*
Organisatorische Gesamt- und Detailplanung, EDV-Maschinen-adäquate Algorithmisierung der organisatorischen Lösungsvorschläge

3. Phase: *Umstellung/Installation i.e.S.*
Anlaufen der Neuorganisation, Ablösung der alten durch die neuorganisierten Verfahren.

Ein Blockdiagramm mit logischen Verbindungen und zeitlichem Ablauf soll den Ablauf der 1. und 2. Phase veranschaulichen:

(s. Abb. auf nächster Seite).

Die Arten der Installation

Folgende Verfahren der Umstellung nach ihrer zeitlichen Folge sind denkbar [80, S. 8]:

- *Parallelumstellung*
  Es wird die Gesamtmenge aller umzustellenden Prozeduren gleichzeitig durch spezialisierte Arbeitsteams übernommen.
- *Serielle Umstellung*
  Die einzelnen Prozeduren werden nacheinander durch dieselben Arbeitsteams übernommen.
- *Etappenweise Umstellung*
  Gruppen von Verfahren werden gleichzeitig (parallel), diese Gruppen aber nacheinander (seriell) durch mehrere Arbeitsteams übernommen.

Vom Standpunkt der organisatorischen Optimalgestaltung und damit der Einheitlichkeit und Geschlossenheit der Gesamtproblemlösung ist der Parallelumstellung eindeutig Priorität einzuräumen. Die serielle Umstellungsprozedur ist hingegen die personalminimale bzw. richtet sie sich nach den personellen Engpässen. Ohne Quantifizierung kann die Abhängigkeit der Umstellungsartwahl von den personellen – nach *Schneller* auch von den organisatorischen – Voraussetzungen angenommen werden. Desgleichen unterstellt der Verfasser den Optimalcharakter der etappenweisen Umstellung bei empirisch feststellbaren Engpaßsituationen auf dem Personalbereich und der Forderung nach möglichst gleichzeitiger Umstellung von Verfahren. Es ist daher für die Gesamtoptimalgestaltung zumindest die *theoretische Gesamtumstellung* zu fordern. Unter diesem Begriff soll das Erstellen eines Gesamtorganisationskonzeptes verstanden werden, das in der Installations-Umstellungsphase i.e.S. seriell oder etappenweise übernommen werden kann. Empirisch konnte jedoch vorwiegend die Strategie, *organisatorisch*

ENTSCHEIDUNGSVORBEREITUNG (GROBORGANISATION)

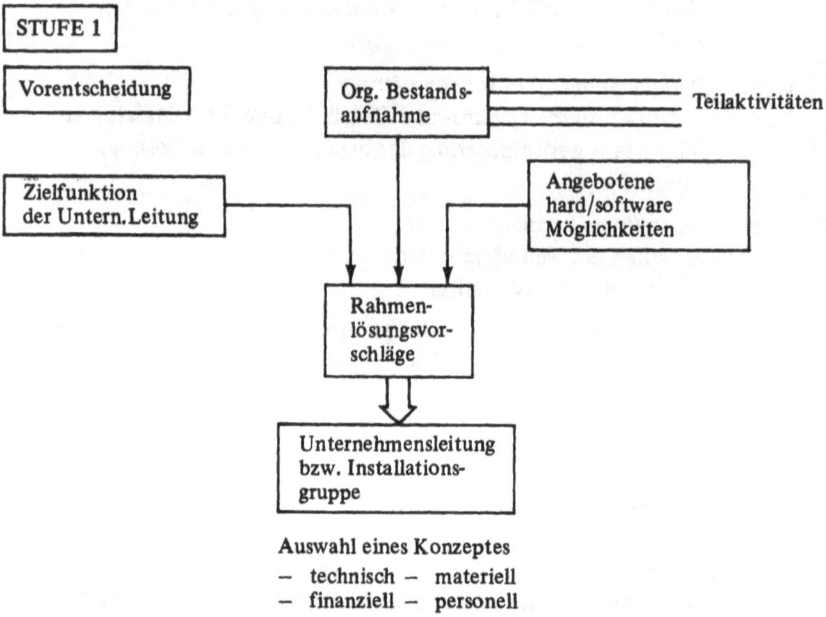

DETAILPLANUNG UND PROGRAMMIERUNG

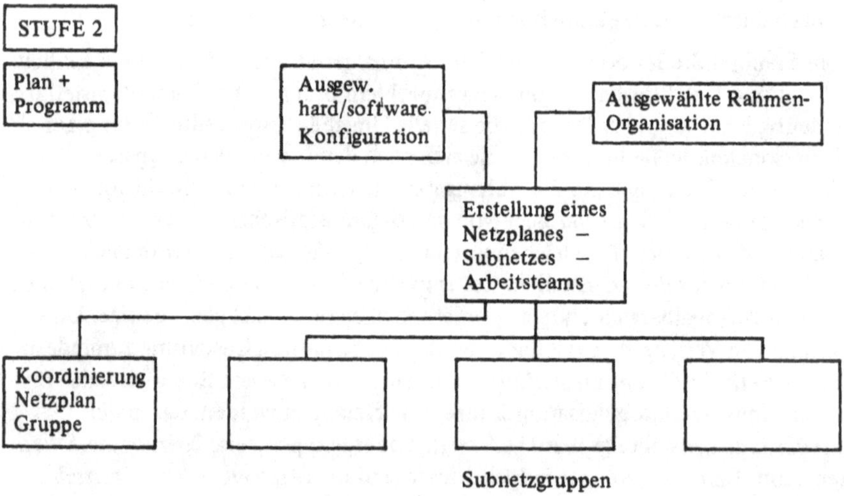

bereits *beherrschter* Gebiete ohne Erstellung eines Gesamtkonzeptes zu übernehmen, ermittelt werden.

Der Installations/Umstellungszeitplan

Hat die Entscheidung auf Grund von ermittelten Engpaßsituationen die Umstellungsart und die Gebiete der Umstellung/Installation erbracht, soll als erste Planungsaktivität die Erstellung des Umstellungs/Installationszeitplanes erfolgen.

Nach zeitlicher Fixierung kann man trennen:

- *Logische Installations/Umstellungspläne*
  Zeigen die logische Aufeinanderfolge voneinander abhängiger Aktivitäten (Netzplan *ohne* Zeitschätzung)
- *Zeitliche Installations/Umstellungspläne*
  versehen die logischen Pläne mit konkreten Zeiten, Zeitschätzung, Zeiträumen etc.: Erstellung verschiedener Arten der Netzpläne unter Sicherheit und Unsicherheit.

Nach dem Grad der Festlegung kann man trennen:

- *Fixe Installations/Umstellungspläne*
  Die logischen oder zeitlichen Pläne umfassen den gesamten Umstellungs/Installationsbereich, logisch fixiert, ebenso halten sich die Subpläne an den Gesamtrahmen; Abweichungen sind nur in zeitlicher Hinsicht möglich.
- *Variable Installations/Umstellungspläne*
  Erfassen nicht den gesamten Bereich, sondern lehnen sich an Subziele an; es werden *ohne Gesamtrahmen* Subpläne erstellt.

  Die Wahl fixer bzw. variabler Pläne scheint eine Funktion der Planungsneigung der Planenden und des Vertrauens in a priori-Gesamtzieldefinitionen zu sein, dies deshalb, weil im Falle des Nichtfestlegens auf Gesamtziele durch Planerstellung in sachlich gesicherten Bereichen individuell die Anpassung an laufende Veränderung durch Lernprozesse einfacher *erscheint.* Empirisch scheint dies durch den Umstand bewiesen, daß fixe Gesamtpläne vor allem in der U.S.-amerikanischen Literatur und Unternehmenswirklichkeit aufscheinen, während die variablen Planerstellungsmethoden die europäischen Unternehmen weitgehend beherrschen.

Für den Beweis der Lernfähigkeit auch der Systeme mit fixen (zeitlichen) Gesamtplänen sei das Schema der kybernetischen Planverfolgung im Abriß dargestellt:

Zeitpunkt 1:	Zieldefinition – Z_1
	Erstellung des Gesamtplanes – G_1
	Beginnend mit der Aktivität – A_{11}
Prozeß 1:	Lauf der Aktivität – A_{11}

Zeitpunkt 2:

Kontroll-phase:	Zielfunktion – Z_1 – O.K. Ergebnis der Aktivität – A_{11} im Rahmen des Gesamtplanes – G_1 – nicht O.K.
Regelphase:	Umwandlung der Aktivität – A_{11} in die in den Gesamtplan G_1 rückführende Aktivität A_{12}.

In analoger Weise führt bei Erkenntnis der Nichterreichung der Zielfunktion Z_1 durch den Gesamtplan dies zur Änderung dessen, bzw. zur Neuerstellung des die Zielfunktion Z_1 erreichenden Gesamtplanes G_1; in analoger Weise führen Änderungen in der Zielfunktion, bzw. deren Ersatz durch die Zielfunktion Z_2 zu Änderungen sowohl des Gesamtplanes G_2 als auch zur Änderung der Folgeaktivität A_{21}.

Als notwendig muß eine Planungsinstitution mit Prozeduren, die diese laufende Änderung unter Minimierung der Planungserstellungszeit durchführen können, vorausgesetzt werden.

Bei Definition des logischen Planes muß ausschließlich auf voneinander abhängige Prozeduren und Aktivitäten Rücksicht genommen werden. Diese Vorgangsweise ist für die Optimalgestaltung als unwiderlegbares Postulat aufgestellt; wie oben erwähnt, weicht die Unternehmenswirklichkeit davon ab: Sie legt insbesondere bei Erstinstallationen und Umstellungsinstallation den „Lerneffekt der Übernahme" zu Grunde, unter der Nebenbedingung der Schwierigkeitsminimierung bei Erstübernahme. Bereits organisatorisch beherrscht erscheinende Prozeduren werden übernommen, um zumindest die organisatorischen Schwierigkeiten und deren Folgen in der Installations-Anfangsphase auszuschalten.

Hierbei werden durch Umstellung alter auf neue Verfahren, im Gegensatz zu Erweiterungsinstallationen, in denen Verfahren ohne logische Vorgänger aufgenommen werden, *Parallelläufe* notwendig. Diese Parallelläufe bewirken insbesondere bei Personalengpässen eine weitere Beschränkung der parallelen Übernahmekapazität. Die Parallellaufdauer kann wegen ihrer Verfahrensabhängigkeit nicht fix definiert werden, erstreckt sich aber in aller Regel auf eine Periode, in der mit ausreichender Wahrscheinlichkeit alle wesentlichen Ereignisse als anfallende Daten festgestellt werden können, dies umfaßt z.B. in der Finanzbuchhaltung mindestens eine Abrechnungsperiode.
(s. Abb. auf nächster Seite).

Die Installation i.e.S. als Netzwerk

Die dargestellte Auflösung des Gesamtprozesses der Installation/Umstellung in Teilprozesse und schließlich in Einzelaktivitäten, die logisch und/oder zeitlich aufeinander folgen, läßt die Darstellung und Planung als Netzwerk bzw. mit Netzwerkplanungsmethoden optimal erscheinen. Dies nicht nur in zeitlich

Parallelläufe im Umstellung/Installationsplan

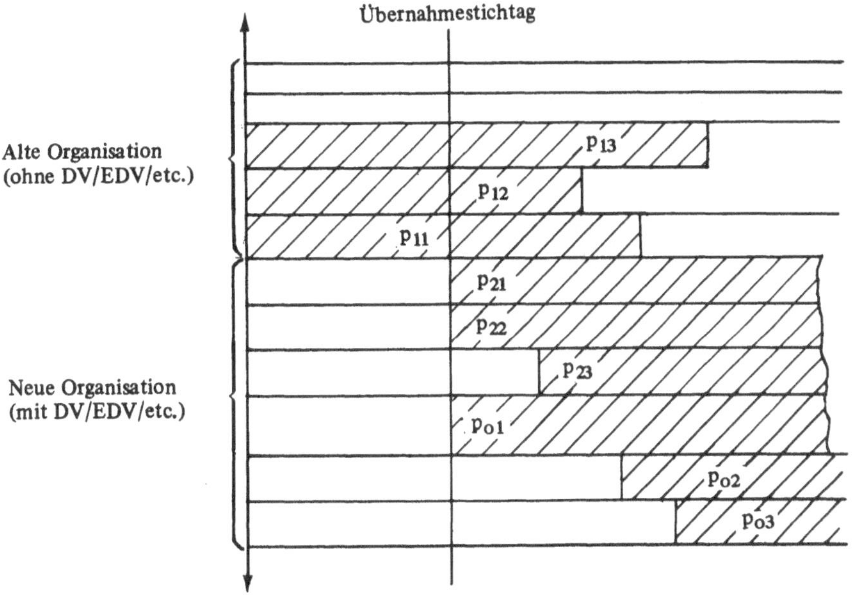

$p_{11}, p_{21} \dots p_{1i}$ – Verfahren der „Alten" Organisation
$p_{21}, p_{22} \dots p_{2i}$ – Verfahren der „Neuen" Organisation
$p_{o1}, p_{o2} \dots p_{oj}$ – Verfahren ohne organisatorische Vorgänger in der „Alten" Organisation

planender Hinsicht (CPM, PERT und alle anderen in der Literatur dargestellten NP-Verfahren) sondern insbesondere hinsichtlich einer zeitkostenrelevanten Netzplanung (insbesondere PERT-COST).

Eine Netzplandarstellung (ohne Spezifizierung in zeit/kostenmäßiger Hinsicht) unternimmt *Schneller* [80, S. 9]:

Kurzbezeichnung	Aktivität
A	Bildung der Installations/Umstellungsgruppe
B	Bildung von Subgruppen zur Übernahme bestimmter Aktivitäten
C	Bildung von Informations- und Instruktions-Subgruppen und Instruktion
E	,,,,,,,,,
F	„Planungsplanung"
G	Dokumentation des Gesamtkonzeptes

H	Genehmigung des Gesamtkonzeptes
J	Gesamtrahmenplanung
K	Etappengrobplanung
L	Genehmigung der Pläne
M	Bildung von Detailplanungs- und Durchführungssubgruppen
N	Detailplanung
O	Durchführung
P	Durchführungsüberwachung
Qu	Durchführungs- und Detailplanberichtigungen auf Grund der Meldung von P
R	Durchführungsbericht
S	Abschlußinformation

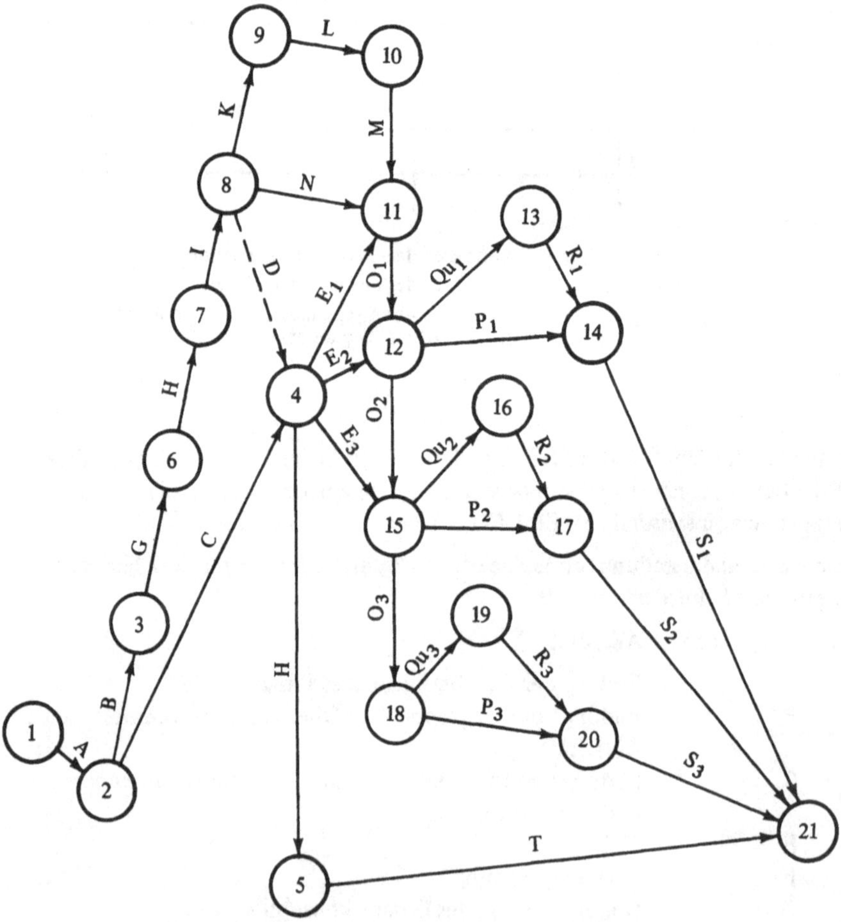

Die von *Schneller* angeführten Aktivitäten stellen wiederum Aktivitätsbündel dar, die sich in Subnetzplänen, eingepaßt in einen Gesamtplan, darstellen lassen.

Nach logisch in naher Beziehung stehenden Aktivitäten können in einen Gesamtzeitplan folgende Subpläne eingepaßt werden [63, 8. Blatt]:

- Systemanalyse und Systemanwendungszeitplan
- Programmierungszeitpläne
- Technischer Installationszeitplan: optimale technische Adaptation der EDV-Maschine bis zur Betriebsbereitschaft
- Anwendungsumstellungspläne
- Ausbildungspläne nach Personalgruppen

Sonderkosten der Installation i.e.S.

Abgesehen von denauch in diesem logischen Bereich durch die Interdependenz der Entscheidungseinflußfaktoren relevanten Kostenelemente, die sich aus der Optimalen EDV-Maschinenwahl herleiten, muß deshalb auf die „Initialkosten" mit ihrer besonderen Bedeutung bei Erstinstallationen hingewiesen werden, weil der Verfasser im Rahmen seiner Untersuchungen feststellen konnte, daß eine Tendenz zur Vernachlässigung der spezifischen Installation/Umstellungskosten als unvermeidbarer Fixkostenblock auf seiten der Anwenderunternehmen besteht.

Die Bedeutung der Kostenaufnahme in Zeitpläne erhellt folgende Initialkostenaufstellung nach *Brandon-Kirch*, bezogen auf Mietpreis pro Jahr [34]

Kostenverursachung	Anteil an Jahresmiete Preis in Prozent
Steuern und Abgaben	30%
Technische Adaptation	30%
Soft-ware-Adaptation	10%
Umprogrammierung (nur bei Ersatzinstallationen; sonst ein Vielfaches)	10%
Kosten der Kapazitätsreserve	60%
	140%

3.3.6 Die Optimalgestaltung der laufenden Problem-Programmierung

Dem Erstellen algorithmierter Lösungsversuche bzw. der Programmierung gleich welcher Ordnung geht die Analyse des Systems, das sich durch die Aufgabenstellung der programmierten Lösungsfindung als Problem darstellt, vor. Im Gegensatz zu Darstellungen in der Literatur, die Problem- und Systemanalyse

- *nach Größenordnungen in*
  - Problemlösung i.w.S. (Problemlösung höhere Ordnung) = *Systemanalyse*
  - Problemlösung i.e.S. (Problemlösung niederer Ordnung) = *Problemlösung*

bzw.

- *nach der Orientierung in*
  - problemorientiert (gleich welcher Ordnung, jedoch vom EDV-Maschineneinsatz emanzipiert) = *Problem-Analyse* „Problem analysis consists of defining the problem and of determining exactly what is required to arrive at a solution" [34, S. 18]
  - EDV-Maschinen („System")orientiert = *Systemanalyse* „Systems analysis defines broad outlines for machine-assisted solution. Problem specifications serve as a link between the problem analyst and the programmer" [34, S. 18]

trennt, verwendet der Verfasser die Begriffe „Systemanalyse" als *objektive* und „Problemanalyse" als *subjektive* Komponente *desselben Ansatzes.*

Folgt man dieser Ansicht nicht, so kann man an Hand des Ablaufes funktionell trennbar Aktivitäten der Programmierung folgende Stufen, abhängig von Größenordnungen, z.B. Anzahl und Umfang der Probleme, Aufbau der DV/Rechen-Abteilungen und deren Integration in Unternehmen unterschiedlicher Größenordnung, darstellen:

Stufenbau der Programmierung mit EDV-Maschinen (realisiert in Unternehmen „kleinerer" Größe)

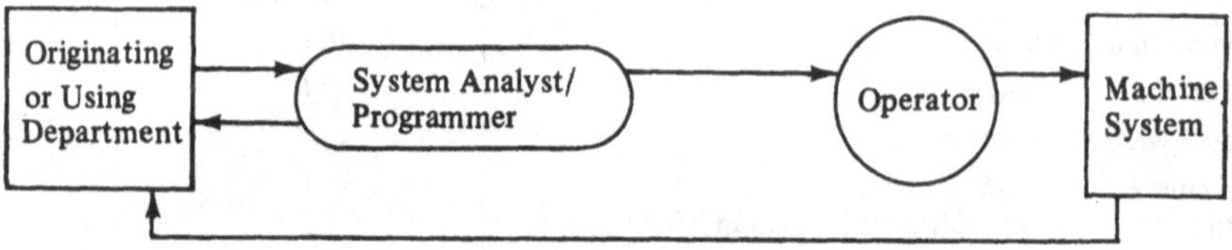

Stufenbau der Programmierung mit EDV-Maschinen (logische Kette; realisiert im Unternehmen „mittlerer" Größe):

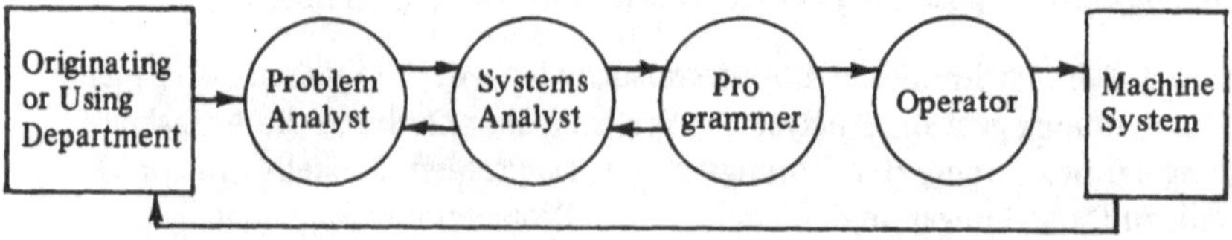

Stufenbau der Programmierung i.w.S. mit EDV-Maschineneinsatz (realisiert in Unternehmen „größerer" Größe)

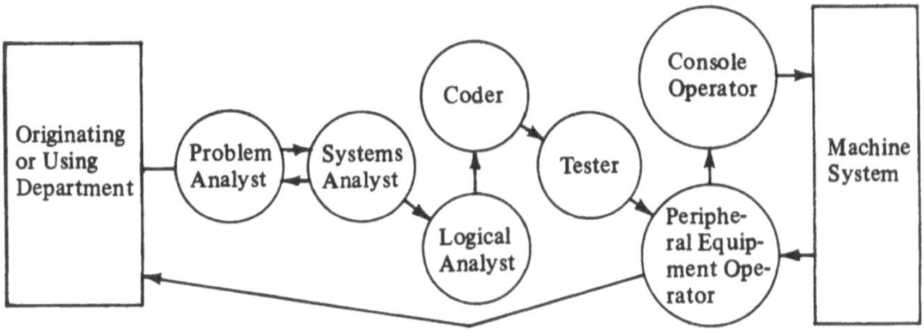

Folgt man der Ansicht des Verfassers, so findet sich der Programmierer hinsichtlich des für ihn bestehenden Problems einer zweifachen Aufgabenstellung gegenüber:

- *Grundsatzermittlung*
  Prüfung des zu lösenden Problems auf seinen Systemcharakter i.w.S.
- *Spezialermittlung*
  Prüfung, ob sich das vorliegende System als System i.e.S. charakterisieren und damit algorithmisch bewältigen läßt.

Grundsätzlich ist erkennbar, daß die Natur als System i.w.S. dann als festgestellt angesehen werden kann, wenn sich aus feststehenden Inputs zugehörige Outputs voraussagen lassen. Diese Vermutung ist durch die Spezial-Untersuchung dahingehend zu bestätigen, daß bestimmten Inputs und Inputkombinationen eindeutig Output/Outputkombinationen zugeordnet werden können und zwar derart, daß die Input und Output verbindenden Verknüpfungsoperationen eindeutig und nachvollziehbar isoliert werden können. Ein solches System ist geeignet, programmiert zu werden.

Am einfachen Beispiel der programmiert erstellten Verkaufsstatistiken seien diese notwendigen Voraussetzungen dargestellt:

- *Input:* Verkaufsmeldungen/Tagesberichte/Fakturen
- *Output:* Verkaufsstatistiken-Listen-Gruppierungen nach Verkäufer, Verkaufseinheiten, Waren, Warengruppen, Zeiteinheiten, etc.
- *Verknüpfungen:* Gruppensummationen
  – Gesamtsummationen nach verschiedenen Kriterien.

3.3.6.1 Funktionen und Ablauf der Problem/Systemanalyse

Funktionen ohne Berücksichtigung eines Einsatzes von EDV-Maschinen

- Definition der Zielfunktion der Lösung
- Definition der ermittelbaren Inputs
- Definition der zielfunktionsabhängigen Outputs
- Definition der zielfunktionsunabhängigen Outputs
- Definition der Verknüpfungsoperationen
- Festlegung von Kontrollmöglichkeiten und Kontrollnotwendigkeiten

In Erfüllung ihrer Funktion im Rahmen eines wirtschaftlichen Unternehmens:

- Ermittlung von Systemtestdaten
- Überprüfung der Programmierung im engeren Sinn

Funktionen der Problem/Systemanalyse mit Berücksichtigung eines Einsatzes von EDV-Maschinen

Im Hinblick auf die arbeitsteilige Weitergabe der Problemlösung an die Programmierung i.e.S. und deren lösungsgerechte Effektuierung:

- Erstellung des Problemlösungs-Handbuches
- Entwicklung der EDV-Maschinenorientierten Formate der Inputs
- Ermittlung der EDV-Maschinenorientierten Formate der Outputs
- Definition der Programmgroblogik (Gesamtlogik)
- Definition und logische Konzeption für Aufspaltung in Programme/Teilprogramme vor allem bei arbeitsteiliger Programmierung i.e.S.
- Ermittlung von Programmtestdaten

Zeitlicher Ablauf der Problemsystemanalyse

Zur Erfüllung der Funktionen und Lösung der grundsätzlichen Aufgabenstellung der System/Problemanalyse läßt sich folgende Aktivitätenfolge festlegen.

- Grundsatz und Spezialermittlung; Prüfung der Systemnatur i.e.S.; Voruntersuchung im Rahmen einer Bestandsaufnahme
- Erstellung eines Lösungsvorschlages mit Einsatz von EDV-Maschinen [111, S. 422 ff.]
- Kontrolle: ex ante Überwachung und ex post Testung

3.3.6.2 Einzelbeiträge zur Optimalgestaltung

Entscheidungskriterien für Lösungsstudien

In aller Regel wird in der Unternehmenswirklichkeit die wirtschaftlich sinnvolle Lösungsmöglichkeit in Angriff genommener Problem/Systemlösungen einfach angenommen. Dies ist dadurch begründet, daß zumindest in der 1. Installations/Umstellungsphase organisatorisch bereits beherrschte und daher algorithmierbare Lösungen aus den bisherigen Systemen übernommen werden; in diesen Fällen reduziert sich auch die oben dargestellte System/Problemanalyse auf die maschinenorientierte Aufbereitung bestehender Problemlösungsprozeduren. Erweitert man den Kreis der zu übernehmenden Probleme um bislang noch nicht beherrschte Systeme, so ist, Gewinnmaximierungs- bzw. Kostenminimierungszielfunktion unterstellt, die Frage nach der Wirtschaftlichkeit der Studien zur System/Problemanalyse zu stellen.

Im Folgenden wird im Abriß ein Verfahren dargestellt, das der Verfasser aus dem Modell nach *Layton* entwickelte [61, S. 147]:

Schritt I: Zerlegung der Systemanalyseaktivitäten in sinnvolle Schritte; wobei ein Schritt dann als sinnvoll bezeichnet wird, wenn sich an seinem Ende ein Ergebnis ermitteln läßt, das auf die Sinnfälligkeit der Prozedurfortsetzung schließen läßt.

Schritt II: Entwerfen eines binären Entscheidungsdiagramms (s. Abb. auf nächster Seite).

Wobei gilt:

e_o : Das Problem wird ohne jegliche Aktivitäten verworfen
e_1 : Eine Voruntersuchung zur Problem/Systemanalyse wird durchgeführt
e_2 : Die Problem/Systemanalyse wird durchgeführt
z_o : *Dummy*
z_1 : Übernahme auf EDV-Maschinenprozeduren erscheint wirtschaftlich gerechtfertigt
z_2 : Übernahme auf EDV-Maschinenprozeduren scheint nicht gerechtfertigt
a_o : *Dummy*
a_1 : Ein Lösungsvorschlag wird erstellt
a_2 : Kein Lösungsvorschlag wird erstellt
a_1 : Das Programm mit EDV-Maschinen ist wirtschaftlich gerechtfertigt
a_2 : Das Programm mit EDV-Maschinen ist wirtschaftlich nicht gerechtfertigt
a_1 : Das Problem wird in Angriff genommen (Entscheidung der Unternehmensleitung)
a_2 : Das Problem wird nicht in Angriff genommen (Entscheidung der Unternehmensleitung)

Schritt III: Schätzung der Wahrscheinlichkeiten des Eintreffens der Alternativen an den binären Entscheidungsknoten

Schritt IV: Schätzung der Kosten der Teilaktivitäten

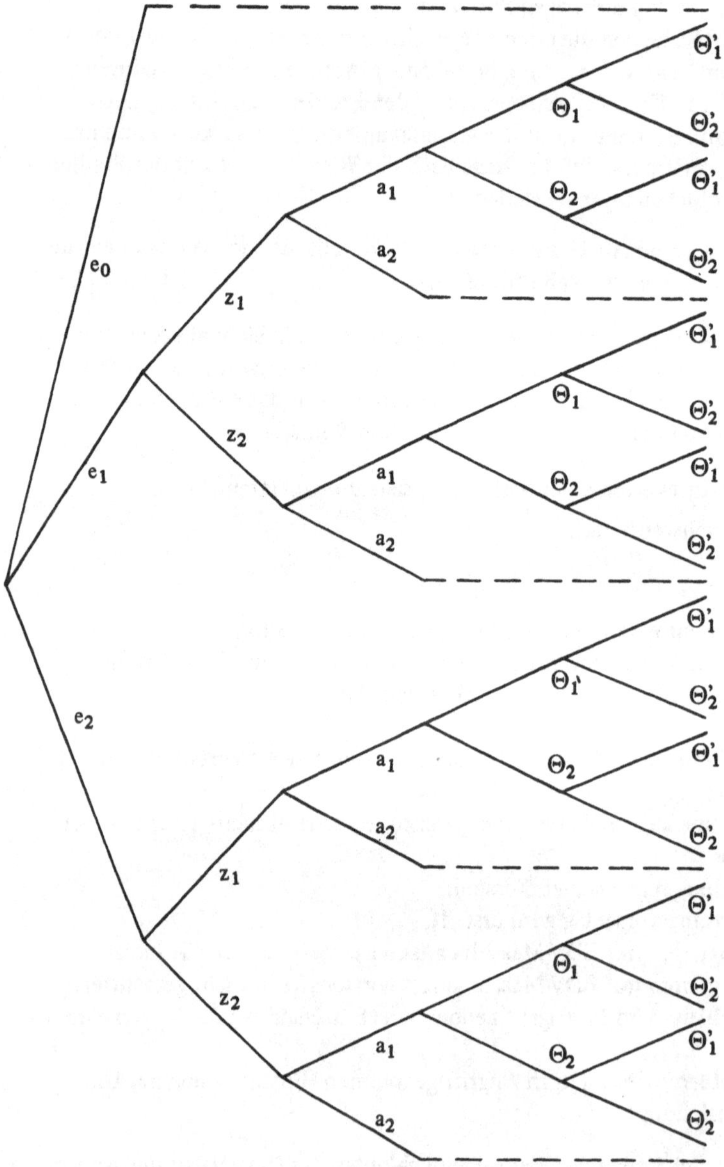
e_0
Θ'_1
Θ_1
Θ'_2
a_1
Θ'_1
Θ_2
a_2
Θ'_2
z_1
Θ'_1
Θ_1
Θ'_2
z_2
e_1
a_1
Θ'_1
Θ_2
a_2
Θ'_2
Θ'_1
Θ_1
Θ'_2
e_2
a_1
Θ'_1
Θ_2
a_2
Θ'_2
z_1
Θ'_1
Θ_1
Θ'_2
z_2
a_1
Θ'_1
Θ_2
a_2
Θ'_2

Schritt V: Ermittlung der zu erwartenden Gewinne und Verluste an den Ausgängen des Entscheidungsdiagramms

		Geldeinheiten
Kosten:	Voruntersuchung zur Problem/Systemanalyse	500
	Problem/Systemanalyse bis zum Lösungsvorschlag	2000
	Bericht an die Unternehmensleitung	200
Erträge:	Schätzungsminimum der Erträge der Umstellung der Verfahren auf Programme mit Einsatz von EDV-Maschinen	15000

(s. Abb. auf nächster Seite).

Die ermittelten Entscheidungsgrundlagen an den Ausgängen des Entscheidungsdiagramms bedürfen keiner weiteren Interpretation.

Entscheidungskriterien für Personalzuteilungen

In Verfolgung des *Layton*'schen Ansatzes kann das dort dargestellte Verfahren auch zur Personalzuteilung in die Unternehmenssphäre übertragen werden.

Liegen mehrere Probleme vor, die grundsätzlich zur Lösung durch die Unternehmensleitung freigegeben wurden, und stellt das Personal der System/Problemanalyse den Engpaß dar, so läßt sich der LP-Ansatz definieren [61, S. 152]:

$$E(R) = \sum_{i=1}^{N} \sum_{j=1}^{K} r_{ij} x_{ij} \quad \Rightarrow \quad \text{Max!} \qquad (1)$$

Bei folgenden Nebenbedingungen:

$$\sum_{i=1}^{N} \sum_{j=1}^{K} v_{ij} x_{ij} \leqslant V \qquad (2)$$

$$\sum_{i=1}^{N} \sum_{j=1}^{K} w_{ij} x_{ij} \leqslant W \qquad (3)$$

$$\sum_{j=1}^{N} x_{ij} \leqslant 1 \quad i = 1, \ldots\ldots N \qquad (4)$$

$$x_{ij} = 0 \quad i = 1, \ldots\ldots N; j = 1 \ldots\ldots K \qquad (5)$$

Wobei gilt:

x_{ij} = 1 . . für das Problem i liegt bereits eine Vorstudie der jten Ordnung vor
0 . . für das Problem i liegt eine Vorstudie der jten Ordnung noch nicht vor

r_{ij} – die Varianz des der Studie jter Ordnung des Problems i zugeordneten geschätzten Ertrages

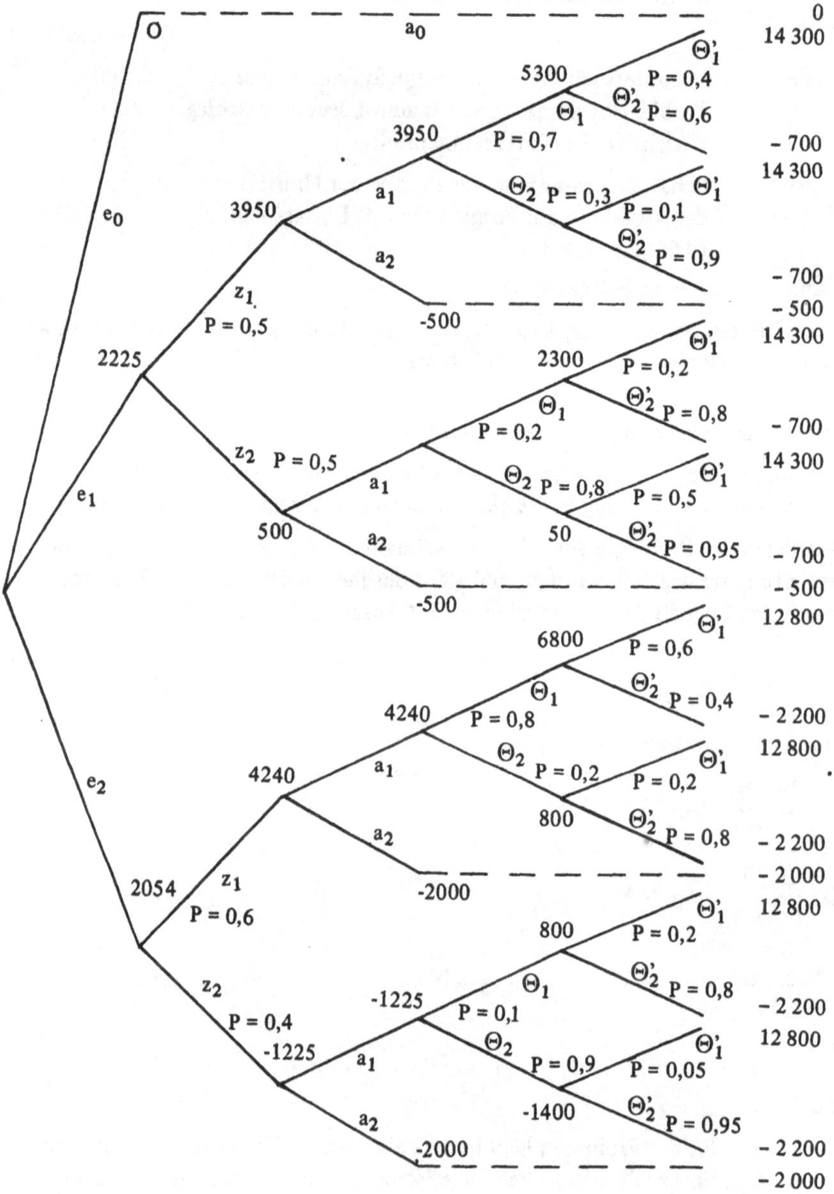
0
a_0
0
14 300
Θ'_1
5300
P = 0,4
Θ'_2
P = 0,6
Θ_1
3950
P = 0,7
- 700
14 300
a_1
Θ_2
P = 0,3
Θ'_1
3950
P = 0,1
e_0
Θ'_2
P = 0,9
a_2
- 700
z_1
- 500
P = 0,5
-500
14 300
Θ'_1
2225
2300
P = 0, 2
Θ_1
Θ'_2
P = 0,8
P = 0,2
- 700
z_2
P = 0,5
14 300
a_1
Θ_2
P = 0,8
Θ'_1
e_1
P = 0,5
500
a_2
50
Θ'_2
P = 0,95
- 700
- 500
-500
12 800
Θ'_1
6800
P = 0,6
Θ_1
Θ'_2
P = 0,4
4240
P = 0,8
- 2 200
Θ_2
12 800
a_1
P = 0,2
Θ'_1
e_2
4240
P = 0,2
a_2
800
Θ'_2
P = 0,8
- 2 200
2054
z_1
- 2 000
P = 0,6
-2000
12 800
Θ'_1
800
P = 0,2
Θ_1
Θ'_2
P = 0,8
z_2
-1225
P = 0,1
- 2 200
P = 0,4
Θ_2
12 800
-1225
a_1
P = 0,9
Θ'_1
P = 0,05
-1400
a_2
Θ'_2
P = 0,95
-2000
- 2 200
- 2 000

w_{ij} – Aufwendungen für das Problem i verursacht durch die Studie jter Ordnung (in Mannstunden)
E(R) – Erwarteter Gesamtertrag
V – Größte zulässige Varianz
W – Gesamtkapazität der System/Problemanalysegruppe (in Mannstunden)
N – Anzahl aller möglichen Probleme
K – Anzahl der Ordnungen für Problem/Systemstudien

Der LP-Ansatz wurde von *Leyton* nach dem Verfahren nach *Bell* und *Dreyfus* unter Verwendung des *Lagrange'*schen Multiplikators gelöst. Durch Umformung wird der LP-Ansatz zu einem MSAP (Multistage Allocation Problem) der Allgemeinen Form

$$f_N(w) = \max_{x_{Nj}} [\sum_j^K r_{Nj}x_{Nj} - \lambda \sum_j^K v_{Nj}x_{Nj} + f_{N-1}(w - \sum_j^K w_{Nj}x_{Nj})$$

$$0 \leqslant w \leqslant W$$

wobei x_{Nj} folgenden Bedingungen gehorcht:

$$x_{Nj} = 0{,}1 \text{ für alle } j \qquad \sum_j^K x_{Nj} \leqslant 1$$
$$x_{Nj} = 0 \quad \text{für } w < w_{Nj}$$

Nach Durchrechnung ergibt sich für den Wert der Gesamtverfügbaren W = 12 folgende Lösung:

Auszuwählende Programme (1. und 2. Ordnung der Studie) Wertigkeit

x_{11}	x_{12}	x_{21}	x_{22}	x_{31}	x_{32}	x_{41}	x_{42}	x_{51}	x_{52}	E(R)	V	w
1	0	0	0	0	0	0	1	0	1	8.0	0.70	12
1	0	0	0	0	1	0	1	0	0	8.0	0.70	12
0	1	0	0	0	0	0	1	0	0	8.0	0.70	12
0	1	0	0	0	1	1	0	1	0	7.6	0.55	12
0	1	0	0	0	1	0	0	0	1	7.0	0.40	11
0	0	0	0	0	1	0	0	0	1	4.0	0.20	6
0	0	0	0	0	0	0	0	0	1	2.0	0.10	3
0	0	0	0	0	1	0	0	0	0	2.0	0.10	3

Der Beweis der trivialen Vermutung der Unvereinbarkeit von Risikominimierung und maximaler Kapazitätsausschöpfung ist dem proportionalen Verlauf von Varianz und Arbeitskräfteeinsatz zu entnehmen.

Optimalisierungsbeitrag durch Standardisierung

Grundsätze der Standardisierung

Die Bedeutung der Standardisierung als Optimalisierungsbeitrag für nicht algorithmierbare Prozeduren wird in der Literatur mehrfach unterstrichen. Sie umfaßt unabhängig von der Ordnung des Programmierens (System/Problemanalyse – Kodieren) stets folgende Grundbereiche:

- Begriffsbestimmungen
- Formalfixierung
- Dokumentation über Arbeitsoperationen und deren Ergebnisse
- Darstellungen in verbaler, graphischer etc. standardisierter Form.

Allgemein formulieren *Brandon* und *Kirch* die Vorteile der Standardisierung: „Substantial economics may be realized from the use of standard methods for data processing functions. Standardization of methodology in one functional area is not sufficient, however; Systems analysis standards need to be followed by standards for programming and operation" [34, S. 21].

Konkreter leiten *Artmann* und *Klee* empirische Optimalgestaltungsbeitrage aus der Standardisierung ab [111, S. 426]:

- Ausschaltung der individuellen Störeinflüsse der Mitarbeiter
- Minimierung der Verständigungsfehler
- Minimierung der Koordinierungsaktivitäten
- Minimierung der Risiken von Fehlentwicklungen
- Minimierung des Risikos in Zusammenhang mit Datensicherung

Einzelfunktionen und ihre Standardisierung

Festlegung der *verwendeten Ausdrücke* (verbindliche Begriffsbestimmung) nach folgenden Klassen:

- Begriffsfixierung des Fachvokabulars der Datenverarbeitung
- Standardisierung von verwendeten Abkürzungen
- Begriffsfixierung des Spezialvokabulars des Unternehmens bzw. der Branche des Unternehmens
- Begriffsfixierung des Spezialvokabulars, das sich auf die aktuelle EDV-Maschine bezieht

Festlegung von *Formaten und Form von Input/Outputeinheiten* [63, 9. Blatt; 94, S. 20]:

- Formate der Ein/Ausgabeaggregate
- Organisation und Bezeichnungen der Externen On-line-Speicher
- Organisation innerhalb der ZRE, soweit dies durch das Betriebssystem möglich ist
- Organisation der EDV-Maschinengespeicherten Programmbibliothek
- Organisation und Bezeichnung der Externen Off-line-Speicher

Beispiel für Standardisierung der Formate von I/O-Aggregaten durch Formularisierung [111, S. 228]:

Beispiel für Standardisierung der Formate von I/O-Aggregaten durch Formularisierung:

RECORD-EINTEILUNG		Programm-Nr. 839	Blatt-Nr. 6
Record-Nr. 830	Record-Bezeichnung AH-STATISTIK-LISTE	Analysator ARTMANN	Datum 15.7.68

Record pro:	Datentr. Art.			Record-Format					Rec.Stellen	Rec.Bytes
	Card	Tape	X	F UB	X	V UB	V B	un. def.	129	80

	Er-setzt	Ge-änd.	Datum	Veranl. von	Ge-änd.	Datum	Veranl. von	Ge-änd.	Datum	Veranl. von

	Bezeichnung	Verwend.u.Prog.	Darstellungsform Numer. Absolut	Vorz.	Null	Alpha Blank	Alpha	Spez.Zeich.	Stellen Vor Komma	Nach Komma	Format Zoned	Packed	Binary	Anz. Bytes	Symbol	
1	RECORD	X	X				X		4		X			4	'R 830'	1
2	LEERSTELLEN	X	X		X				4		X			4		5
3	VERS.-ART	X	X				X		4		X			4		9
4	GST	X	X		X				2		X			2		13
5	SCHLÜSSEL - 1	X	X						1		X			1		15
6	" - 2	X	X			X			1		X			1		16
7	ANZ.-JAHRESR.	X	X		X				7				X	5		17
8	VERD.-BEITRÄGE	X	X		X				9				X	6		22
9	ANZ.-SCHADF.	X	X		X				7				X	4		28
10	DAV. FÄLLE IN RES.	X	X		X				7	1			X	4		32
11	GES.-AUFWAND	X	X	X	X				9	1			X	5		36
12	JAHRESENDRES.	X	X		X				9				X	5		41
13	GES.-ZAHL	X	X	X	X				9				X	5	VOLLE DM	46
14	SCHAD.-ERMITTLGSK.	X	X		X				10				X	6		51
15	JAHR.-TARIFBEITR.	X	X		X				14	1			X	8		57
16	LAUFZEIT IN TAG.	X	X		X				15				X	8		65
17	VERTR. ENDE JAHR	X	X		X				14				X	8		73
									129					80		

DATA-SET-AUFBAU				Programm-Nr. 839	Blatt-Nr. 5
Datentr. Art	Daten-Aufbew.	Arbeits- Gebiet 811	Gang 010	Nr. Anf. Übers. Sch. 3/1	Analysator ARTMANN	Datum 15.7.68

D S 8 5 2 A H S T A T I S T I K

Pos. 45	Vol.	Man.Umfang cyl. 10	Tr.	O'Flow F.Cyl.Tr.	Area Indep. Tr.

Organisation				Key Field	Record-Format					Block Fact	Max. BLL.
X	Input	X	Up date		F UB	X	V UB	V B	un def.	10	800

Er-setzt	Ge-änd.	Datum	Veranl. von	Ge-änd.	Datum	Veranl. von	Ge-änd.	Datum	Veranl. von

Record Art Nr.	Name des Records	Record-Länge Stellen	Record Länge Bytes	Menge
830	AH-STATISTIK-LISTE	129	80	ca. 4.000

Standardisierung von Nummerierungssystemen für alle Datenträger, Berichte etc. und die Definierung von aussagekräftigen Schlüssel-/Nummernsystemen

Standardisierung der formalen Erfordernisse von graphischen Darstellungen; insbesondere Standardisierung der Symbole zur Erstellung der Grob- und Feinblockdiagramme (Wortähnlichkeit der Symbole – Sprachenähnlichkeit des Symbolvorrates).

Beispiel der Symbolstandardisierung zur graphischen Darstellung in Grob- und Feinblockdiagrammen:

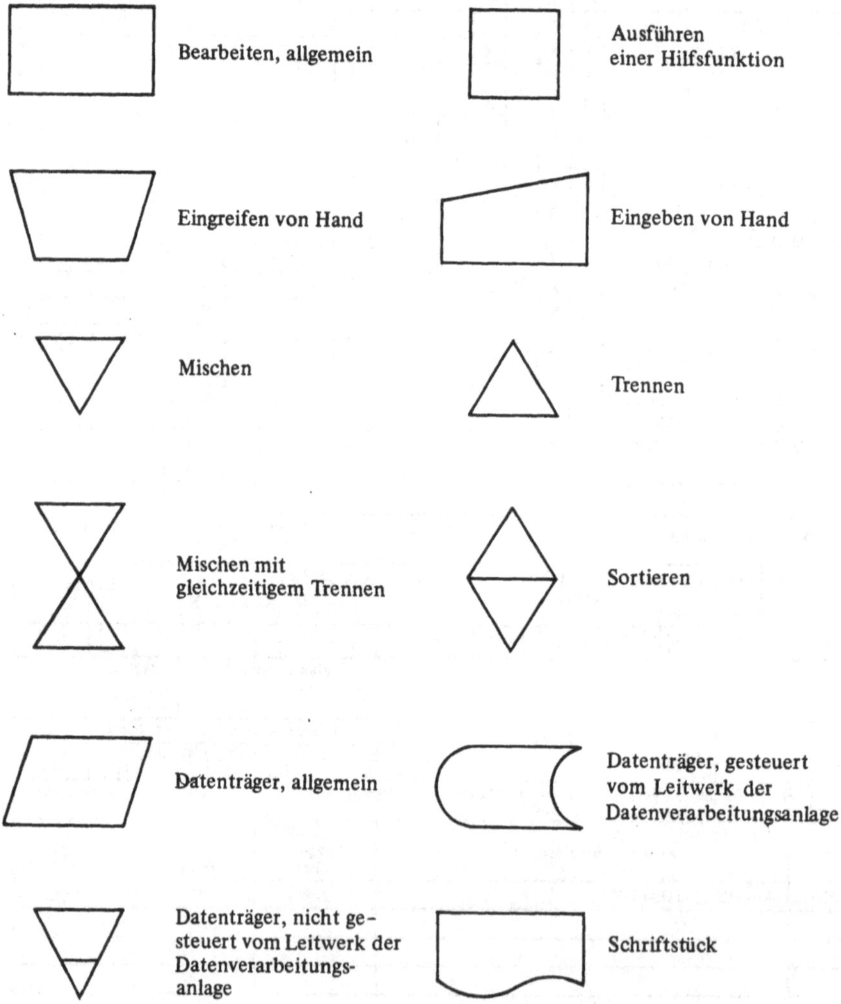

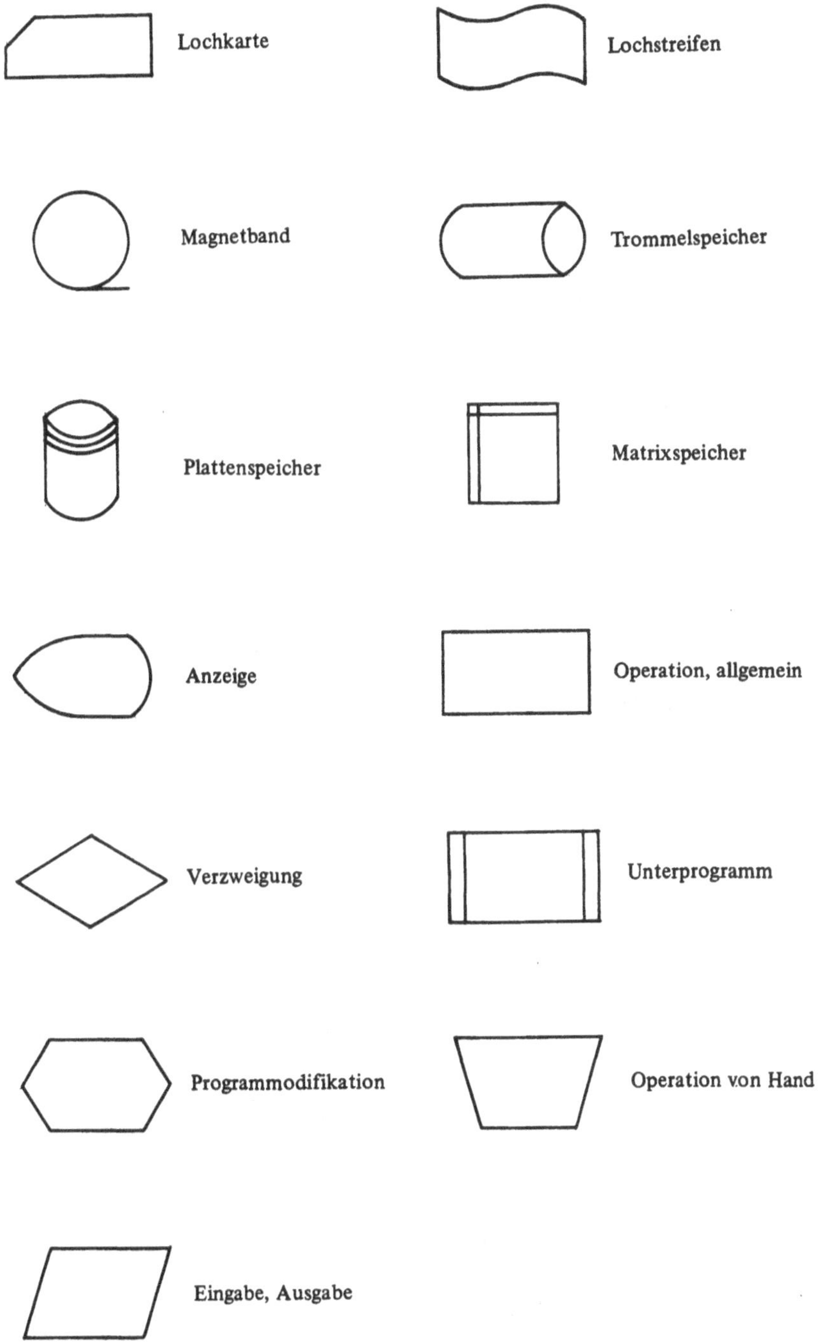
Lochkarte
Lochstreifen
Magnetband
Trommelspeicher
Plattenspeicher
Matrixspeicher
Anzeige
Operation, allgemein
Verzweigung
Unterprogramm
Programmodifikation
Operation von Hand
Eingabe, Ausgabe

Beispiel für Standardisierung durch Formularisierung
Output der Problemanalyse
(Problem = gelöst + programmiert)

PROGRAMM-ÜBERSICHTSSCHEMA												Programm-Bezeichnung GST-STATISTIK		Programm-Nr. 839	Blatt-Nr. 4
	Ent-fällt	Er-setzt	Ge-änd.	Datum	Veranl. von	Ge-änd.	Datum	Veranl. von	Ge-änd.	Datum	Veranl. von	Arbeits-Gebiet 811	Arbeits-Gang 010	Periodizität JÄHRLICH	Analysator ARTMANN

Übersicht-Nr.	1/1	2/1						
Organisation	W/G S IS R	W/G S IS R	W/G S IS R	W/G S IS R	W/G S IS R	W/G S IS R	W/G S IS R	W/G S IS R
Max.Daten-Umfang	Vol Cyl. Tr.	Vol. 1 Cyl. Tr.	Vol. Cyl. Tr.	Vol. Cyl. Tr.	Vol. Cyl. Tr.	Vol. Cyl. Tr.	Vol. Cyl. Tr.	Vol. Cyl. Tr.
Nr. und Name des Data-Set		DS 851 AH-BEITSCHA						
Verarbeitungs-Modus	Input X Out-put Up-date	Input X Out-put Up-date	Input Out-put Up-date	Input Out-put Up-date	Input Out-put Up-date	Input Out-put Up-date	Input Out-put Up-date	Input Out-put Up-date
Verabeit. Folge / Wechsel Band	1 Wechs. B.	2 Wechs. B.	Wechs. B.	Wechs. B.	Wechs. B.	Wechs. B.	Wechs. B.	Wechs. B.
Art des Datenträgers	Vorlauf-Karte							

W Workfile
G Generationsfile
S Sequentiell
IS Indexsequentiell
R Random
Vol Volume

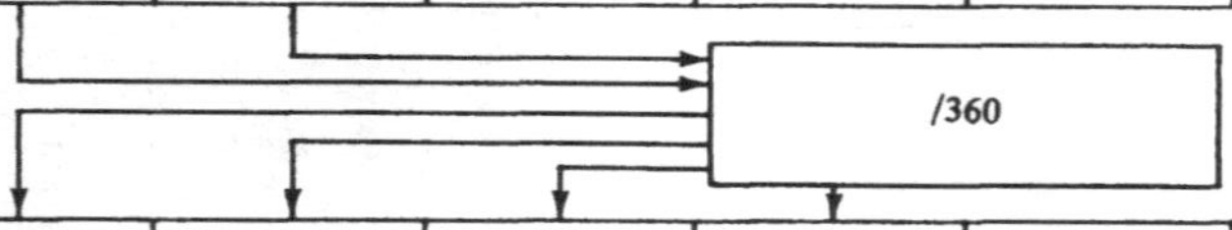

Cyl. – Cylinder
Tr. Track

Art des Datenträgers								
Verarbeit. Folge / Wechsel Band	2 Wechs. B.	2 Wechs. B.	3 Wechs. B.	4 Wechs. B.	Wechs. B.	Wechs. B.	Wechs. B.	Wechs. B.
Verarbeitungs-Modus	Input Out-put Up-date	Input Out-put Up-date	Input Out-put Up-date	Input Out-put Up-date	Input Out-put Up-date	Input Out-put Up. date	Input Out-put Up-date	Input Out-put Up-date
Nr. und Name des Data-Set	DS 852 AH STATISTIK	DS 853 AH-SCHADVJR	LISTE TARIFAUF-STELLUNG	KONSOLMELD ANZAHL RECORDS				
Max.Daten-Umfang	Vol. Cyl.10 Tr.	Vol.1 Cyl. Tr.	Vol. Cyl. Tr.	Vol. Cyl. Tr.	Vol. Cyl. Tr.	Vol. Cyl. Tr.	Vol. Cyl. Tr.	Vol. Cyl. Tr.
Organisation	W/G S IS R	W/G S IS R	W/G S IS R	W/G S IS R	W/G S IS R	W/G S IS R	W/G S IS R	W/G S IS R
Übersicht Nr.	3/1	4/1	5/1	5/2				

Die Problem/Systemanalyse als Netzwerk

Als Folge von Aktivitäten, die einander zeitlich folgen bzw. logisch bedingen, ist der Gesamtprozeß „System/Problemanalyse" durch NP abbildbar und planbar. Grundsätzlich stehen für die Planung und Kontrolle folgende Systeme zur Verfügung:

(1) GANT oder Balkendiagramme
(2) CPM-Diagramme
(3) PERT-Diagramme
(4) Job-Orientierte-Balkendiagramme (Multijobdiagramme)
(5) Milestone-Diagramme
(6) Ereignis- und aktivitätsorientierte Diagramme

Die Sinnfälligkeit der Anwendbarkeit von *PERT* auf die Systemanalyse kann angenommen werden. (Vgl. auch die Arbeit über „Projektanalyse mit *PERT*" von *Weber* und die darin enthaltene Darstellung von *GERT* – Graphical Evaluation and Review Technique [99, S. 164 ff.]).

Beispiel eines EDV-maschinellen Durchrechnungsoutputs für eine System/Problemanalyseplanung und -kontrolle mit PERT [23, S. 29]:

(s. Abb. auf Seite 196).

EVENT PREDECESSOR	EVENT SUCCESSOR	NOMENCLATURE	DATE DEP. EXPECTED	DATE ALLOWED	DATE SCHD/ACT.	PROB	SLACK	EXP. TIME	EXP. VAR.
0000–001	0000–010	PERT FICTIOUS ACTIVITY		07–10–61	A07–10–61	+	.0+		
0000–010	0000–012	DEV BASIC PERT COST EST FLOW DIAGRAM	07–24–61	07–24–61		+	.0+	2.0	.1
0000–010	0000–011	DEVELOP NUMBER SCHEMES AND CODES	07–25–61	07–25–61		+	.0+	2.1	.1
0000–011	0000–013	AGREE NO SCHEMES CODES FOR BASIC PERT	08–08–61	08–08–61		+	.0+	4.1	.2
0000–012	0000–014	PROGRAMMER ANALYSIS OF FLOW DIAGRAMS	08–14–61	08–14–61		+	.0+	5.0	.2
0000–013	0000–016	STUDY REQUIREMENTS OF EXCEP-TION REPORT	08–22–61	08–22–61		+	.0+	6.1	.3
0000–016	0000–018	DEFINE AND DESCRIBE EXCEPTION MODEL	09–13–61	09–13–61		+	.0+	9.3	.5
0000–018	0000–113	AGREEMENT ON EXCEPTION REPORT MODEL	09–27–61	09–27–61		+	.0+	11.3	.6
0000–014	0000–110	PROGRAM BASIC PERT WITH COST EST	10–09–61	10–09–61		+	.0+	13.0	.3
0000–113	0000–117	FORMULATE ALGORITHMS FOR EXC EPTION RPT	10–19–61	10–19–61		+	.0+	14.4	.9
0000–117	0000–121	FORMULATE ALGORS FOR ORGAN RPT	11–10–61	11–10–61		+	.0+	17.6	1.1
0000–110	0000–119	ADD COST ACCUM SYS TO BASIC PERT PROG	11–13–61	11–13–61		+	.0+	18.0	.4
		FORMULATE ALGORS FOR MANPOWER							

EVENT PREDECESSOR	EVENT SUCCESSOR	NOMENCLATURE	DATE DEP. EXPECTED	DATE ALLOWED	DATE SCHD/ACT.	PROB	SLACK	EXP. TIME	EXP. VAR.
0000–121	0000–125	SCHED RPT	12–02–61	12–02–61		+	.0+	20.8	1.4
0000–119	0000–123	ORIENTED OUTPUT	12–11–61	12–11–61		+	.0+	22.0	.6
0000–125	0000–130	STUDY FLOW DIAGRAM RQMTS MAN–SHED RPTS	12–16–61	12–16–61		+	.0+	22.8	1.5
0000–130	0000–134	ANALYZE FOLOW DIAG MANPOWER SCHED RPT	12–30–61	12–30–61		+	.0+	24.8	1.6
0000–123	0000–127	PROGRAM EXCEPTION RPTS INTO HUGHES–PERT	01–15–62	01–15–62		+	.0+	27.0	.7
0000–127	0000–131	PROGRAM ORGAN RPTS INTO HUGHES –PERT	02–19–62	02–19–62		+	.0+	32.0	.8
0000–131	0000–134	PROG MANPOWER SCHED INTO HUGHES–PERT	04–62–62	04–02–62		+	.0+	38.0	.9
0000–121	0000–126	STUDY FLOW DIAG RQMTS ORGAN RPTS	11–10–61	11–18–61		+	1.2+	17.6	2.1
0000–126	0000–130	PREP FLOW DIAGRAM MANPOWER SCHED RPTS	12–08–61	12–16–61		+	1.2+	21.6	2.3
0000–117	0000–122	STUDY FLOW DIAG RQMTS EXCEP-TION RPT	10–19–61	10–28–61		+	1.3+	14.4	1.9
0000–122	0000–126	PREP FLOW DIAG ORGAN RPTS	11–09–61	11–18–61		+	1.3+	17.4	2.0

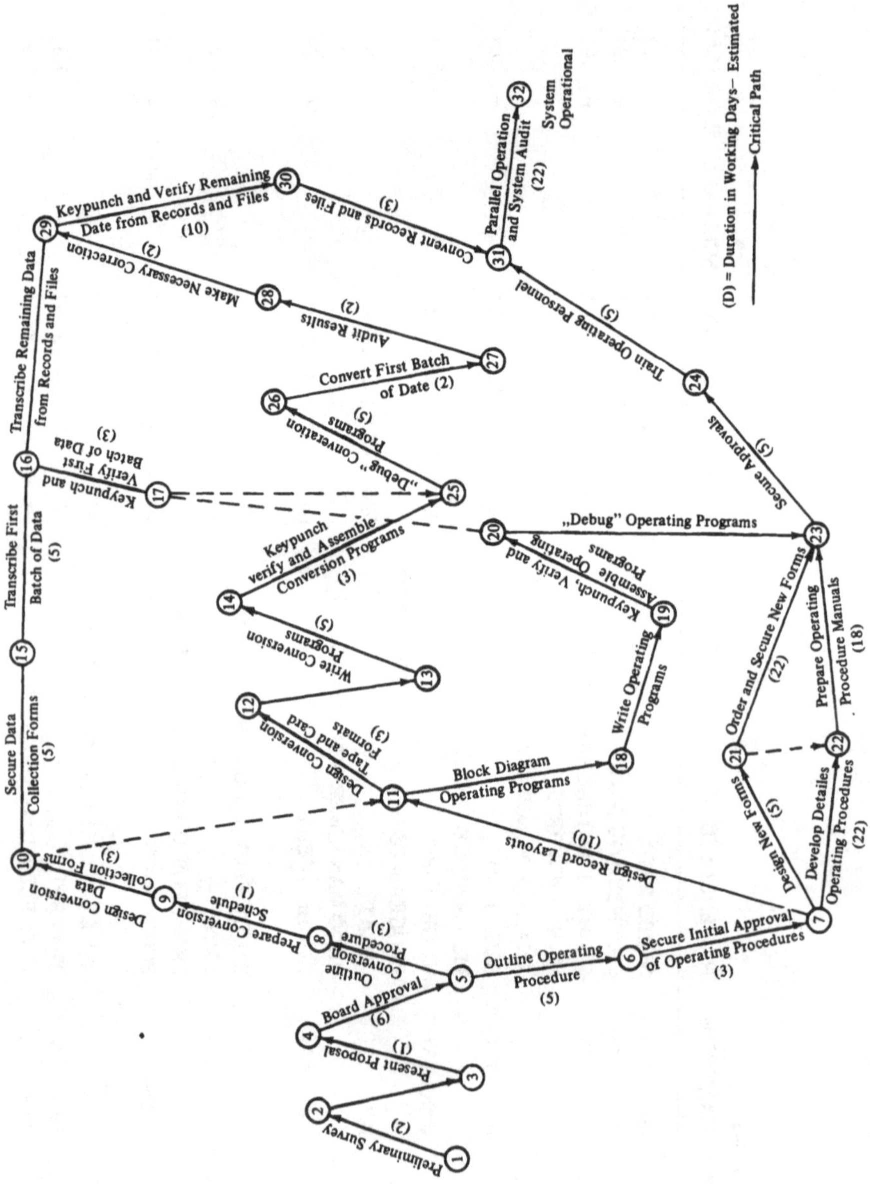
Preliminary Survey (2)
Present Proposal (1)
Board Approval (6)
Outline Conversion Procedure (3)
Prepare Conversion Schedule (1)
Design Conversion Data Collection Forms (3)
Secure Data Collection Forms (5)
Transcribe First Batch of Data (5)
Keypunch and Verify First Batch of Data (3)
Transcribe Remaining Data from Records and Files
Keypunch and Verify Remaining Date from Records and Files (10)
Convert Records and Files (3)
Parallel Operation and System Audit (22)
System Operational
Outline Operating Procedure (5)
Secure Initial Approval of Operating Procedures (3)
Design Record Layouts (10)
Block Diagram Operating Programs
Design Conversion Tape and Card Formats (3)
Write Conversion Programs (5)
Keypunch verify and Assemble Conversion Programs (3)
„Debug" Conversion Programs (5)
Convert First Batch of Date (2)
Audit Results (2)
Make Necessary Correction (2)
Write Operating Programs
Keypunch, Verify and Assemble Operating Programs
„Debug" Operating Programs
Design New Forms (5)
Order and Secure New Forms (22)
Develop Detailes Operating Procedures (22)
Prepare Operating Procedure Manuals (18)
Secure Approvals (5)
Train Operating Personnel (5)
(D) = Duration in Working Days – Estimated
Critical Path

3.3.7 Die Optimalgestaltung der laufenden Problem-Programmierung

3.3.7.1 Begriff und Zielfunktion der Programm-Erstellung

Unter Programm im weitesten Sinn kann die algorithmierte Verknüpfung von gegebenem Input zum Zwecke der Erreichung von gewünschtem Output bezeichnet werden. Unter Programm im engsten Sinn, begrifflich eingeengt auf Prozeduren unter Verwendung von EDV-Maschinen, ist ein solches Programm zu verstehen, das diese Verknüpfung dergestalt formal definiert, daß eine EDV-Maschine allein oder im Rahmen eines Unternehmenssubsystems in der Lage ist, diese Verbindung Output-Input zu erreichen.

Stellt sich daher das Problem Programmieren i.w.S. als komplexer Vorgang aus organisatorischen, informatorischen,formalisierenden und schließlich algorithmierenden Prozessen dar, so kann man den eingeengten Begriff Programmierung i.e.S. als das Herstellen eines Algorithmus, der obigen EDV-Maschinenorientierten Anforderungen genügt, verstehen. Der Begriff „Programm" bzw. der zugehörige Begriff „Programmieren" bietet in der Literatur insofern Schwierigkeiten, weil durch ihn wechselnd alle Möglichkeiten des Begriffsinhalts zwischen den dargestellten Extremwerten bezeichnet werden. Eine Begriffsfestlegung scheint dennoch wenig sinnvoll, weil ein praktischer Programmierbegriff sowohl Elemente des einen, als auch des anderen Extremwertes in sich birgt.

Aus der Formaldefinition lassen sich für alle Begriffe des Programmierens und für alle Größenordnungen (Programm–Teilprogramm–Unterprogramm–Routinen–Subroutinen–Subroutinteile–Makroinstruktionen–Instruktionen) folgende Aufgabenstellungen definieren [43, S. 42]:

„Man nehme" – Inputprozeß – „woher" – Inputfeld

„Man tue" – Verknüpfungsprozeß – „was" – Verknüpfungsspezifikation

„Man bringe" – Outputprozeß – „wohin" – Outputfeld

Dieser formalen Aufgabenstellung trägt auch die Grundkonzeption jeder digitalen Rechenmaschine Rechnung:

- Inputfelder – Eingabegeräte:
  on line: Externe On-line-Speicher
  On-line-Tastaturen
  off line: Eingabeaggregate
- Outputfelder – Ausgabegeräte:
  on line: Externe On-line-Speicher
  On-line-Schreibeinrichtungen
  off line: Ausgabeaggregate
- Verknüpfungsfelder – Speicher, Register etc. der ZRE

- Verknüpfungsinstruktionsspeicherung
  (Programmspeicherung): Steuerwerk der ZRE
  Steuerwerke der Verbindungs-EDV-Maschinen, Verbindung ZRE–andere Aggregate (Kanäle)

Im Rahmen der „Programmierung" laufen Teilprozesse in drei Phasen ab, von denen jede einzelne in der Literatur als Programmieren bezeichnet wird [43, S. 46]:

(1) Lösung eines konkreten Problems – sofern es sich um ein informatorisches Problem der Art der o.a. Definition handelt – Programmierung im weitesten Sinn.

(2) Algorithmierung der Problemlösung – Programmierung im engeren Sinn (Programmieren niederer Ordnung)

(3) Kodierung d.i. Auflösung eines meist in einer Formel-, Kunst- oder formelähnlichen Sprache vorliegenden Algorithmus in maschinenorientierte Kunstsprachenalgorithmen – Programmieren im engsten Sinn.

Der Begriff „Rechenplan", vom Kreator zunächst als Programm im engeren Sinn verstanden, durch die Entwicklung der Programmiersprachen und deren überwiegende Verwendung jedoch auch als Programm im engsten Sinn zu verstehen, bringt als Kuppelprodukte ein [30, S. 1339 ff.]:

- „Die Vorstellungen des Programmierers können schneller, leichter und weniger fehlerhaft . . . ausgedrückt werden" – *Minimierung logischer Fehler*
- „Es ist leichter, einen RPL zu lesen und zu verstehen als ein Programm in Maschinensprache" – *Mobilität der Problemlösung*
- „Die Übersetzung eines RPL in ein Maschinenprogramm ist eine einfache Tätigkeit, die sogar von „EDV-Maschinen" ausgeführt werden kann" – Kodierung als Programmierung im engsten Sinn entspricht kongruent einer Übersetzung in eine Kunstsprache ohne Redundanz, daher wird maschinelle Übersetzung möglich.

Zur Erstellung von optimalen Programmen können folgende Zielfunktionen gefunden werden:

Zielfunktion A: Minimierung der Dauer der Programmerstellung, einschließlich der Maschinentestzeit

Zielfunktion B: Minimierung der Maschinentestzeit bis zur Fehlerfreiheit des Programmes (Fehlerfreiheit *vor* Maschinentest)

Zielfunktion C: Minimierung der Dauer der Programmerstellung, ausschließlich der Maschinentestzeit

Zielfunktion D: Minimierung des Speicherplatzbedarfs im Kernspeicher

Zielfunktion E: Minimierung der Programmlaufzeit im Ausführungsfall

Der Verwirklichung der Zielfunktionen oder der Zielfunktions-Kombinationen stehen folgende Restriktionen (Restriktionsgruppen) entgegen:

- Restriktionen, die durch die *Hard-ware* bedingt sind
- Restriktionen, die durch die *Soft-ware* bedingt sind
- Restriktionen, die durch das *Personal* bedingt sind
  - Quantitative Restriktionen
  - Qualitative Restriktionen
  - aus der Ausbildung des Personals
  - aus fachlichen Präferenzen des Personals

3.3.7.2 Die Bewertung von Programmen

Der Satz „Vorliegende Problemstellungen erfordern entsprechende Programme" kann als trivial angenommen werden. Das Problem der quantifizierten oder nichtquantifizierten Feststellung der optimalen „Entsprechung" kann grundsätzlich zweifach betrachtet werden:

(1) Ex-post-Betrachtung – Quantifizierte oder nichtquantifizierte Untersuchung eines bereits vorliegenden exekutierbaren Programmes

(2) Ex-ante-Betrachtung – Erstellung eines Anforderungs-Kataloges, der den Programmerstellern als Grundlage bei der Programmerstellungsvariantenwahl als „Entsprechungsleitlinie" zur Verfügung gestellt wird (Standardentwicklung zur Programmiererprogrammierung = Planung der Programmerstellungsaktivitäten).

Ex post-Bewertung von Programmen

Das vorliegende Programm wird untersucht

- auf die *Gesamtablaufgeschwindigkeit* des exekutierbaren Programmes (ohne Untersuchung allfälliger Rückwirkungen auf die Erschwerung der Programmerstellungsphase)
- auf den Gesamt-*Speicherbedarf* (bei überlappenden Programmen und bei echtem Multiprocessing in bestimmten Räumen).

Dieser Auffassung liegt die in der Literatur mehrfach behauptete Tatsache [Vgl. u.a. 60] einer funktionalen Abhängigkeit der Programmlaufzeit vom belegten Speicherplatzbedarf zu Grunde [30, S. 1356]:

Rechenzeit [t] als Funktion des Speicherbedarfs [n] bei bestmöglicher Programmierung (schematisch)

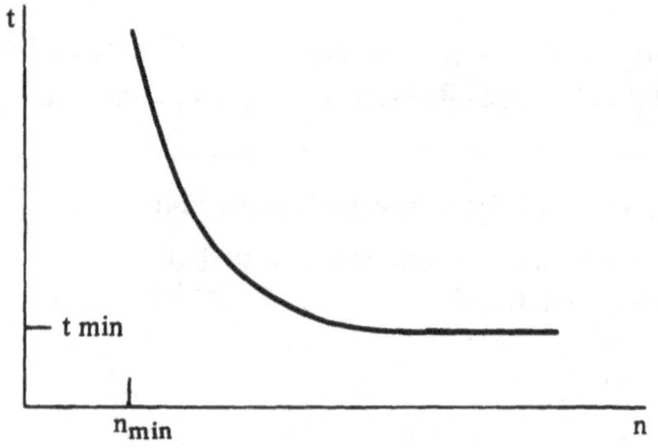

Diese ex-post-Betrachtung erlaubt allerdings ausschließlich die relative Bewertung von „funktional äquivalenten" Programmen, wobei Programme dann und nur dann „funktional äquivalent" sind, „wenn sie für gleiche Ergebnisse gleiche Ergebnisse liefern und annähernd die gleiche Methode benutzen" [30, S. 1356].

Der vereinfachende Ansatz zur Bewertung und Beschreibung von Programmen nach *Piloty* wurde durch den Eigenschaftskatalog nach *Farr* und *Zagorski* erweitert. Dieser Ansatz, der 21 Charakteristika für erstellte Programme ermittelt, ermöglicht eine weitgehend eindeutige Beschreibung eines Programmes hinsichtlich der angewandten Programmierverfahren; Untersuchungsergebnisse, die Anwendung bestimmter Programmierverfahren und ihre Auswirkung auf Speicherplatzbedarf, bzw. Programmgesamtlaufzeit zeigen, waren dem Verfasser nicht zugänglich.

Programmcharakteristika nach *Farr* und *Zagorski* [44, S. 179]:

- Number of machine instructions originally estimated.
- Number of machine instructions actually delivered.
- Number of new instructions written for this program.
- Number of instructions re-used from previous programs or libraries.
- Number of instructions written but not delivered.
- Number of words in tables and constants
- Number of words in the data base
- Number of classes of items in the data base
- Number of subprograms in program system
- Number of types input message formats
- Number of types output message formates
- Precentage of instructions classified as:
  (a) clerical, (b) data reduction, (c) prediction and (d) decision making

- Attempt to include in program design the characteristics of maintainability
- Need to work under the program design constraints of:
  (a) insufficient memory, (b) insufficient I/O, (c) stringent timing requirements
- Number of program design changes
- When peak load of changes occured
- Number of programming tools used
- Extent of test requirements and specifications
- Number of document types written for internal use
- Number of document types written for customer use

Ex-ante-Bewertung von Programmen nach Futh

Futh formuliert als „Entsprechungsleitlinien" vier „Allgemeine Anforderungen"

- Wirtschaftliche Ausnutzung des vorhandenen Speicherplatzes
- Ausnutzung der erreichbaren Geschwindigkeit
- Richtigkeit
- Einfachheit

Er versteht darunter im einzelnen:

„Unter der wirtschaftlichen Ausnutzung des Speicherplatzes wird verstanden, daß das Programm nach seiner Fertigstellung die vorhandenen Speicherkapazitäten so wenig wie möglich in Anspruch nehmen soll.

Der zweite Punkt ist die Geschwindigkeit. Dabei wird gefordert, daß das Programm in der kleinstmöglichen Zeit bzw. mit maximaler Geschwindigkeit auf der Datenverarbeitungsanlage läuft.

Damit (mit der Richtigkeit) ist aber nicht allein die Übereinstimmung zwischen geplantem und tatsächlichem Maschinenlauf gemeint. Genauso wichtig ist es, daß der Programmierer alle möglichen Grenz- und Ausnahmefälle (einschließlich der Fehlermöglichkeiten) bei der Eingabe, Verarbeitung und Ausgabe berücksichtigt hat. Der vierte Punkt schließlich ist die Einfachheit des Programmes". [6, S. 129]

Kritik des *Futh*'schen Ansatzes:
Vorteile:
- verbale, einleuchtende Darstellung von Einflußfaktoren, bzw. Beurteilungskriterien

Nachteile:
- willkürliche Beschränkung auf vier Kriterien
- keine Definition von „Richtigkeit" und „Einfachheit" (weder qualitativ noch quantitativ)

- keine Vorlage von empirischem Material, so daß die Forderungen spekulativ, bzw. assoziativ bleiben
  und daraus resultierend
- keine Beziehung zwischen den einzelnen Beurteilungskriterien. Es sind zumindest die Forderung nach wirtschaftlicher Ausnutzung des Speicherplatzes und Geschwindigkeit in fixierbarem Ausmaß einander entgegengesetzt.

Die Einflußgrößen:
- Schnelligkeit der Programmerstellung und
- Testzeitminimierung, beides von Einfluß auf die Kostenoptimierung der gesamten integrierten Programmerstellung,

sind überhaupt nicht berücksichtigt.

Der *Futh*'sche Ansatz erscheint daher zur Beurteilung von Programmen, sowie deren Erstellung nach wirtschaftlichen Gesichtspunkten nicht geeignet.

Der analytische Kostenansatz

Neben dem vorwiegend technischen Ansatz der sich gleichwohl in Kosten transformieren läßt (welches Verfahren allerdings bislang an der Nicht-quantifizierung der funktionalen Abhängigkeit Laufzeit/Speicherplatzbelegung scheitert) und der wirtschaftlich unmittelbar nicht relevanten naiven ex-ante Betrachtung des *Futh*'schen Ansatzes, ist die Bewertung von Programmen mit Hilfe des kostenanalytischen Verfahrens in die wirtschaftliche Betrachtungssphäre anzuheben. Ausgangspunkt eines analytischen Kostenansatzes ist die Festlegung von Kosten und Kostengruppen, die in kausalem Zusammenhang mit der Programmierung stehen; dieser Ansatz, der sich auf die Programmerstellung aller Rangordnungen beziehen muß, zeigt die Entstehung der Kosten und damit deren Beeinflußbarkeit oder Unbeeinflußbarkeit auf; er stellt also in gleicher Weise Grundlagen für die wirtschaftliche Standardbestimmung und Plandatenvorgabe als Angaben zur Kontrolle im Rahmen eines dokumentären Kostenrechnungswesens zur Verfügung.

Für die Programmierung im weitesten Sinn ermittelten *Farr* und *Zagorski* folgende Kostengruppen [44, S. 170]:

- Operational requirements and design
- Program design and production
- Data processing equipment
- Programming personell
- Management procedures
- Development environment

Für die kostenanalytische Bewertung (die Bewertungskalküle und deren Anwendbarkeit können als bekannt vorausgesetzt werden) wurden ermittelt [44, S. 180]:

- Number of man months to design, code, and test the program
- Number of man months for other labour
- Number of programmers
- Number of other personnel
- Number of months of elapsed time
- Number of computer hours used
- Number of man months for travel
- Number of man months for evaluating program design changes
- Number of man months for implementing program design changes
- Number of computer hours for program design change
- Number of pages of documents for program design change
- Number of pages of internal working documents
- Number of pages of external documents for customer
- Number of man months for concurrence
- Number of delivered instructions (also listed as cost factor).

Möglichkeiten und Grenzen der Programmierleistungsbewertung

Geht man von dem Subjekt der Programmierung, dem Programmierer aus, erhebt sich die Frage der möglichen Leistungsmessung des individuellen Programmierereinsatzes [31, S. 36 ff.] Um bei der Bewertung der Erstellung von Gesamtprogrammen je Zeiteinheit und Personaleinheit (Einzelprogrammierer/Programmierteam) zu quantifizierbaren Größen zu gelangen, liegt als einziger Ansatz die Beurteilung der individuellen Programmierleistung nach Instruktionen des Programms pro Zeiteinheit vor. Diese Annahme scheint insbesondere im Vergleich mit den 21 Kostenbeeinflussungsfaktoren nach *Farr* und *Zagorski* als nicht zulässige Vereinfachung. Dies wird auch durch *Bemer* in Frage gestellt, der die tatsächlichen Programmerstellungskosten der Programmierstundenentlohnung gegenüberstellt [26].

Es ergibt sich somit die Frage, ob die Instruktionenleistung pro Zeiteinheit mit den Einflußfaktoren auf die Programmschwierigkeit so korreliert, daß die Instruktionsleistung selbst als aussagekräftige Größe für die Programmiererleistung genommen werden kann. Der Versuch wurde von *Farr* und *Zagorski* unternommen, die sich folgender Regressionsgleichungen bedienten [44, S.174]:

(1) $2{,}7x_1 + 121x_2 + 26x_3 + 12x_4 + 22x_5 - 497$

(2) $2{,}8x_6 + 1{,}3x_7 + 33x_3 - 17x_8 + 10x_9 + x_{10} - 188$

(3) $8{,}4x_{11} + 1{,}8x_{12} + 18{,}6x_5 + 9{,}7x_3 - 3{,}7x_{13} - 42$

Wobei gilt:

Variable x_i i	bedeutet:
1	Anzahl der Instruktionen in der ursprünglichen Schätzung

2	Angabe über die subjektive Einschätzung der Komplexität des Problems (Klasse 1–5)
3	Anzahl der Outputinformationseinheiten
4	Anzahl der Outputinformationseinheiten zur internen Verwendung
5	log(Anzahl der Basisdaten in Worten)
6	Anzahl der Instruktionen im erstellten Programm (in tausend)
7	Reisewege in Mannmeilen (in Tausend)
8	Erfahrung der Programmierer (in Jahren)
9	Anzahl der Ausgabeeinheiten (Konsolen)
10	In anderen Programmen noch nicht benutzte Instruktionen
11	Entscheidungsinstruktionen (in Tausend)
12	Nichtentscheidungsinstruktionen (in Tausend)
13	Programmiererfahrung mit den verwendeten EDV-Maschinen in Jahren

Farr und *Zagorski* ermittelten eine hohe Korrelation zwischen der Programmierschwierigkeit, ausgedrückt in Arbeitszeit für die Programmierung und der Zahl der Instruktionen in den erstellten Programmen. Somit ergibt sich die Möglichkeit im Programmierervergleich an denselben Problemen die Qualität der Programmierer quantifiziert an der Kennzahl Instruktion/Zeiteinheit, wobei Gültigkeit der Instruktionen vorausgesetzt wird, ohne vollständige Programmerstellung eindeutig festzustellen.

Die festgestellte Korelation ergibt folgendes Bild:

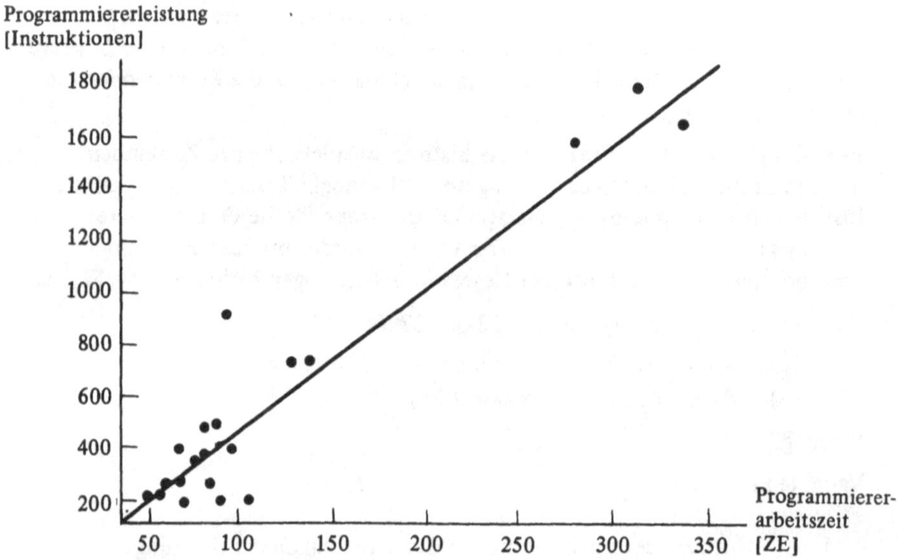

Andererseits erscheint auf Grund der Untersuchung auch die Bewertung der *Programme* als der Objekte der Programmierung auf Grund der Anzahl der Instruktionen zulässig. Dies gewinnt für wirtschaftliche Entscheidung dann Bedeutung, wenn entschieden werden soll, welche Kostenbelastung einer Problemlösung aus der Programmierung zugerechnet werden kann, da sowohl unternehmensintern als auch unternehmensextern (Programmerstellung durch unternehmensexternen Rechen/DV-Betrieb) die Instruktionsanzahl zu Recht als Grundlage der Verrechnungs-Preise angesehen werden kann. Auf die Möglichkeit von programmierersubjektiven Störgrößen bei Kostenermittlung von (zu) wenigen Programmen, die (zu) wenige Programmierer erstellt haben, sei verwiesen.

3.3.7.3 Ansätze zur Optimalgestaltung der Programmierung

Mehrheitlich wird in der Literatur, die sich auf Erkenntnisse aus der Praxis stützt, der Programmierbegriff im engsten Sinn gebraucht [111, S. 424]. Als Input des Systems „Programmieren im engsten Sinn" wird die „komplette Detaillösung eines Arbeitsganges" [32, S. 20], die von dem System „Programmieren höherer Ordnung" zur Verfügung gestellt wird, bezeichnet. Ausdrücklich sind sachliche Änderungen durch den Programmierer im engsten Sinn ausgeschlossen.

Das Verfahrensbündel des Systems „Programmieren im engsten Sinn" umfaßt im einzelnen:

- Logische Segmentierung (je nach Programmgröße)
- Laufende Erstellung eines Kommentars (Dokumentation *während* der Programmerstellung)
- Darstellung der Programmlogik in Grob- und Feinblockdiagramm
- Transformierung der logischen Lösung in die Formelsprache der EDV-Maschine
- Schreibtischtest (desk checking)
  - formaler Test auf Grammatik und Syntaxfehler
  - materieller Test mit einfachen Inputfällen
- Vorbereitung von Testinputfällen für EDV-Maschinen-Testlauf

Optimierungsansätze ergeben sich durch die weitgehende Bindung der Kodierer an vorgegebene Verfahren (= Programmierer-Programmierung) und deren endlicher Ersatz durch maschinelle Kodierung durch spezielle Programme, bzw. durch Erweiterung der Programmiersprachen.

Zur Zeitschätzung der Kodierarbeitsaufteilung nach einzelnen Verfahren gibt die Untersuchung von *Brandon* und *Kirch* folgende Werte an [31, S. 35]:

Verfahren	Verhältniszahl	Absolute Werte
Grobblock		
Einlesen und Verständnis des Kodierinputs (Problemdetaillösung)	0.5	1/2 – 1 Tag (6 Tage Maximum)
Analyse der Funktionen der Problemlösung	0.25	1/4 – 1 Tag
Logische Segmentierung Blockdiagrammerstellung	0.5	1/2 – 4 Tage
Eingabe/Ausgabe-Spezifikationen	0.25	1/4 Tag
Feinblock		
Feinblockdiagramm-erstellung	0.25	1/4 Tag pro Einheit (Segment) (1/4 – 10 Tage insges.)
Formaltestung	0.5	1/2 – 2 Tage

Globalansätze

Vermeidung der Selbstprogrammierung

Aus der Risikobehaftung des Programmierens unter Unsicherheiten wie Unsicherheit der optimalen Lösungsfindung, Unsicherheit der optimalen Programmierung in allen Stufen bietet sich wirtschaftlich die Risikoausschaltung durch Ausgliederung der Funktion aus der Unternehmenssphäre als Optimalgestaltungsstrategie an. Hierbei stehen als Varianten zur Auswahl:

- Verwendung von vorvollzogenen Programmierungen, d.h. von Musterlösungen. Dabei weichen in der Mehrzahl der Fälle die vorliegenden Musterlösungen von der konkret geforderten Lösung eines Problems im entscheidenden Unternehmen ab.

  Der Adaptationsprozeß kann erfolgen durch
  - Anpassung der Musterlösung an den speziellen Lösungsansatz (Programmadaptation; parametrische Problemlösungen)
  - Anpassung des Lösungsansatzes an vorhandene Musterlösungen (Rückwirkung auf System/Problemanalyse)
- Die Verwendung von Blocksprachen und den in ihnen enthaltenen vorvollzogenen Teilproblemlösungen.

Die Musterlösungen finden sich in den *Programmbibliotheken* von

- EDV-Maschinen-Herstellerunternehmen
- DV/Rechen-Unternehmen („Soft-ware-/DV-Beratungsunternehmen", die theoretisch Ausgliederungen der entsprechenden unternehmensinternen Abteilungen darstellen)
- DV/Rechen-Abteilungen der EDV-Maschinen-Verwenderunternehmen (auf die Möglichkeit der Wirtschaftlichkeitsoptimierung durch Problemlösungsweitergabe sei in diesem Zusammenhang hingewiesen)
- Forschungsunternehmen (insbesondere öffentliche).

Die Ausstattung kompletter Programmbibliotheken sei am Beispiel einer Programmbibliographie bezüglich anwendbarer NPT-Programme dargestellt.

Die Untersuchung durch den Verfasser hat eindeutig ergeben, daß die Anzahl der in der Unternehmenspraxis verwendeten Musterlösungen in aller Regel vernachlässigbar ist.

Bibliographie zu Programmen zur NPT (Auszug) [*88, S. 309 ff; 89, S. 410 ff.*]

Programmbezeichnung (nach EDV-Herstellerunternehmen und EDV-Maschinenmodellen	Programmziel	Programmiersprache
IBM 1620		
LESS (Scheduling Portion)	Krit. Weg + Jobtermine	SPS
Projektplanung und -überwachung LESS	Krit. Weg + Jobtermine	SPS
MISS LESS (Management of information Scheduling – a Segment of LESS)	Krit. Weg + Jobtermine	SPS
1620 PERT	Krit. Weg + Jobtermine	SPS
1620 PERT	Krit. Weg + Jobtermine	SPS
Critical Path Manpower	Jobtermine bei begrenzten Arbeiter- oder Maschinenkapazitäten	AUTOCODER
1410 PECOS	Kurve minimaler Projektkosten	FORTRAN II
IBM 704 A FORTRAN Program to implement the Critical Path Programming Method	Kurve minimaler Projektkosten	FORTRAN

Programmbezeichnung (nach EDV-Herstellerunternehmen und EDV-Maschinenmodellen)	Programmziel	Programmiersprache
Least Cost Estimating and Scheduling	Krit. Weg + Jobtermine	FORTRAN
Project Cost Curve Computation	Kurve minimaler Projektkosten	SAP
IBM 7070 ZPA Computer System Operations Engineering Department	Krit. Weg + Jobtermine Kalenderdaten	AUTOCODER
Taxis	Krit. Weg + Jobtermine Kalenderdaten	AUTOCODER
7070 PECOS	Kurve minimaler Projektkosten	FORTRAN II
IBM 7090 Oak Ridge Gaseous Diffusion Plant Central Data Processing	Krit. Weg + Jobtermine Angabe der während des Projekts benötigten Arbeitskräfte	––
PACT (Project Analysis and Control Technique)	Krit. Weg + Jobtermine	––
Resource Summary Program (RSP)	Krit. Weg + Angabe der während des Projekts erforderlichen Arbeitskräfte	––
7090 PERT Cost Program	Krit. Weg + Kostenkontrolle des Projekts. Vergleich des Budgets mit IST-Kosten. Kostenprognosen. Kontrolle der verfügbaren Arbeitskräftezahl	IBSIS-FAP
NWL 7090 PERT Program	Krit. Weg + Jobtermine	––
ASD-PERT (Aeronautical Systems Division)	Jobzeiten, Balkendiagramme	––
The Projekt Planning System	Krit. Weg + Jobtermine (auch bei begrenzten Arbeiter- und Maschinenkapazitäten) Balkendiagramm	FORTRAN

Programmbezeichnung (nach EDV-Herstellerunternehmen und EDV-Maschinenmodellen)	Programmziel	Programmiersprache
8000 Critical Path and Manscheduling	Krit. Weg bei begrenzten Arbeiter- und Maschinenkapazitäten	FORTRAN
Man Scheduling Program	Jobtermine bei begrenzten Arbeiter- oder Maschinenkapazitäten	SPS
Critical Path and Man Scheduling	Jobtermine bei begrenzten Arbeiter- und Maschinenkapazitäten	FORTRAN
Man Power Requirements Smoothing for Critical Path Projects	Jobtermine + Minimierung der Fluktuationen im Arbeitskräftebestand	FORTRAN II
PECOS Project Evaluation and Cost Optimisation System	Kurve minimaler Projektkosten	FORTRAN II
The Folkerson Algorithm for Optimal Cost Curves	Kurve minimaler Projektkosten	SPS
IBM 1401		
1401 LESS	Krit. Weg + Jobtermine	SPS
Critical Path 1401	Krit. Weg + Jobtermine	SPS
LESS	Krit. Weg + Jobtermine	SPS
Basic Critical Path Scheduler	Krit. Weg + Jobtermine	––
A One Hundred Thousand Node LESS Program	Krit. Weg + Jobtermine	––
Critical Path Scheduling Program with Arbitrary Node Numbering	Krit. Weg + Jobtermine	SPS
1401 PERT	Krit. Weg + Jobtermine	AUTOCODER
PERT Networks	Krit. Weg + Jobtermine	––
IBM 1410		
1410 PERT	Krit. Weg + Jobtermine	AUTOCODER

Ansatz als Lineares Programm

Unterstellt man auf Grund der Kernspeicherkapazitätsreserve und der möglichen Überlappungstechniken den theoretisch unbeschränkten Kernspeicher durch die Verfahren Overlapping, Partialladung, Modulaufbau von Programmen etc., so kann die Zielfunktion der Programmierung in Bezug auf die EDV-Maschinen wie folgt gefunden werden: die Gesamtlaufzeit eines Programmes soll ein Minimum werden.

$$T_{tot} \Rightarrow \text{Min}$$

Neben den Konstanten, die für die ZRE charakteristisch aber problemlösungsindifferent sind (Operationssteuerung, Operationsexekutionsgeschwindigkeiten) bleiben folgende potentielle oder aktuelle Engpässe als Restriktionen bestehen, sodaß der theoretische Ansatz als LP möglich erscheint:

R_1 .... Kapazität des Kernspeichers (ohne Überlappung)
R_2 .... Anzahl der Übertragungskanäle getrennt nach schnellen und langsamen I/O-Aggregaten
R_3 .... Kapazität (Übertragungsgeschwindigkeit) der Übertragungskanäle
R_4 .... Anzahl der Externen On-line-Speichereinheiten
R_5 .... Kapazität und mittlere Zugriffszeit der Externen On-line-Speicher
R_6 .... Anzahl und Geschwindigkeit der I/O-Aggregate

Ansatz als Netzwerk

Das Prozeßbündel „Programmieren" und seine Eigenschaft als Folge von einander bedingenden Aktivitäten machen den bei Parallelprogrammierung von mehreren Problemen wirtschaftlich besonders sinnvollen Ansatz als Netzwerk möglich. Der Ansatz ist trivial und wurde weiter oben am Beispiel der System/Problemanalyse dargestellt.

Partialansätze

Optimalgestaltungsbeitrag durch optimale Programmiersprachenauswahl

Siehe oben: Beitrag der höheren Programmiersprachen zur Optimalgestaltung des Einsatzes von EDV-Maschinen.

Optimalgestaltungsbeitrag durch Berücksichtigung der Exekutionszeiten von Instruktionen

Werden zur Programmierung niedere Programmiersprachen herangezogen, ergibt sich Hard-ware/Soft-ware-Abhängigkeit: die Relevanz der für ein konkretes Problem herangezogenen Instruktionen aus dem Instruktionsvorrat der EDV-Maschine. Dieses Problem kann nur dann unberücksichtigt bleiben, wenn ausschließlich *eine* problemadäquate Instruktion zur Verfügung steht. Dies ist in der Regel jedoch erst bei höheren Programmiersprachen der Fall. So kann z.B.

in der Programmiersprache *FORTRAN* die Multiplikation eines Feldes mit dem Wert „2" nur durch die Instruktionsfolge:

A = A · 2.

erfolgen.

Bei Verwendung von niederen Programmiersprachen stellt die Entscheidung, in welchem Format multipliziert werden soll, eine wesentliche Zeitfrage, und damit letztlich *wirtschaftliche* und *nicht* programmiertechnische Frage, dar; dies soll an einem Beispiel demonstriert werden:

Verfahren I (Multiplizieren in Registern)

Instruktion	Zeit (in μs)	Index
Laden (Feld 1)	32	
Laden (Feld 2)	32	
Multiplizieren (in Registern)	304	
Storen (des Ergebnisses)	32	
Gesamtzeit	400	100%
(unabhängig von der Feldgröße, bis zur größten darstellbaren Zahl)		

Verfahren II (Multiplizieren von Feldern in ungepacktem Format)

Instruktion	Zeit (in μs)	Index
Packen (Feld 1)	$41+3\,(N_1+N_2)$	
Packen (Feld 2)	$41+3\,(N_1+N_2)$	
Multiplizieren im gepackten Format	$45+54\,N_1-54N_2 + 28N_2(N_1-N_2)$	
Entpacken (d. Ergebn.)	$41+3\,(N_1+N_2)$	
Summe (N_1 . . . 4 B N_2 . . . 2 B)	434	108%

Im Folgenden seien beispielsweise die Zeiten von Standardoperationen (in ihrer Abhängigkeit von der Anlagenkonfiguration angegeben) [116]:

AP-ADD Decimal

Model	Zeit
30	$60+5\,N_1$
40	$29.35+3.75\,N_1$
50	$12.8+2.4\,N_1$
60	$5.28+.66\,N_1+.25N_2$
62	$4.15+.50\,N_1+.13N_2$
70	$4.20+.35\,N_1+.05N_2$

XC-Exclusive OR

Model	Zeit
30	$43+5\,N$
40	$16.25+3.13\,N$
50	$12.33+1.63\,N$
60	$5.25+.91\,N$
62	$3.40+.66\,N$
70	$3.6+.4\,N$

NC-AND

Model	Zeit
30	43 + 5 N
40	16.25 + 3.13 N
50	12.33 + 1.63 N
60	5.25 + .91 N
62	3.40 + .66 N
70	3.60 + .40 N

CP-Compare Decimal

Model	Zeit
30	60 + 5 M
40	25.0 + 2.5 M
50	$14.62 + .37\,N_1 + 1.25M + .50D$
60	$5.44 + .25(N_1+N_2+M)$
62	$4.12 + .125(N_1+N_2+2M)$
70	$4.00 + .20M + .15N_1 + .05N_2$

CLC-Compare Logical

Model	Zeit
30	43 + 5 B
40	15.63 + 2.81 B
50	10.25 + 1.0 B
60	5.4 + .75 B
62	3.56 +.50 B
70	4.2 + .40B

MVC-Move Characters

Model	Zeit
30	40 + 4 N
40	16.25 + 2.5 N
50	11.33 + 1.13 N
60	5.53 + .85 N
62	3.81 + .47 N
70 (Bytes)	4.00 + .40 N

MVN-Move Numerics

Model	Zeit
30	40 + 5 N
40	15.63 + 3.75 N
50	12.33 + 1.63 N
60	5.25 + .91 N
62	3.40 + .66 N
70	3.60 + .40 N

MVO-Move with Offset

Model	Zeit
30	$41 + 3(N_1+N_2)$
40	$19.37 + 3.13N_1 + 5.0N_2$
50	$11.25 + 1.38N_1 + .63N_2$
60	$5.5 + .63N_1 + .28N_2$
62	$3.56 + .59N_1 + .16N_2$
70	$3.85 + .30N_1 + .05N_2$

Optimalgestaltungsbeitrag durch spezielle Kodiertechniken

- In niederen Programmiersprachen (Erweiterter Assembler – mit MACRO-Strukturen):
- Möglichkeit der Verwendung der Herstellerfirmen-eigenen MACRO-Programmbibliothek
- Möglichkeit der Erstellung von eigenen problemadäquaten MACROS

  – Vorteil: Musterlösungen für Teilprobleme und oft wiederkehrende Operationsfolgen, einmaliger Programmieraufwand bei MACRO-Erstellung, Programmierunabhängig kann zeit- und speicheroptimaler Ansatz gefunden werden; Verminderung der Programmier-(Loch-, Prüf-, Test-)fehlermöglichkeit.
- Eindimensionale MACRO-Anwendung

  Nur ein MACRO wird im Programmfluß eingesetzt – die repräsentierende MACRO-Instruktion wird beim Umwandeln durch die vordefinierte Operationskette ersetzt.

- ○ Mehrdimensionale MACRO-Anwendung (MACRO-NESTING)
  In den Programmfluß werden MACROS eingesetzt, die selber wieder MACROS aufrufen. Fortgesetzte baukastenmäßige Zusammensetzung von vordefinierten Programmketten bzw. -schritten.
  – Vorteile: Wie bei eindimensionaler MACRO-Verwendung, jedoch auch auf MACRO-Erstellung ausgedehnt.
- ○ In Assembler-erweiterten Assembler und in höheren Programmiersprachen (Programmiersprachen-unabhängig):
- ○ Rekursive Definitionen
  Definition aus sich selbst, Aufrufen der Programmkette, in der sich die Exekution zur Zeit befindet (Schleife)
  – explizite Schleifenbildung (programmsprachenunabhängig)
  – implizite Schleifenbildung (FORTRAN, Assembler 360, COBOL, PL I).
  Vorteile: Gleichartige Prozeduren, bei denen sich Werte ändern (Indizes, Suchargumente, Faktoren, etc.), werden durch *eine* definierte Prozedur ausgeführt.
- ○ Tabellenverarbeitung (List Processing)

Optimalgestaltungsbeitrag durch Wahl der Externen On-line-Speicher

Durch die unterschiedlichen
– Speicherkapazitäten und
– mittleren Zugriffszeiten

der Externen On-line-Speicher ergibt sich durch die optimal angepaßte Übereinstimmung von Dateien- und On-line-Speichern eine entscheidende Beeinflußbarkeit der Gesamtverarbeitungszeit. Als Entscheidungskriterien sind heranzuziehen:

– Maximale Größe der Gesamtdatei

– Diagramm der Häufigkeit der Bewegung (Möglichkeit der Teilbarkeit einer Datei nach Häufigkeit der Bewegung und differenzierte Speicherzuteilung)

Da sich Speicherkapazität und mittlere Zugriffszeit direkt proportional verhalten, kann als Entscheidungsmaxime verbal formuliert werden:

> Es ist derjenige kleinste Externe On-line-Speicher auszuwählen, der zur Aufnahme des Gesamtbestandes oder des bis zu einer bestimmten Grenze der Häufigkeit der Bewegung geteilten Standes geeignet ist.

und die problemabhängige optimale Verarbeitungsart

– Sequentiell (z.B. Magnetbänder)
– Direct Access (z.B. Platten, Trommel)
– Indexed-Sequential

ermöglicht.

Optimalgestaltungsbeitrag durch optimale Sicherung des Programmablaufes
[Vgl. 58, 1. Blatt; 69, S. 5 ff.]

Durch die Möglichkeit ($w \neq 0$) des Auftretens von „Zusammenbrüchen" von EDV-Maschinen während der Programmläufe, etwa durch Bedienungsfehler, Maschinenfehler, Energieausfall, I/O-Fehler etc. wird die Wiederaufnahme bereits teilweise abgelaufener Programm notwendig. Grundsätzlich besteht die Möglichkeit des Wiederansatzes des gesamten Programmes durch Restart bei Programmladen oder bei den Eingangspunkten des Programmes. Die Wiederaufnahme an anderen Punkten, an Punkten des Programmes, die zum Zusammenbruchszeitpunkt bereits passiert sind, ist mit Hilfe der Checkpoint-Technik möglich. Die Aufnahme eines solchen Checkpoints, an denen durch Soft-ware-Einrichtungen die Wiederaufnahme nach einem Zusammenbruch möglich ist, erfordert die Zeit T_c. Die Zusammenhänge zwischen Restartzeit, Checkpointaufnahmezeit und gewonnener, bzw. verlorener Verarbeitungszeit stellt *Baucke* wie folgt dar [112, S. 665]:

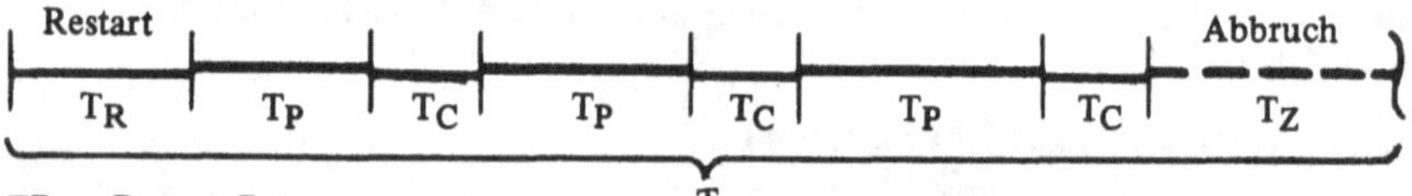

TR Restart-Zeit
TP Verarbeitungszeit
TC Aufnahmezeit für einen Checkpoint
TZ Zeit zwischen letztem Checkpoint und Programmzusammenbruch

—— Gewonnene Verarbeitungszeit
- - - Verlorene Verarbeitungszeit
—— Aufgewendete Checkpoint-Restart-Zeit

Die Anwendung der Checkpoint-Technik erscheint dann und nur dann sinnvoll, wenn die Zeit des Gesamtablaufes größer als die Zeit des mittleren ungestörten Laufes plus der Restartzeit ist.

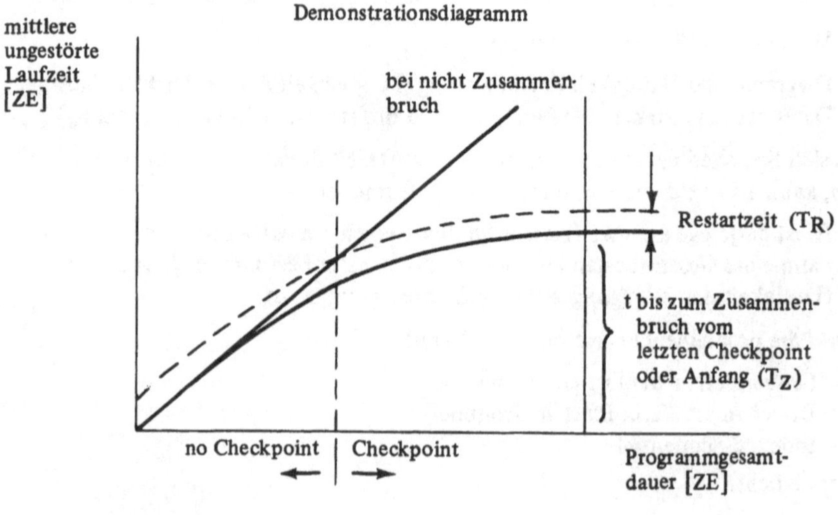

Optimalgestaltungsbeitrag durch Standardisierung

In Untersuchungen durch den Verfasser wurde in der Praxis ein starkes Übergewicht der nichtmathematischen Optimalgestaltungsverfahren im Bereich der Programmierung festgestellt. Die Eignung *der Standardisierungsverfahren* für nicht oder noch nicht algorithmierbare Verfahren scheint daher durch die Unternehmenswirklichkeit unterstrichen. Ähnlich einem Algorithmus zielt auch das Standardisierungsverfahren ab auf:

- „a uniform product
- efficient scheduling
- performance evaluation
- interchangeability" [32, S. 21]

Eine Rahmenfestlegung durch Standardisierung kann daher als Algorithmierung niederer Ordnung, bzw. als materielle Algorithmierung verstanden werden.

Standardisierung des Programmieransatzpunktes

Die Vorgabe eines Katalogs von Fragen, deren Beantwortung und Einhaltung der Reihenfolge zwingend vorgeschrieben wird, geht von dem empirisch festgestellten Satz
„programmers are prone to build without plan" [26, S. 157] aus. Zur Initiierung der Lösung der vierfachen Aufgabenstellung dient die formale, logische Fixierung des Programmieransatzpunktes durch folgenden Fragenkatalog:

- Absicht/Ziel der zu programmierenden Programmteile/Abschnitte, etc.
- Art und Formate der Eingabedaten
- Art und Formate der Ausgabedaten
- Notwendige Verknüpfungsoperationen, die vom gegebenen Input zum gewünschten Output führen
- Welche EDV-Maschineninterne Instrumente stehen zur Verfügung (verfügbare Kern-, Externe-On-line-Speicherkapazität, Dienstprogramme, vorhandene Unterprogramme.
- Beschränkungen hinsichtlich der Verarbeitungszeit und der Einbindung in andere (gleichwertige oder höhere) Programme [26, S. 158]

Insbesondere der letzte Punkt des Aufgabenkatalogs führt zu einem der wesentlichen Ansatzpunkte der Optimalgestaltung durch Standardisierung: Die Ausschaltung von Reibungsverlusten, Mehrfacharbeitsübernahme bei Teamarbeit. Der Prozeß der sinnvollen Standardisierung selbst hat sich nach Maximen der optimalen Arbeitsaufteilung, Arbeitsfestlegung und Arbeitskontrolle zu richten. Ein Arbeitsaufteilungs- und Standardisierungsprozeß kann daher folgende Teilaktivitäten umfassen:

- Zusammenstellen aller Aufgaben und Teilaufgaben, die zu lösen sind
- Gruppen- und Subgruppenbildung nach logischer Zusammengehörigkeit

- Festlegung der logischen Beziehungen und Abhängigkeiten zwischen Gruppen und Subgruppen
- Festlegung der zeitlichen Abhängigkeit zwischen Gruppen und Subgruppen
- Entwicklung eines Gesamtablauf- und -zeitplanes
- Festlegung von Standards zur Leistungsmessung (Bestimmung der quantitativen und qualitativen Kontrolle) [31, S. 35]

Standardisierung durch Vorgabe der Einzelaktivitäten

Ähnlich dem Fragenkatalog kann der Optimalgestaltungsbeitrag durch Festlegung der Einzelaktivitäten erfolgen. Dies entspricht einer „Formalprogrammierung" der Programmierer und ist auf die Programmierungsbegriffe aller Ordnungen anwendbar; er führt nicht zu materiell voraussagbaren, aber formell bestimmten Outputs.

Die Festlegung kann grundsätzlich durch

- Aufstellen eines *Aktivitätenkatalogs*
- durch die Bindung der Programmierer mit Hilfe von *Arbeitsformularen* oder durch das
- Aufstellen eines *Regelkatalogs* erfolgen.

Beispiel für einen Aktivitätenkatalog

- „Read the job specification manual
- Review the program functions
- Analyze the program flowchart
- Develop a macro-block diagram
- Assign block letters to distinct segments
- Develop micro-block diagrams for each of the segments
- Review the macro- and micro-block diagrams
- Translate the program logic into symbolic language
- Develop coding for the item layouts
- Add the necessary standard subroutines
- Inspect the translation
- After key-punching and necessary checking, validate the preliminary listing
- Prepare the required test data
- Assemble the program
- Test the program
- Perform a production test with data supplied by the analyst
- Assist in performance of a systems test
- Prepare the program documentation
- Assist in conversion
- Update the block diagrams to include all corrections
- Turn the program over to operations" [31, S. 35]

Beispiel für Bindung durch Formulare [111, S. 423]

PROGRAMM KONTROLLBLATT	NEUERSTELLUNG X C	PROGRAMM NR. 839	ÄNDERUNG	BLATT NR.1
PROG. Bez. GST-STATISTIK	AUFTRAGS NR.	ARBEITS GEBIET 811 ARBEITS GANG 010	ANALYSATOR ARTMANN	DATUM 15.7.68
PROGRAMMIERER WEINMÜLLER	TERMIN 1.9.68	GEPL. ZEIT	ENT.ZEIT	ERSETZT

NR.		VORGEHEN	geplant	effekt.	DATUM Vis.	VISUM Visum durch
1		Detaillösung bereinigt zwischen C und A		22.7.	Zi	C
2		Detaillösung zwischen C und P besprochen		23.7.	Wan	P
3		Grobblockdiagramm zwischen C und P besprochen		24.7.	Zi	C
4		Programmkarten gelocht und kontrolliert		19.8.	Wan	P
5		JOB–CONTR. CARDS erstellt von C		19.8.	Wan	A/C
6		Vorbereitung für 1. Test mit C und A		20.8.	Wan	P
7	1					C/P
	2	2 UMWANDLUNGEN				C/P
	3	2 TESTS		26.8.	Wan	C/P
	4					
8		Probespiel aus Feintest kontrolliert		27.8.		A/F
9		Bereinigung der Programm-Unterlagen		28.8.	Wan	P
10		Übergabe des Programmes an C		28.8.	Zi	C
11		Vorbereitung für ersten Arbeitslauf von C (JOB, CONTR. CARDS D.S)		28.8.	Zi	C
12		Ablauf erstmals durchgeführt u. geprüft				A/F/D
13		Programm katalogisiert und an M übergeben				C/M
14		Bemerkungen	A-Analys. P-Programm	C-Chefp. F-Fachabteilung	M-Chef.Machin.	

Beispiel für einen Regelkatalog

An Stelle oder neben den formalen Bindungen durch Aktivitätenkatalog oder Formulare kann eine Bindung durch Festlegen von nachweisbar zu befolgenden Regeln bei Programmierungsproblemen, die oftmals wiederkehren, erfolgen; dies stellt einen Übergang von der ausschließlich formalen zur materiellen Bindung dar. Der vorliegende Programmierregelkatalog orientiert sich an häufig auftretenden logischen Fehlern:

(1) „Never use a part of an instruction as a constant. This creates confusion and may cause errors if program changes are required.

(2) In establishing a lopp always reset the loop at the beginning not at the end.

(3) Never assume that memory has been cleared (set to blanks or zeroes) at the beginning of the program. Always clear the necessary areas during initialization.

(4) Always set counters and switches to their initial conditions during the housekeeping operation.

(5) When reading input created externally to the computer, always check the validity of the information

(6) Never use address adjustment to refer to instructions. Always use a label." [32, S. 27]

Optimalgestaltungsbeitrag durch Verwendung von Darstellungs- und Denkhilfen

Neben den allgemeinen Regeln werden auch ohne direkte Formularisierungen in Weiterverfolgung der Standardisierungstendenz Arbeitsregeln detailliert aufgestellt. Sie beziehen sich auf die Erstellung von gleichförmig bzw. vergleichbaren, austauschbaren Arbeitsbehelfen, d.h. auf das Erstellen von Blockdiagrammen und auf die Verwendung von Entscheidungstabellen.

Blockdiagramme

Block- oder Flußdiagramme
„sind Rechenpläne, bei denen die Reihenfolge der einzelnen Rechenoperationen durch Verbindungslinien und andere Hilfsmittel angegeben wird." [30, S. 1355]

Sie geben also verzweigte oder unverzweigte Aktivitätsreihen wieder, die von einem bestimmten Startpunkt aus einen bestimmten END-Punkt anlaufen. Sie sind graphischer Niederschlag der logischen Verbindungen eines Algorithmus, der nicht nur Problemen des numerischen Rechnens vorbehalten bleibt.

Beispiel für ein Blockdiagramm zur Lösung quadratischer Gleichungen nach *Bottenbruch* [30, S. 1355]:

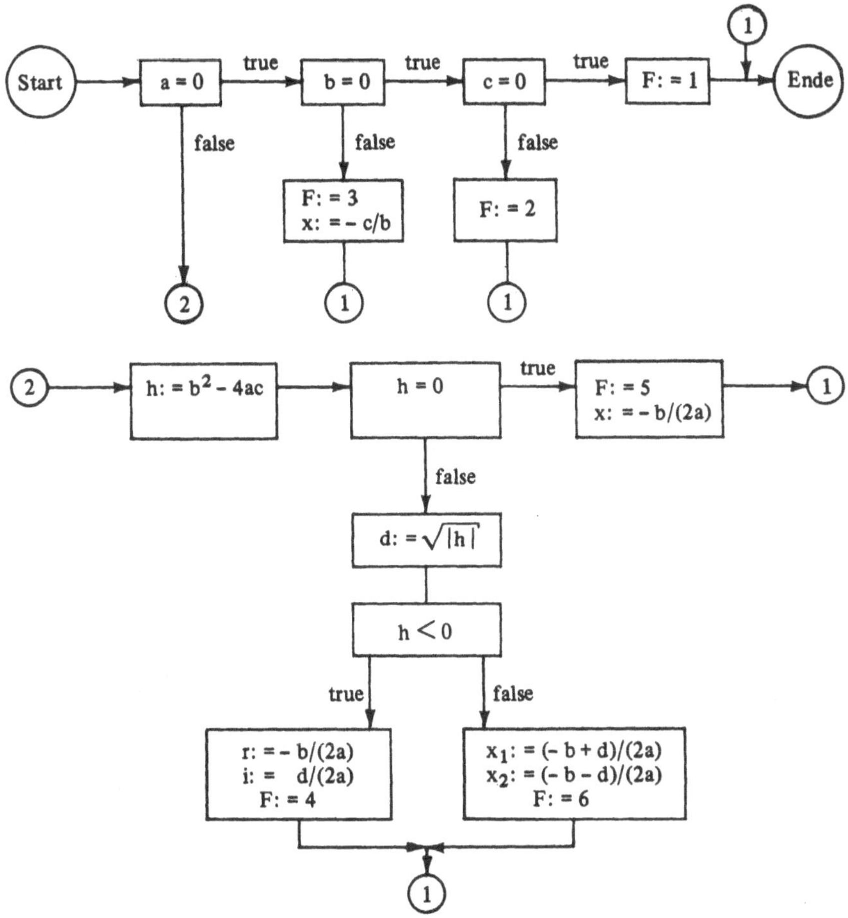

Wegen des Mangels einer einheitlichen Definition der Symbolik und des Erstellens von Block/Flußdiagrammen ist die Festlegung der Blockdiagrammerstellungsregeln ein besonderes Erfordernis der Standardisierung.

Ohne auf die Einzelheiten der graphischen Erstellung von Blockdiagrammen, Formatregeln, Regeln zur Zeichenverwendung, Kodierregeln, Abkürzungsverwendungsregeln, Regeln für Speicherorganisationen etc., von denen jede einzelne Vorschrift einen bestimmten Standardisierungsbeitrag leistet, eingehen zu können, sei auf eine stufenmäßige Trennung hingewiesen:

– *Grobblockdiagramme*
  zeigen den logischen Gesamtzusammenhang eines Programmes/Programmteiles in übersichtlicher Form unter Weglassung exekutivorientierter Details und in

Beispiel für ein Grobblockdiagramm [32, S. 20]

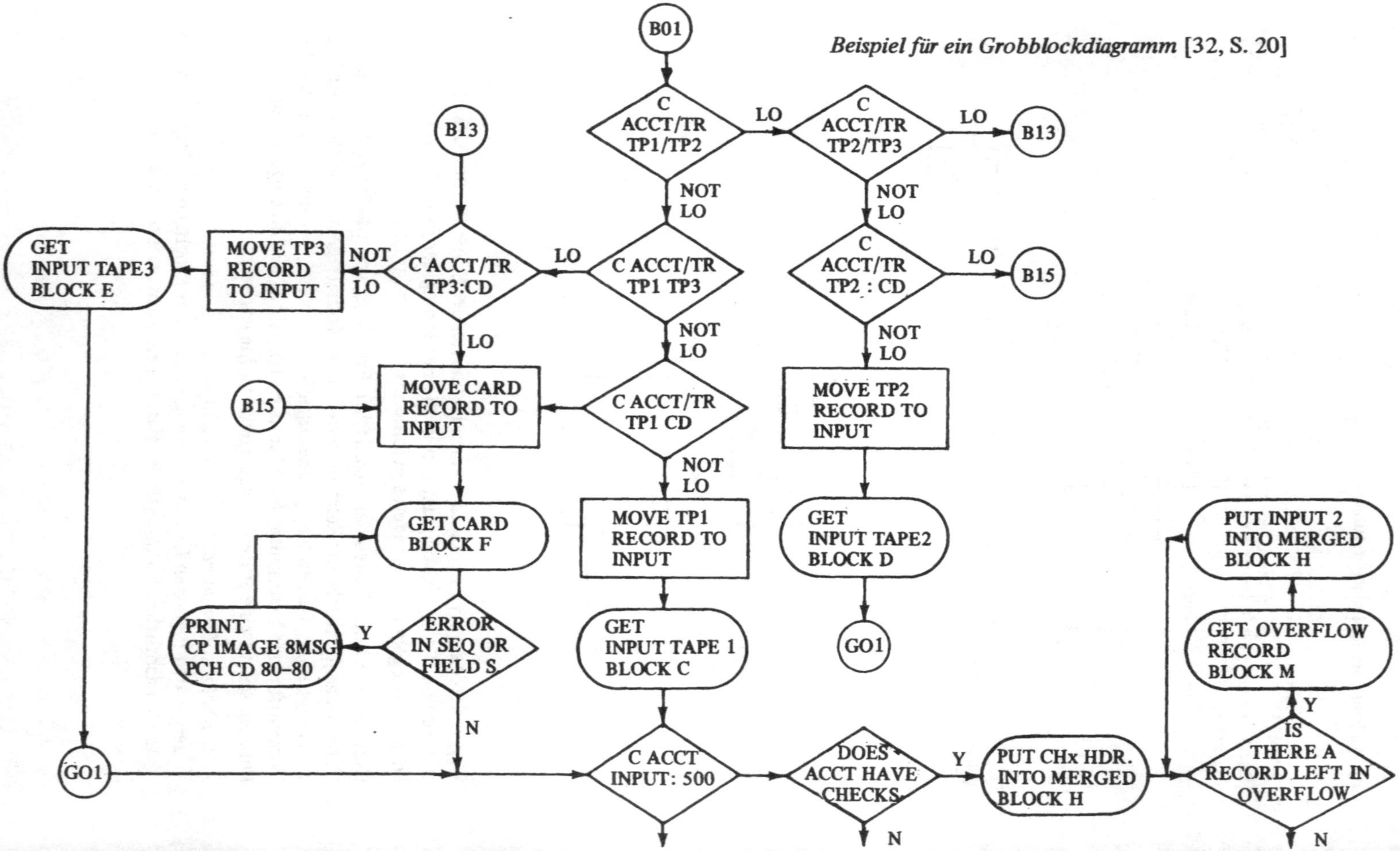

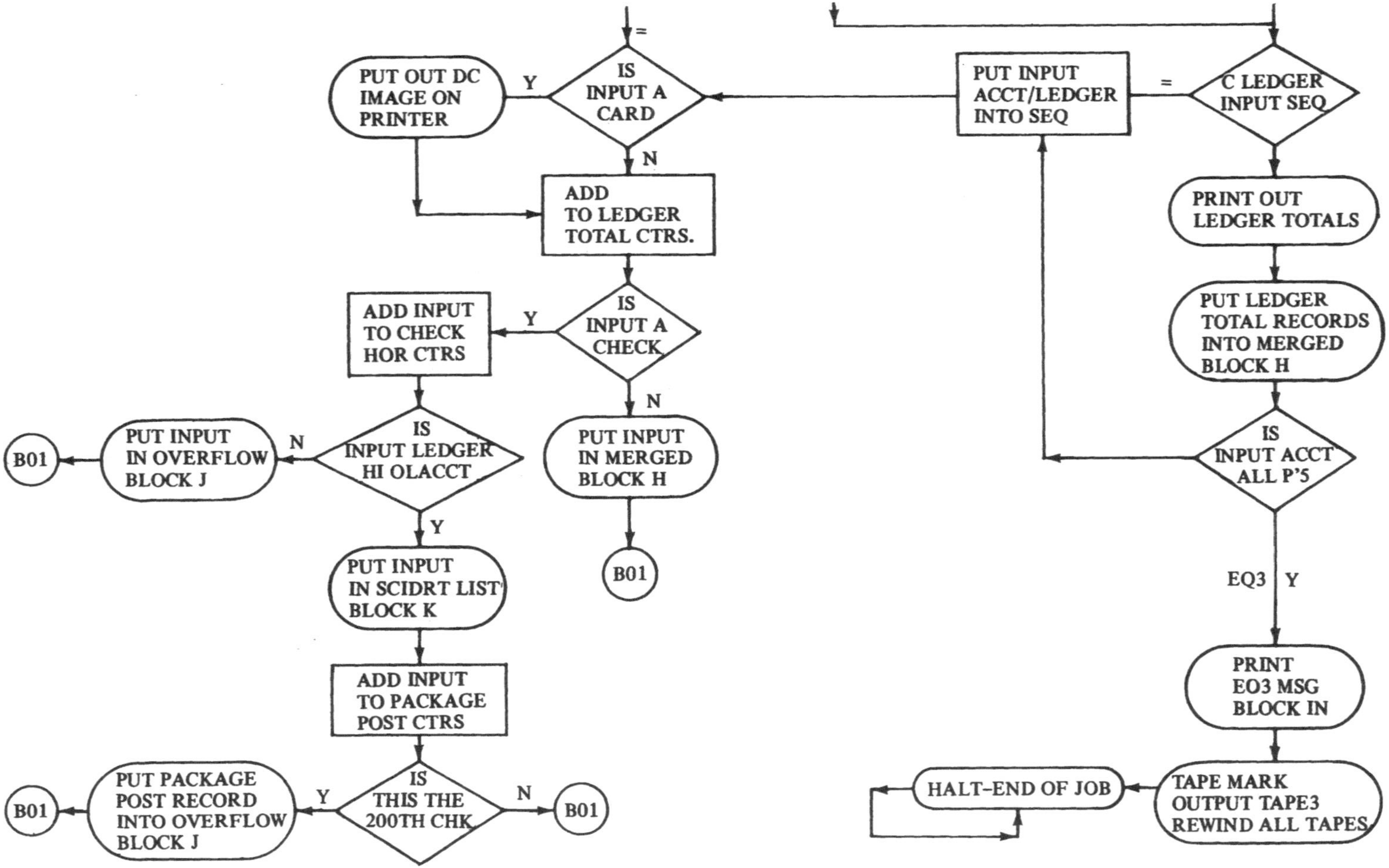

=
IS INPUT A CARD
Y
PUT OUT DC IMAGE ON PRINTER
N
ADD TO LEDGER TOTAL CTRS.
IS INPUT A CHECK
Y
ADD INPUT TO CHECK HOR CTRS
N
PUT INPUT IN MERGED BLOCK H
B01
IS INPUT LEDGER HI OLACCT
N
PUT INPUT IN OVERFLOW BLOCK J
B01
Y
PUT INPUT IN SCIDRT LIST BLOCK K
ADD INPUT TO PACKAGE POST CTRS
IS THIS THE 200TH CHK
Y
PUT PACKAGE POST RECORD INTO OVERFLOW BLOCK J
B01
N
B01
PUT INPUT ACCT/LEDGER INTO SEQ
=
C LEDGER INPUT SEQ
PRINT OUT LEDGER TOTALS
PUT LEDGER TOTAL RECORDS INTO MERGED BLOCK H
IS INPUT ACCT ALL P'5
EQ3
Y
PRINT EO3 MSG BLOCK IN
TAPE MARK OUTPUT TAPE3 REWIND ALL TAPES
HALT–END OF JOB

Beispiel für ein Feinblockdiagramm [32, S. 21]

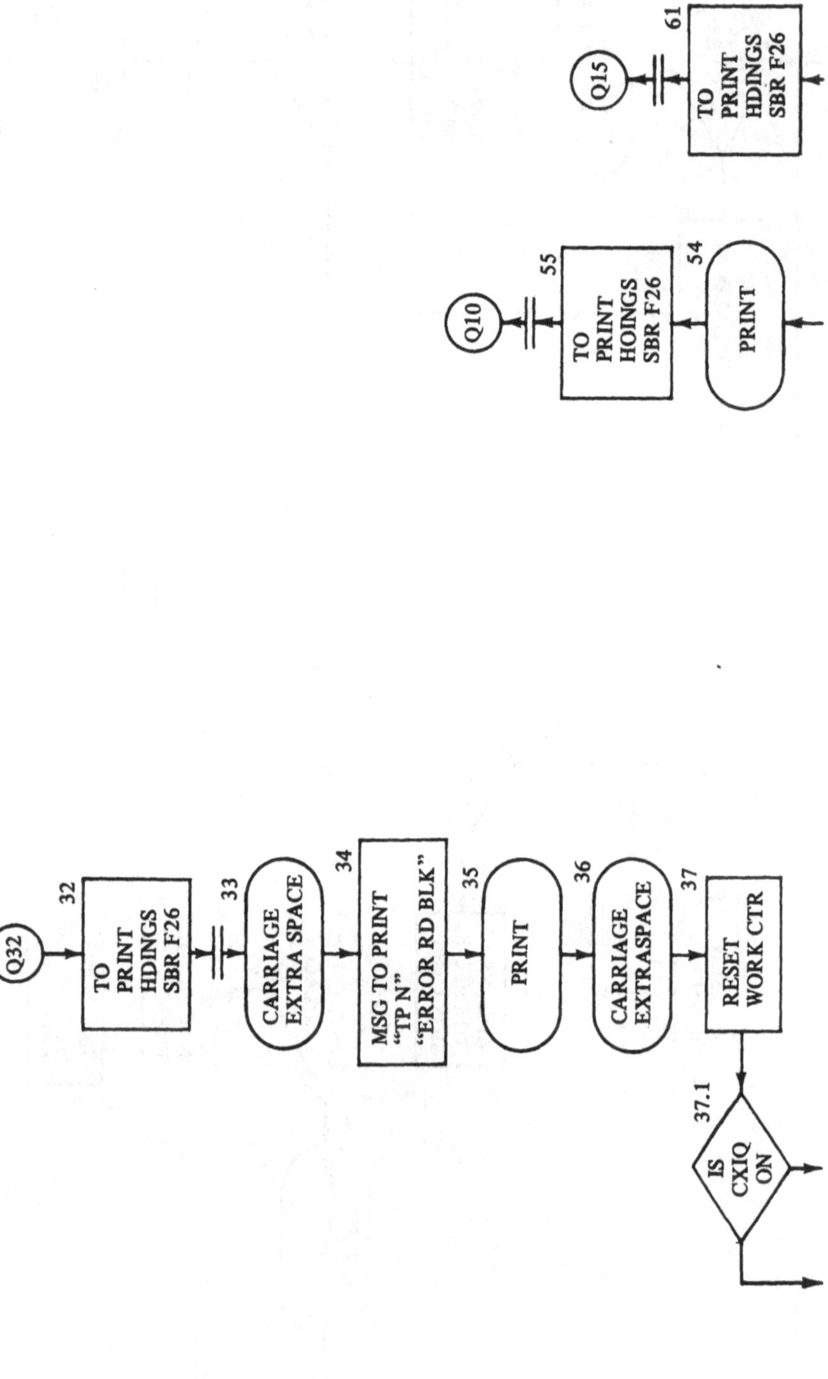

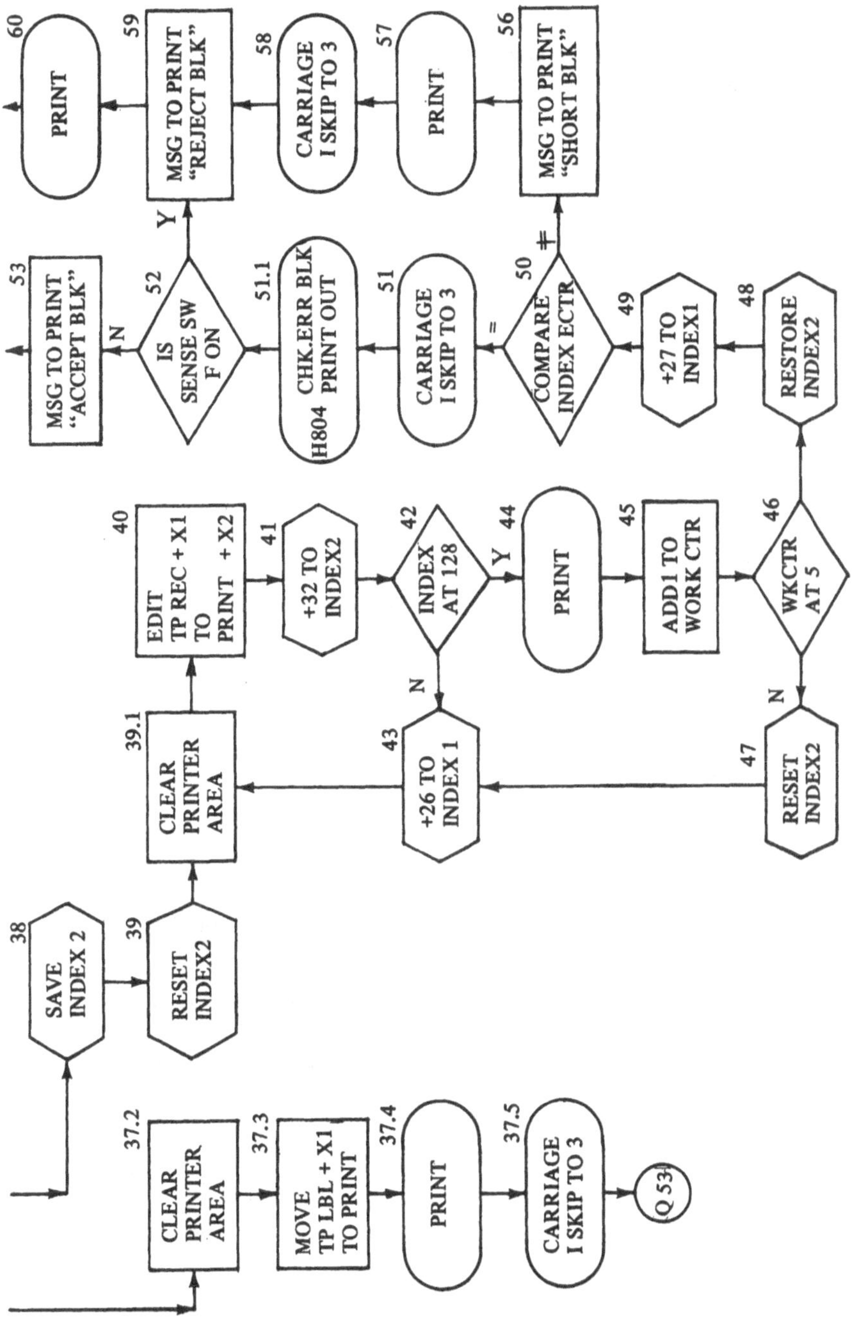

PRINT
MSG TO PRINT "REJECT BLK"
CARRIAGE I SKIP TO 3
PRINT
MSG TO PRINT "SHORT BLK"
MSG TO PRINT "ACCEPT BLK"
IS SENSE SW F ON
H804 CHK.ERR BLK PRINT OUT
CARRIAGE I SKIP TO 3
COMPARE INDEX ECTR
+27 TO INDEX1
RESTORE INDEX2
EDIT TP REC + X1 TO PRINT + X2
+32 TO INDEX2
INDEX AT 128
PRINT
ADD1 TO WORK CTR
WKCTR AT 5
CLEAR PRINTER AREA
+26 TO INDEX 1
RESET INDEX2
SAVE INDEX 2
RESET INDEX2
CLEAR PRINTER AREA
MOVE TP LBL + X1 TO PRINT
PRINT
CARRIAGE I SKIP TO 3
Q 53

– *Feinblockdiagramme*
  zeigen logische Zusammenhänge eines Programmes/Programmteiles unter Aufnahme aller einzelnen Programmschritte, die grundsätzlich den einzelnen Maschineninstruktionen und/oder Maschinenfunktionen (fixierte Instruktionsfolgen) entsprechen.

Die Trennung in Grob- und Feinblockdiagramme entspringt dem Bedürfnis nach Nachvollziehung der logischen Überlegungen einerseits, der übersichtlichen Kontrolle der Kodierlisten andererseits; die Trennung verliert mit dem Verwenden von höheren Programmiersprachen wesentlich an Bedeutung.

Entscheidungstabellen

Ein weiteres Hilfsmittel, das über die Verwendung formaler Festlegungen insofern hinausgeht, als es ex-ante einen Beitrag zur Fehlerminimierung leistet, ist die Verwendung von Entscheidungstabellen. Sie dienen der Einordnung von Inputfällen in verzweigte Programme und steigern ihren Optimalgestaltungsbeitrag proportional mit der Zahl der Inputvarianten.

Entscheidungstabellen umfassen:

– Bedingungen: deren Erfüllung/Nichterfüllung allein oder in Kombination der „decision" dient

– Aktionen: die effektuiert werden, abhängig vom Eintreten/Nichteintreten von bestimmten Bedingungen/Bedingungskombinationen

– Regeln: die die Abhängigkeiten von Bedingungen und Aktionen festlegen.

Ein einfaches Beispiel der Auszahlungsfreigabe in einem Programm für Scheckauszahlungsprüfung veranschaulicht die Wirkungsweise [40, S. 19 ff.]:

Entscheidungstabelle	Rule1	Rule2	Rule3
Credit OK	Y	N	N
Pay Experience „Favorable"	–	Y	N
Approve Order	X	X	–
Return to Sales	–	–	X

Zugehöriger Ausschnitt aus dem Blockdiagramm:

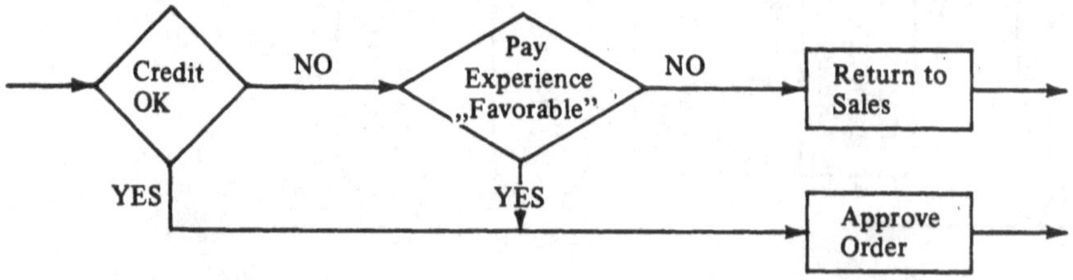

Scheint am vorliegenden einfachen Beispiel die Funktion der Entscheidungstabelle durch das Blockdiagramm nicht nur erfüllt, sondern nachgerade übersichtlicher und daher zum Ausschalten logischer Fehler besser geeignet, so zeigt die nachfolgende Zusammenstellung nach *Dixon* eindeutig den möglichen Optimalgestaltungsbeitrag der Verwendung von Entscheidungstabellen in verzweigten Programmen mit einer großen Anzahl von Inputvarianten:

	Rule1	Rule2	Rule3	Rule4	Rule5	Rule6	x
Stock Nr.A eq. Stock Nr. C	Y	Y	Y	Y	N	N	–
Stock Nr.A lr. Stock Nr. C	–	–	–	–	Y	N	–
Stock Nr.A gr. Stock Nr. C	–	–	–	–	–	Y	–
Change-Code eq. „Rec"	N	N	Y	Y	–	–	–
Change-Code eq. „Ship"	Y	Y	–	N	–	–	–
Change-Code et. „Adjust"	–	–	–	Y	–	–	–
Change-Code eq. „New item"	–	–	–	–	–	Y	–
Quantity lr. On-hand-A	N	Y	–	–	–	–	–
Move (On-hand-A+Quantity) to On-Hand-A	–	–	X	X	–	–	–
Move (On-hand-A-Quantity) to On-Hand-A	X	–	–	–	–	–	–
Set change-code eq. „back order"	–	X	–	–	–	–	–
Write ship-order from change	X	X	–	–	–	–	–
Write new-master from master	–	–	–	–	X	–	–
Write new-master from change	–	–	–	–	–	X	–
Read change	X	X	X	X	–	X	–
Read master	–	–	–	–	X	–	–
Do error routine	–	–	–	–	–	–	X
Go to XXX							

Optimalgestaltungsbeitrag durch Testhilfen

Den logischen Abschluß aller Programmieraktivitäten gleich welcher Ordnung bildet das Testen. Das Programmtesten stellt sich zunächst logisch als zweifaches Problem:

- Überprüfen der *Programmlogik* bei bestimmten In- und Output „to determine that the program has been coded correctly and that the coding mathes the logical design" [33, S. 22]
- Überprüfen des Programm-In/Outputs auf *logische Einpassung* in das das Programm als Prozedur verwendende Supersystem „to determine that the logical design mathes the basic requirements of the job as set down in the job specification" [33, S. 22]

Aufgabe der Testverfahren ist es, zeit/kostenminimierend Fehler zu entdecken bzw. die Fehlerfreiheit eines vorliegenden Programms festzustellen. Gefundene Fehler können zurückgeführt werden auf

- „a hardware malfunction;
- a malfunction in the programming system he is using;
- an operating mistake;
- data errors, such as unexpected type, outside of expected range, physical errors in preparation or reading;
- his mistake, such as minsunderstanding or disregard for the rules of syntax, grammar, construction . . . " [33, S. 22]

Fehler bezüglich der Systemlogik können zurückzuführen sein auf:

- Fehler in der System/Problemanalyse
- Misinterpretation der Problemanforderungen und Ziele
- Logische Fehler (Auslassen von zulässigen Varianten, unrichtige logische Verknüpfungen etc.)
- Misinterpretationen der EDV-Maschinenfunktionen [26, S. 161]

Für das Auffinden von Fehlern bzw. die ausreichend sichere Feststellung der Fehlerfreiheit von Programmen stehen folgende Testverfahren zur Verfügung:

- „Desk checking"
- Testen einfacher, mengenmäßig beschränkter Fälle an Hand der Grob/Feinblockdiagramme
- Testen mit Probedaten: zum Austesten eines Programmes werden Dateibestände erstellt, die alle vom Systemanalytiker bzw. Programmierer erfaßten Inputvarianten und möglichen Kombinationen darstellen und in Probeläufen auf der EDV-Maschine getestet werden
- Testen mit aktuellen Daten: an Stelle der künstlichen Daten werden im bisherigen Verfahren angefallene Daten mit Hilfe der zu testenden Programme bearbeitet und die Resultate mit den Ergebnissen der „alten" Prozeduren verglichen

– Systemtesten: in den Fällen, in denen es sich nicht um ein isoliertes Programm handelt, wird das ausgetestete Programm im Zusammenwirken mit anderen Programmen und mit aktuellen Daten getestet.
– Parallellauf.

Für die Stufen des Gesamttestplanes werden unterschiedliche Beiträge zur Optimalgestaltung definiert. *Bemer* stellt bezüglich des Desk checking, das in seiner Definition auch das Formaltesten umfaßt, folgenden Aktivitätenkatalog auf:

(a) "Check conformity to rules, such as those for justification.

(b) See that enough restart points exist for long programs.

(c) Compare actual program logic for match with intended logic as given by a flowchart or equation.

(d) Examine live input for peculiar characteristics which could cause erroneous branching, such as bad data, blank records etc.

(e) Inspect the list of identifiers produced and assigned by the processor, looking for conflicts, insufficient definition, completeness and spelling.

(f) Check permissible spellings of reserved wordes, allowable usage of spacing, hyphens and commas und juxtaposition of illegal word or operation pairs." [26, S. 164]

TEST PLAN

PROGRAM ____________ DATE ____________

PROGRAMMER ____________ TIME ____________ AM PM

CHECK Nr.

SEQ STOP NUMBER	ADOR HALT AT	STOP PROS HALT #	OTHER	POINT IN THE PROGRAM	MEMORY DUMP YES/NO	NEXT ACTION PLANNED	STOP REACHED CHECK

TEST RESULTS SUMMARY

PROGRAM ______________________ DATE ______________

PROGRAMMER ___________________ TIME ________ AM PM

CHECK Nr.

ELAPSED TIME ____________ HRS.

	STOP TYPE			REGISTORS							
SEQ STOP NUMBER	ADOR STOP	PROG. HALT	OTHER STATE CAUSE	A ADDR.	B ADDR.	I ADDR	OP CODE			NOTES + ACTION TAKEN	EXPECTED STOP CHECK

TEST REVIEW OF UNEXPECTED SYSTEM STOPS

CHECK ONE CAUSE OP STOP

SEQ STOP NUMBER	PATCH ERROT	CODING ERROR	LOCK ERROR	CONSOLE ERROR	DATA ERROR	MACHINE	OTHER	NOTES + CORRECTIVE ACTION TAKEN

Zur Optimalgestaltung der Probedaten, die dann und nur dann optimal sind, wenn sie den tatsächlich anfallenden Daten so weitgehend entsprechen, daß eine weitere Aufnahme von Extremwerten zu einer wirtschaftlich nicht vertretbaren Vermehrung der Testzeit führen würde, besteht die Möglichkeit der Simulation von Inputdaten mit Hilfe eigener Simulationsprogramme nach *Artmann* und *Klee* [111, S. 427]. Auf die Verfahren der *Regelvorgabe* für alle Verfahren der Testläufe soll im Rahmen dieser Arbeit nur hingewiesen werden. Für die Fixierung der Regeln mit Hilfe von Formularen sind Beispiele

– eines Testplanformulars und
– zweier Testergebnisformulare beigefügt [33, S. 22]

(s. Abb. auf Seite 227 u. 228).

Optimalgestaltungsbeitrag durch Dokumentation

In einer die Prozedur des Erstellens eines Programmes/Programmteiles *nicht* isolierenden Betrachtung nimmt die optimale Dokumentation einen besonderen Rang ein. Vor allem deshalb, weil sich ausschließlich durch ausreichende Dokumentation ein konkretes Programm (mit Ausnahme von trivialen Kleinprogrammen) vom Programmierer, der es erstellt hat, emanzipieren und damit mobilisieren läßt. Dies ist für alle Fälle der

– Programmübertragung
– Programmergänzung
– Programmänderung

von Bedeutung. Die ausreichende Dokumentation stellt somit einen wesentlichen Beitrag zur Optimalgestaltung von Programmen über längere Zeiträume dar.

Die Dokumentation erfolgt in Programmhandbüchern; für einen möglichen Inhalt legt *THE STATE STREET BANK AND TRUST COMPANY and THE DIEBOLD GROUP, INC.* folgenden Vorschlag vor:

„I. General Description of the Program
    A. Principal Functions
    B. Programm Organization

II. Operating Instructions
    A. Operator's Instruction Sheet
    B. Operating Instructions

III. Programm Flow Chart

IV. Programmed Halts
    A. Summary
    B. Sense Switch Summary
    C. Detailed Halt Descriptions

V. Program Macro Logic Chart

VI. Storage Layout Description

VII. Programm Switches

Appendixes:

A. Micro Logic Charts

B. Input and Output Layouts
   1. Magnetic Tape Record Layouts
   2. Card Form Layout
   3. Printer Layout
   4. Carriage Tape Layout

C. Symbolic Assembly Listing" [33, S. 23]

Beiträge zur Optimalgestaltung werden ebenfalls durch Aktivitäts- und Regelkataloge erreicht:

Beispiele für Aktivitäts- und Regelkataloge zur Gestaltung von Programmhandbüchern

Aktivitäten: (es ist/sind zu erstellen)

- Allgemeine Beschreibung des Programms
- Grob- und Feinblockdiagramm
- In/Output-Spezifizierung
- Zeittabellen der Testläufe
- Übersicht über Programmfunktionen
- Festlegung der minimalen EDV-Maschinenkonfiguration
- Operateuranweisungen:
  - Programmanlaufanweisungen
  - Normallaufanweisungen
  - Abnormallaufanweisungen
  - Liste der Konsolmeldungen
  - Liste der Stops
  - Liste der Eingabemeldungen
  - Format der Eingabedaten
- Detailbeschreibung der Programmfunktionen (Übersichten):
  - Schalterverwendung im Programm
  - Zählerverwendung im Programm
  - Konstanten und ihre Verwendung
  - Überlappungsfelder und programmiertechnische Besonderheiten
- Umwandlungsbericht (erstellt durch die Umwandlungskomponente des Betriebssystems)

Regeln:

1. „All documentation shall be provided with a permanent-type cover and a suitable label indicating the program name, number, date and revision level.

Beispiel für Formularisierung der Programmhandbücher
(Gliederung nach Programmteilen = Control Sections) [111, S. 425]

PROGRAMMDECKBLATT	Programm Nr. 839	Blatt Nr. 2
	Arbeitsgebiet Nr. 811	Gang Nr. 010

Segment Nr.	Contr. Sect. Nr.	Program Nr.	Art	BEZEICHNUNG
1	0	839	Q	GST-STATISTIK

CHECK POINTS				
Bei der Passage alle Minuten				
Übersicht Nr.	Data Set Nr.	abhängig von	auf Einheit	Erläuterung
2/1	851	10000 REC.	SYS 045	
BEMERKUNGEN:				

CONTROL SECTION-DECKBLATT	Programm Nr. 839	Blatt Nr. 3

Segment-Nr. 1	Control Section Nr. 0	Art	O Mod	O Mod	R LIB	C LIB	

Beschreibung: GST-STATISTIK

Verwendung in Programm-Nr.

Register	Bedeutung

EXTERNALS

Name	Section	Beschreibung

ENTRIES

Name	Section	Beschreibung

2. All documentation shall be given a title page, indicating the program name, number, the programmer's name, the date and revision number, and the copy number if more than one copy is prepared.
3. All documentation shall have a revision page. This page shall show the revision number for each change, affected sections, date of revision and the name of the person who made the change and updated the manual.
4. All documentation shall have a Table of Contents." [33, S. 26]

Optimalgestaltungsbeiträge durch Arbeitsvorbereitung

Aus der Tatsache der Aufgliederung der Produktionsgesamtzeit T_{tot}, vom Zeitpunkt der Programmfertigstellung bis zum Vorliegen des fertigen Endprodukts (Output der Programme) in die funktionell abgrenzbaren Teilzeiten ($t_1, t_2 \dots t_i$), z.B. in der folgenden Art [31, S. 34]:

- Assembly time
- Testing time
- Rerun time – operator error
- Rerun time – program error
- Rerun time – Data error
- Demonstrations
- Training

- - - - - - - - - - - - - - - - - - - -

- Production set-up
- Assembly set-up
- Testing set-up
- Scheduled maintenance
- Unscheduled maintenance
- Rerun time – machine failure
- Rerun time – manufacturer's software error
- Idle time

kann ungeachtet der Qualifikation

- unmittelbar verrechenbare Zeiten (oberhalb der Linie)
- nicht unmittelbar verrechenbare Zeiten (unterhalb der Linie)

und deren fixer bzw. variabler Kostennatur das Auftreten von „Nichtproduktivzeiten" abgeleitet werden. Die wirtschaftliche Rechtfertigung der Arbeitsvorbereitung in DV/Rechen-Abteilungen erfolgt durch Kosten, die durch DV-Prozeduren beeinflußt, d.h. vermindert werden können. Bei einer Modell-EDV-Maschine ohne Multiprocessing sind dies:

○ Kosten einer Aktivität i: K_i. Diese sind zunächst allein abhängig von der Zeit t_i, die diese Aktivität auf der EDV-Maschine in Anspruch nimmt

- Diesen direkt ermittelbaren und unmittelbar zurechenbaren können Kosten hinzugefügt werden, die von folgenden Zeiten abhängen:
  - Produktionszeit t_{pr} (nicht beeinflußbar)
  - Umwandlungszeit
  - Lade- und Wiederaufnahmezeit (durch das Betriebssystem parametrisch beeinflußbar)
  - Rüstzeiten t_{setup}
- Einem Produktionslauf nur mittelbar, der Programmerstellung jedoch unmittelbar können zugerechnet werden:
  - Testzeit
  - Demonstrationslauf
  - Schulungsläufe
  - Rüstzeiten
- Sowohl einem Produktionslauf als auch der Programmerstellung können nur mittelbar zugerechnet werden:
  - Systeminitiierung
  - Instandhaltung
  - Fehler und Zusammenbrüche t_{rerun}
  - Stand- und Wartezeiten

Aufgabe und Optimalgestaltungsbeitrag der Arbeitsvorbereitung, definiert als Verfahrensbündel dieser Zielfunktion ist es, die Summe aller „nichtproduktiven Zeiten" ein Minimum werden zu lassen

$$\sum_{1}^{n} t_{npr_i} \Rightarrow \text{Min}$$

Da in der Praxis und Theorie *Rüstzeiten* für die Maschinen notwendig und daher bei Funktionsfähigerhaltung nicht ausschaltbar sind, gilt für diese

$$\sum_{1}^{m} t_{setup_i} \Rightarrow \text{Min}$$

wohingegen von Fehlern und Subsystem„zusammenbrüchen" abhängige *Rerun-Zeiten* zumindest theoretisch vermeidbar sind und daher für sie gefordert werden muß

$$\sum_{1}^{o} t_{rerun_i} \Rightarrow 0$$

Als Verfahren zur Lösung dieser Aufgabenstellung seien demonstrativ dargestellt:

- Definition von Verarbeitungsstandards und Leistungsvorgabe in Gesamtzeiten
- Leistungsvorgabe und Leistungskontrolle durch algorithmierte Analysen (mit/ohne Einsatz von EDV-Maschinen)

- Lauffolgeoptimalisierung durch Betriebssysteme (Parallelisierung der Rüstzeiten in Bezug auf die ZRE bzw. anderer Teilaggregate der EDV-Maschinen)
- Nichtproduktivzeitminimierung durch Maßnahmen während der Programmerstellung.

Die Verfahren wurden im Rahmen der Detaildarstellung der Ziele der Optimalgestaltung oben angeführt.

3.3.8 Die Optimalisierung der Finanzierung einer EDV-Maschine

Investitionen für den Einsatz von EDV-Maschinen im Unternehmen unterscheiden sich grundsätzlich nicht von anderen Investitions- bzw. Finanzierungsproblemen. Alle bisher entwickelten Methoden und Kalküle der Investitionsrechnung sind auch auf dieses Problem anwendbar. Trotz einer nicht unbeträchtlichen Beschäftigung in der Literatur mit den dabei entstehenden Entscheidungssituationen, wurden mit Ausnahme des Modells von *Moneta* jedoch noch keine Entscheidungsrichtlinien für die Auswahl einer Finanzierungsart herausgearbeitet. Damit wurde die Optimalgestaltung durch Wirtschaftlichkeitsuntersuchungen den entscheidenden Unternehmen allein überlassen.

Im Folgenden sollen neben den arteigenen Finanzierungsmöglichkeiten insbesondere die entscheidungsbeeinflussenden Kriterien besprochen werden. Besonders soll auf die Wahl der Alternative *„RECHENZENTRUM"* hingewiesen werden, die sich, abhängig von der Inanspruchnahme, hier als Finanzierungs- und nicht als Dienstleistungsaquisitionsproblem darstellt.

3.3.8.1 Auswahlmöglichkeiten und die Reduzierung des Problems

Dem entscheidenden Unternehmen bieten sich aus der Vertriebspraxis der Herstellerfirmen derzeit folgende Auswahlmöglichkeiten; etwaige weitere Zwischenlösungen sind sowohl theoretisch möglich, als auch durch den Verhandelnden praktisch erreichbar; sie stehen in Abhängigkeit von der Konkurrenzsituation der anbietenden Herstellerunternehmen:

(1) *Kauf-Finanzierung aus Eigenmittel*
Kauf-Finanzierung unter Inanspruchnahme von Kreditunternehmen
Kauf-Finanzierung unter Inanspruchnahme von Krediten seitens der Herstellerunternehmen

(2) *Miete*
- vom Herstellerunternehmen (Hard- und Soft-ware werden im Verwenderunternehmen installiert)
- von einem Rechen/DV-Unternehmen (Hard- und Soft-ware sind nicht im Verwenderunternehmen installiert;
Terminals beim Verwenderunternehmen möglich)

– von einem anderen Verwenderunternehmen mit unausgenutzter Restkapazität (Hard- und Soft-ware sind nicht im Verwenderunternehmen installiert; Terminals nicht im Verwenderunternehmen)

(3) *Zwischenformen* [38, S. 214]

Miete mit Kaufoption

durch die Herstellerunternehmen

durch Finanzierungsinstitute (Leasing mit freibleibendem Kauf)

Kaufmiete

Vermieter: Herstellerunternehmen

Vermieter: Finanzierungsunternehmen (Leasing i.e.S.)

Kauf und Miete (verschieden nach Teilaggregaten)

Kauf und Miete von Herstellerunternehmen

Kauf mit Eigen- oder Fremdfinanzierung. Miete von Herstellerunternehmen oder durch Finanzierungsunternehmen und alle anderen Kombinationen

In diesem Zusammenhang gewinnt auch die Möglichkeit der Installation von Gebrauchtanlagen an Bedeutung.

Zur Entscheidungsfindung und zur theoretischen Behandlung der die Entscheidung beeinflussenden Faktoren kann das Problem jedoch reduziert werden. Und zwar auf den *KAUF* einerseits, die *MIETE* andererseits, wobei sich zwei Varianten anbieten, nämlich die Miete von Hard- und Soft-ware von der Herstellerfirma mit Installationen im Anwenderunternehmen oder die Inanspruchnahme eines DV/Rechen-Unternehmens und zwar als die Miete von nicht beim Anwenderunternehmen installierten DV-Systemen. Die Finanzierung von Kauf und Miete stellen allgemeine betriebswirtschaftliche Problemstellungen dar und sollen hier nicht weiter untersucht werden.

		EDV-Anlage installiert	
		im Verwenderunternehm.	nicht im Verwenderunternehmen
Eigentum an der EDV-Anlage	Ver. Unt.	KAUF	Gemeinschaftlicher KAUF Gemeinschaftlich betriebenes Rechenzentrum
	nicht Verw.Unt.	MIETE	DV/Rechen-Unt.

Die Beschaffenheit des Systems begründet Einflußfaktoren auf die Auswahl der Finanzierungsvariante. Die mittelaufbringungsabhängigen Varianten sind *systemunabhängig* und brauchen daher hier auch nicht weiter behandelt werden.

3.3.8.2 Die Systemabhängigen Kriterien

Die technische Lebensdauer

Die Bedeutung der technischen Lebensdauer einer EDV-Maschine ist reduziert auf

- die Bestimmung der zeitlichen Obergrenze (t_{max}) bis zur Neuinstallation einer gleichen/anderen EDV-Maschine und
- auf die Entscheidung zur Installation einer Gebrauchtanlage

Die technische Lebensdauer steht in direkter Abhängigkeit vom technischen bzw. technologischen Fortschritt der EDV-Maschinenentwicklung (Hard-ware-Komponente). In dieser Entwicklung konnte durch den Ersatz der Röhreneinheiten durch Halbleiterelemente ein Sprung beobachtet werden [83, S. 300]. Dieser Sprung ist ungeachtet der Entwicklung der sonstigen Elemente durch die unterschiedlichen Wahrscheinlichkeiten des Röhrenbruches einerseits und des Transistorbruches andererseits gegeben [38, S. 214].

Darauf basieren auch die Erfahrungswerte der technischen Lebensdauer der EDV-Systeme.

– 1. und 2. Generation (vorwiegend röhrenbestückt)	5– 7 Jahre
– 3. Generation (ausschließlich Transistor/ Diodenbestückt)	10–15 Jahre

Die Technischen Abschreibungskurven (linearer Verlauf unterstellt) stellen sich daher wie folgt dar:

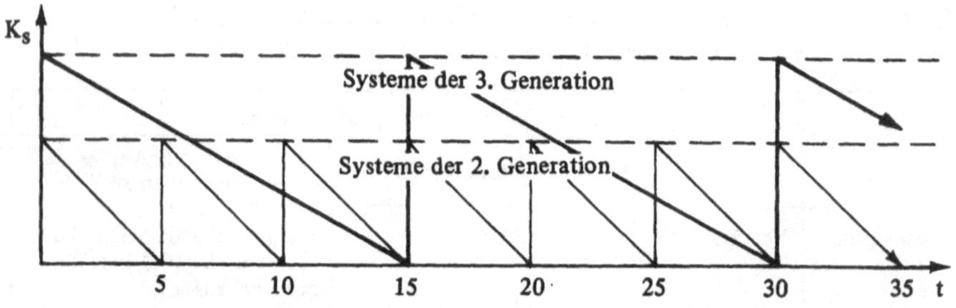

Der Einfluß der technischen Lebensdauer gewinnt besonders bei Gebrauchtanlagen an Bedeutung. Auch bei linearem Verlauf der technischen Abschreibung (= kalkulatorischen Abschreibung) wächst die Wahrscheinlichkeit des Maschinenbruchs. Die Folge sind: die Risikoabwälzung auf die Herstellerunternehmen durch Wahl der Mietvariante und die vollständige oder partielle Risikorückwälzung durch erhöhte Mietsätze durch die Herstellerunternehmen.

Die wirtschaftliche Lebensdauer

Gleich anderen Aggregaten im Unternehmen ist auch bei den EDV-Maschinen die wirtschaftliche Lebensdauer *eines* der bestimmenden Kriterien. Damit wird diejenige Zeit zwischen Installation der betreffenden Maschine und Abschluß der Installation der folgenden Maschine, d.i. der Ersatzmaschine, inklusive der Parallel-Laufzeit verstanden, bei der die Gesamtkosten der Periode und damit auch die Teilperiodenkosten ein Minimum werden. Hierbei muß als Obergrenze die Technische Lebensdauer der Anlage angenommen werden.

Das Problem stellt sich theoretisch trivial dar:

$$K_{t_{I\,s1} - t_{I\,s2}} \Rightarrow \text{Min !}$$

K .... Periodenkosten

$t_{I\,s1}$ – Zeitpunkt des Abschlusses der Installation der vorhergehenden Maschine

$t_{I\,s2}$ – Zeitpunkt des Abschlusses der Installation der folgenden Ersatzmaschine.

Dieses Problem wird in der Literatur auch unter Berücksichtigung der Wahrscheinlichkeit des unsicheren technischen Fortschritts ausführlich behandelt. Der Vorteil der dort gefundenen Lösungen ist die Einsichtigkeit und die Klarheit, der Nachteil, daß dem vor einem konkreten Entscheidungsfall Stehenden keine ausreichenden Entscheidungsgrundlagen gegeben werden.

Der Entscheidende kann den optimalen Ersatzzeitpunkt in wirtschaftlicher Hinsicht nur durch laufende Datensammlung der Leistungen der vorhandenen Maschine im Unternehmen und der sich abzeichnenden Entwicklungen auf dem Markt bzw. bei den Herstellerunternehmen bestimmen. Hier sind ausschließlich Näherungsverfahren anzuwenden, da weder
- eine totale unternehmensinterne noch
- unternehmensexterne Datentransparenz

erreicht werden kann.

Durch den notwendigen Zeitverzug zwischen Beobachtung und Entscheidung bzw. Realisierung der Entscheidung wird in aller Regel bei dem oben angewendeten Verfahren der Aktuelle Ersatzzeitpunkt (t_{Eakt}) *nach* dem optimalen Ersatzzeitpunkt (t_{Eopt}) liegen. Zur Optimalisierung des Ersatzzeitpunktes ist als Zielfunktion gegeben:

$$\Delta\, t_{Eopt} - t_{Eakt} \Rightarrow \text{Min!}$$

Dies ist dann und unter Ausschaltung von Unsicherheiten (die Reaktion erfolgt ja *nach* dem eingetretenen Ereignis) der Fall, wenn die unternehmensinterne Reaktionszeit (= f(Informationssystem)) ein Minimum wird.

Das Problem der Bestimmung der wirtschaftlichen Lebensdauer einer EDV-Maschine stellt sich also in seiner unternehmensexternen Komponente als das Problem der Suche nach einer „besseren" Maschine dar, wobei als Kriterium des „Besserseins" das günstigere Kosten/Leistungsverhältnis formuliert wird. Die bessere Maschine wird durch laufende Marktbeobachtung unter Ausschalten der Unsicherheit der Forschung/Entwicklung *sicher* (im mathematischen Sinn) gefunden. Wäre die Zeit zwischen sicherem Finden der besseren Maschine und der Installation gleich Null, so wäre der Idealfall $t_{Eakt} = t_{Eopt}$ erreicht. Dem stehen jedoch folgende Differenz-Zeiten entgegen:

Zeiten, die das Verwenderunternehmen beeinflussen kann:

Reaktionszeit: Zeit vom Erkennen der besseren Maschine bis zum Installationsentschluß)

Installationszeit: Zeit vom Installationsentschluß bis zum Abschluß der Installation des neuen Systems (inklusive Parallellaufzeit)

Zeiten, die das Verwenderunternehmen nicht beeinflussen kann:

Lieferzeit: Zeit zwischen Bestellung des Systems und dessen technischer Installation inkl. ev. Nebeninstallationen wie Klimaanlage, Entstaubungseinrichtungen etc.

Entwicklungsrealisationszeit: Zeit zwischen Ankündigung eines neuen Systems, der Demonstration eines Prototyps und der Lieferung leistungsfähiger Modelle [38, S. 215].

Scheint daher die Forderung $t_{Eakt} = t_{Eopt}$ durch nicht unter ein bestimmtes Minimum zu reduzierende Zeiten nur relativ erfüllbar, ergibt sich durch das Verhalten der Herstellerunternehmen, EDV-Maschinen oftmals vor- bzw. frühzeitig anzukündigen, ein weiterer Störfaktor.

Eine Überlappung von Installationszeit und Entwicklungsrealisationszeit scheint die oben aufgestellte Forderung zu begünstigen.

Das bisher Gesagte bezieht sich allerdings ausschließlich auf eine relative Optimalisierung. In allen Fällen wird die im Verwenderunternehmen installierte EDV-Maschine durch eine relativ bessere ersetzt. Nichts wurde jedoch darüber ausgesagt, ob es sich bei dieser relativ besseren auch um die absolut beste handeln muß. Dies stellt jedoch eher ein formales Problem dar und bezieht sich auf Findewahrscheinlichkeiten unter Unsicherheit des technischen Fortschritts. In der bisher zu beobachtenden Praxis der Herstellerunternehmen bzw. des EDV-Maschinenmarktes läßt sich nachweisen, daß bei laufender Marktbeobachtung die Wahrscheinlichkeit, daß eine absolut beste EDV-Maschine *unvorhergesehen* angeboten wird, gegen Null geht.

Folgender Grundfragenkatalog liegt der laufenden Untersuchung zugrunde [38, S. 215]:

(1) Wird eine EDV-Maschine angekündigt/angeboten etc. mit besserer Hard-ware/Soft-ware-Ausstattung zum Preis der derzeit installierten?

(2) Wird eine EDV-Maschine angekündigt/angeboten etc. mit gleicher Hard-ware/Soft-ware-Ausstattung zu einem geringeren Preis als die derzeit installierte?

(3) Wie hoch belaufen sich die Kosten auf Übergang von der derzeitigen auf eine „bessere" Maschine, Anlauf/Installationskosten, vor allem die Kosten bei Ersatzinstallationen: Umschulung der Operateure und Programmierer, Neu- und Umschreiben von Programmen, Installationskosten i.e.S. Datenträgerkonvertierung etc.

(4) Frage nach der Ausstattung des Gesamtprogramms, wenn die bessere EDV-Maschine von einem anderen als dem bisher verwendeten Herstellerunternehmen produziert wird und Bewertung der angebotenen Soft-ware-Unterstützung. Insbesondere die Frage des Baukastenprinzips und der Soft-ware-Übernahme von der derzeit installierten Anlage.

Die bessere Anlage ist unter Berücksichtigung dieser Restriktionen dann gefunden, wenn

$$I_{Lj} > I_{Li} \text{ wenn gilt } P_i = P_j + K_{instj}$$

oder

$$P_i > P_j + K_{instj} \text{ wenn gilt } I_{Lj} = I_{Li}$$

sowie in allen günstigeren Fällen.

I_{Lj} .... Leistungsindex der neuen EDV-Anlage
I_{Li} .... Leistungsindex der alten EDV-Anlage
P_j .... Preis der neuen Anlage
P_i .... Preis der alten Anlage
K_{instj} .... Gesamtkosten der Uminstallation (der Neuinstallation der Anlage)

Die Applikationslebensdauer

Als weiteres bestimmendes Kriterium bei Ersatzüberlegungen tritt bei EDV-Maschinen als Besonderheit die Applikationslebensdauer hinzu. Unter Applikationslebensdauer soll hier die Zeit zwischen der Installation einer EDV-Maschine (t_{inst}) bei einer gegebenen Applikation und dem Zeitpunkt T_{Krit}, zu dem die vorhandene EDV-Maschine nicht mehr ausreicht, die veränderte Applikation zu bewältigen, verstanden werden. Theoretisch müßten hierzu zwei Zeitpunkte, nämlich der technische und wirtschaftliche Kritische Zeitpunkt T_{krit_t} bzw. T_{krit_w} bestimmt werden. Da aber gilt $t_{krit_t} \geqslant t_{krit_w}$ wird mit dem Applikations-kritischen Zeitpunkt jeweils der wirtschaftliche Kritische Zeitpunkt verstanden. Dieser Überlegung ist zu Grunde gelegt, daß von einer Mindestapplikation bei Erstinstallation einer EDV-Maschine ausgehend, zunehmend neue

Arbeitsgebiete, d.h. DV-Subsysteme 1. und höherer Grade, mit Hilfe der vorhandenen EDV-Maschine bearbeitet werden und darüber hinaus durch den Lehreffekt des vorhandenen EDV-Systems neue DV-Systeme im Rahmen von erweiterten Informationssystemen im Unternehmen geschaffen und gleichzeitig mit Hilfe der vorhandenen EDV-Maschine realisiert werden. Die Entwicklung geht in der Praxis tatsächlich von der Bewerkstelligung einfachster DV-Systeme (Fakturierung, Kunden-, Vertreterstatistiken) in Richtung eines umfassenden und verzugszeitminimierenden Unternehmens-Informationssystems.

Obwohl Vergleichs- und Richtzahlen noch nicht vorliegen, kann die These aufgestellt werden, daß die Funktion, die die Abhängigkeit der Anlagengröße von der Anzahl der Anwendungsbereiche, d.i. der Realisationsgrad eines umfassenden betrieblichen Informationssystems stufenförmig verläuft.

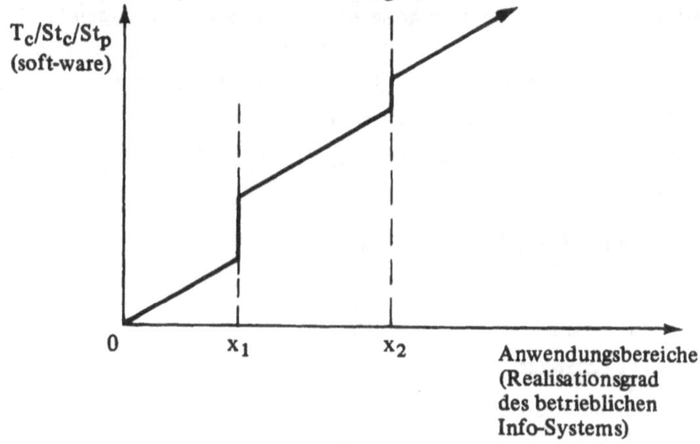

T_c .... Zykluszeit
St_c ...... Kernspeichergröße
St_p ...... Größe der Peripheren Speicher
) als Bestimmungsstücke der Anlagengröße

soft-ware

x_1, x_2 .... Stellen, an denen eine Erweiterung des Systems durch das Baukastenprinzip nicht mehr möglich ist und ein neues, größeres System installiert werden muß ($\overline{0x}_1$ – Applikationslebensdauer des 1. Systems, $\overline{0x}_2$ – Applikationslebensdauer des 2. Systems etc.)

Der Realisationsgrad des Unternehmens – Informationssystems kann nun in Abhängigkeit von der fortschreitenden Zeit gebracht werden. Je nach Fortschreiten der Übernahme von neuen Arbeitsgebieten/Anwendungsbereichen kann sich daher ergeben:

$$t_{krit} \leqslant t_{optw} \leqslant t_{optt}$$
$$t_{optw} \leqslant t_{krit} \leqslant t_{optt}$$
$$t_{optw} \leqslant t_{optt} \leqslant t_{krit}$$

Der Auslastungsgrad

Einen bedeutenden Einflußfaktor auf die Entscheidung Kauf/Miete stellt der Auslastungsgrad der EDV-Maschine dar, wobei davon ausgegangen wird, daß die Applikation weder über die vorhandene oder zu mietende/kaufende Maschinenkonfiguration hinausgeht, noch diese voll ausnützt. In jenem Fall liegt Überschreitung des T_{krit}, in diesem Gleichheit der Grundbedingung für Kauf/Miete vor. Die Bedeutung des Auslastungsgrades besteht also nur bei nicht voll ausgenützten Anlagen, wobei deren Ursache unerheblich bleibt.

Das Problem stellt sich bei folgenden drei Varianten:

(1) Kauf der Anlage (Instandsetzungskosten nicht eingeschlossen)

(2) Miete der Anlage (Instandsetzungskosten eingeschlossen) bei proportionalem (Zeit-)Mietpreis

(3) Miete der Anlage (Instandsetzungskosten eingeschlossen) bei Stufenproportionalem Mietpreis z.B. 1. Schicht (8h/t) – 100% Mietpreis, 2. Schicht (zusätzlich 8h/t) + 50% des Mietpreises der 1. Schicht.

Diesen Varianten der Preise des Computereinsatzes müssen die fixen und variablen Kosten im Hinblick auf den vollen Einsatz entsprechen.

Und zwar:

(1) fixe, Auslastungsgradunabhängige Kosten:
- Installation
- Systemanalyse/Programmierung/Kodierung
- DV/Rechenabteilungsmanagement
- (Zeitmäßige) Abschreibungen
- Raumkosten u.a. fixe Kosten aus der Installation

(2) proportionale, Auslastungsgradabhängige Kosten (unterproportional zunehmend)
- Mietpreis (bei stufenproportionellem Mietpreis)
- Instandhaltungspersonal (bei Kauf ohne Instandhaltungsvertrag)
- Klimaanlage, Entstaubungsanlage, Betriebskosten
- Energieversorgung (sprungfixer Anteil)

(3) proportionale, Auslastungsgradabhängige Kosten (proportional zunehmend)
- Energieversorgung (proportionaler Anteil)
- Operatorpersonal
- Material zur Datenträgererstellung (Lochkarten, Lochstreifen, Endlosformulare)
- Beleuchtung

Untersuchungen bei U.S.amerikanischen Unternehmen haben folgende Richtwerte ergeben (in Gegenüberstellungen der Kostengruppen und der Miet/Kauf-Varianten bei zeitmäßiger Abschreibung auf 5 Jahre) [38, S. 217].

Auslastungsgrad	Verhältnis Mietpreis/umgelegte Kosten auf Kaufbasis
– 33%	Miete < Kauf
– 66%	Miete = Kauf
– 100%	Miete > Kauf

Bei längerer Abschreibungsdauer verschiebt sich das Verhältnis zu Gunsten der Kaufvariante. Es ergibt sich also trotz des erhöhten Instandhaltungsrisikos mit zunehmendem Auslastungsgrad ein deutlicher Vorteil des Kaufes gegenüber der Miete.

Die Untersuchung ergab, daß bei voller Auslastung der Kauf der EDV-Maschine die wirtschaftlich optimale Variante des Erwerbs darstellt. Nun wurde weiter oben dargestellt, daß die volle Auslastung bereits einen Grenzfall, ja eventuell bereits einen Engpaß darstellen kann. Es kann somit in einer dynamischen Betrachtung *nicht* von einer Vollauslastung einer Anlage ausgegangen werden, zumindest nicht bei Eigenbetrieb. Die Basis bildet vielmehr eine Maschine, die zumindest zunächst nicht voll ausgelastet betrieben werden kann. Die vorhandene Betriebszeit der EDV-Anlage stellt überdies, wie *Sharpe* [82, S. 237 ff.] nachweist, in der Nutzenskala des EDV-Anlagenverwenders keineswegs ein homogenes Feld dar, vielmehr kann als sicher angenommen werden, daß der zusätzlichen Anlagenausnützung geringerer Nutzen zugeordnet wird. Eine mögliche Nutzen/Auslastungsverteilung könnte folgendermaßen aussehen [82, S. 237]:

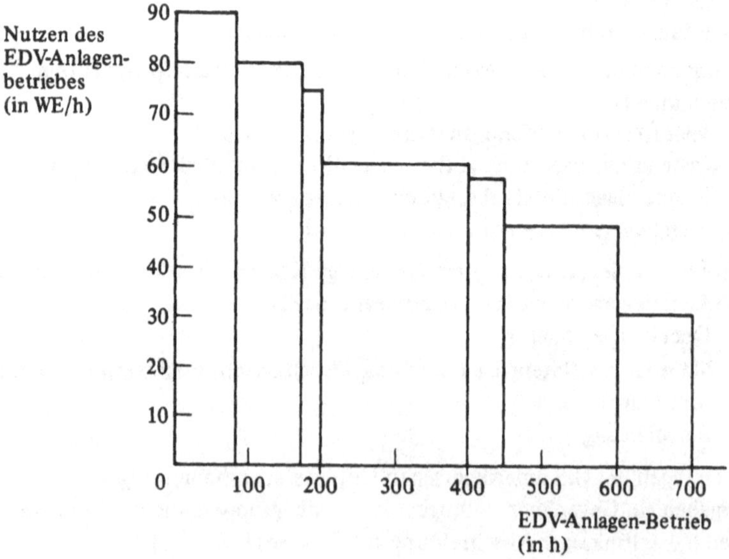

Auf Grundlage dieser Nutzenvorstellungen kann die Frage der Entscheidung Kauf/Miete nicht naiv nach Totalkosteneminierung, das wäre die Kaufvariante mit Dreischichtauslastung, entschieden werden. Folgen wir der Darstellung von „marginal value" und „marginal cost", so sehen wir die Miet/Kauf-Entscheidung mit ihren 3 Varianten wie folgt:

Variante A: *Kauf der EDV-Anlage*

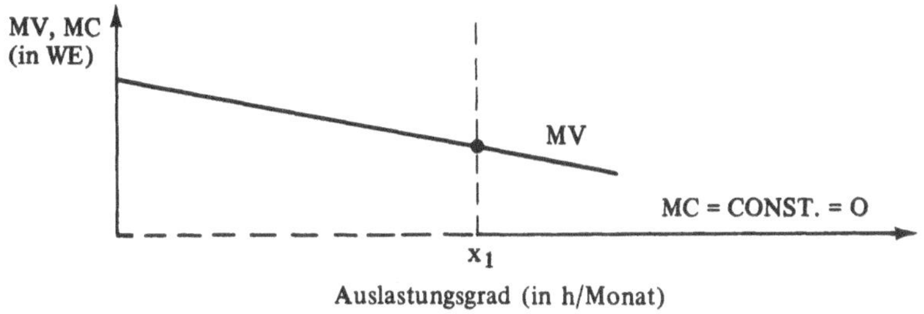

Variante B: *zeitproportionale Miete der EDV-Anlage*

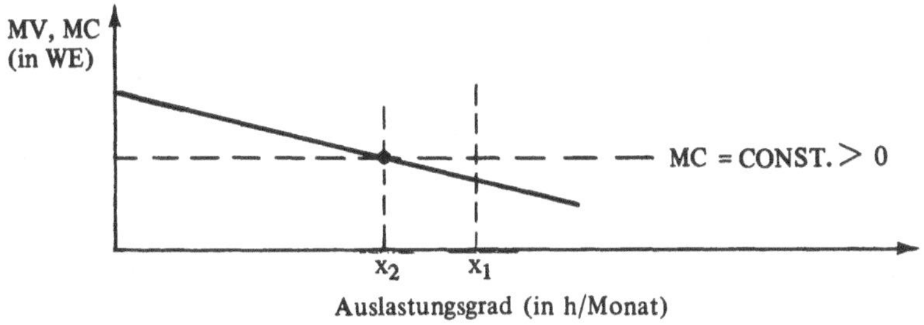

Variante C: *stufenproportionale Miete der EDV-Anlage*

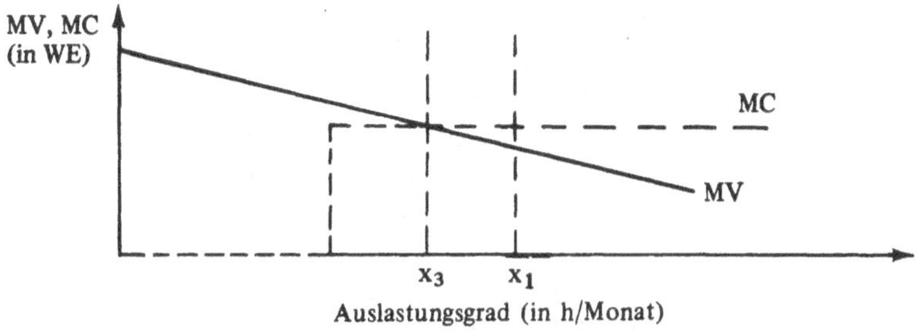

MV ..... Marginal Value der zusätzlichen EDV-Maschinen-Ausnutzung
MC ..... Marginal Cost der zusätzlichen EDV-Maschinen-Ausnutzung
x_1 ...... Optimaler Auslastungsgrad bei Variante A (willkürliche oder technische Grenze der Auslastung)
x_2 ...... Optimaler Auslastungsgrad bei Variante B
x_3 ...... Optimaler Auslastungsgrad bei Variante C

Aus der Darstellung folgt, daß der Auslastungsgrad G in funktioneller Abhängigkeit von der Nutzenvorstellung (MV) und der Kostensituation (MC) steht.

$$G = f(MV, MC)$$

Wobei wir im vorliegenden Fall annehmen können

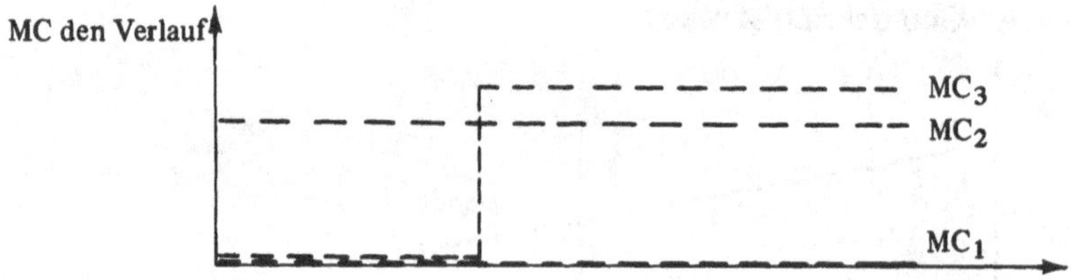

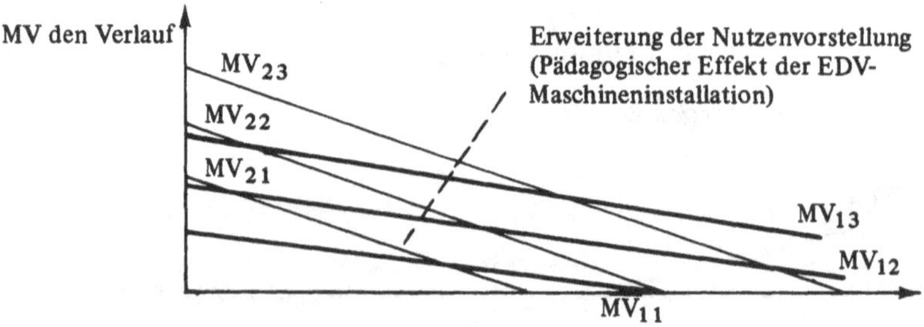

Die rationale Entscheidung Miete/Kauf wird daher von einer dynamischen Verfolgung insbesondere der MV-Situation des Entscheidenden abhängig sein.

Ausbau und Anpassungsflexibilität

Bei Behandlung der Einflußfaktoren Applikationsdauer und der Nutzenvorstellung der EDV-Maschinenauslastung wurde der vom Verfasser so bezeichnete „Pädagogische Effekt der EDV-Maschineninstallation" erwähnt. Es handelt sich dabei um den in der Installationspraxis verifizierbaren Effekt, daß durch die Notwendigkeit einer weiteren Auslastung der EDV-Maschine bzw. durch ein nicht immer rational motiviertes Ab- oder Überschätzen der Möglichkeiten der vorhandenen EDV-Maschine im Verwenderunternehmen Bedarf an Erweiterung des Informationssystems in Richtung eines integralen Gesamtausbaus entsteht. Dieser kann freilich mit herkömmlichen Mitteln nicht quantifiziert werden. Bestimmbar bleibt jedoch die Realität dieser Erscheinung. Sollen diese zusätzlichen Anforderungen nicht zum Sprung der Applikationslebensdauer führen, so müssen an die ausgewählte Anlage die Forderungen

– der Anpassungsfähigkeit und der
– Ausbaufähigkeit

gestellt werden.

Diese Forderungen stellten insbesondere bei EDV-Maschinen der 1. Generation ein Kriterium für die Wahl der Mietvariante dar, da damals in Verträgen der dynamische Ersatz des vorhandenen durch das jeweils neueste Modell der Einzelmaschinen, wie Tabelliermaschine, Rechenlocher, Blocksummenstanzer etc. garantiert wurde. An Stelle des dynamischen Ersatzes ist bei den EDV-Maschinen der 3. Generation das Baukastenprinzip getreten, das innerhalb bestimmter Systeme den stufenweisen Ausbau in Hard-ware-mäßiger Hinsioht gestattet. In diesen Fällen muß untersucht werden, ob die Soft-ware-Möglichkeiten, z.B. Adressierbarkeit des Kernspeichers, so gestaltet wurden, daß der beliebige Ausbau von Hard-ware-Elementen ermöglicht wird.

Bezüglich der ZRE, der Kanäle und der Steuereinheiten entsprechen die angebotenen EDV-Maschinen diesen Anforderungen, so daß sie bezüglich der Miet/Kaufentscheidung weitgehend indifferent sind. Anders ist es jedoch bei den Peripheren Aggregaten wie Externen On-line-Speichern, insbesondere Datenmassenspeichern, I/O-Einheiten, Datenfernverarbeitungseinheiten etc. Diese die Leistungsfähigkeit einer EDV-Maschine weitestgehend determinierenden Einheiten sind in einem Prozeß der Weiterentwicklung, der ihren *laufenden Ersatz* zur Optimalgestaltung der Gesamtmaschine erforderlich macht.

3.3.8.3 Finanzierungsabhängige Kriterien

Die oben besprochenen Einflußfaktoren bestimmen die Kauf/Miete-Entscheidung, sind aber in jedem Fall bei beiden Varianten in entstehende Kosten bzw. Erträgen wesensmäßig enthalten. Daneben finden sich bei einer Analyse auch Kosten/Kostengruppen, die spezifisch für die gewählte Variante sind. Als Beispiel seien zunächst die „INITIALKOSTEN" [38, S. 217] anzuführen, wie z.B. Zoll oder Frachtgebühren, die bei Kauf direkt oder indirekt (überwälzt) anfallen. Im folgenden seien solche finanzierungsabhängigen Kosten zusammengestellt:

Kosten	fallen an bei	
	Miete	Kauf
Schuldzinsen bei Fremdfinanzierung *)		*
Laufende Mietbeträge *)	*	
Versicherungen		*
Instandhaltung		*
Wiederverkaufswert (Restwert)		*

*) Im Hinblick auf die Steuerpolitik des Verwenderunternehmens bedeutend.

Freilich werden für die bei Miete nicht direkt anfallenden Kosten entsprechende Beträge im Mietpreis berücksichtigt. Das ändert aber nichts daran, daß diese Kosten, die zwar theoretisch anfallen, durch das Verwenderunternehmen nicht berücksichtigt werden müssen, da sie in dem zur Berechnung bzw. Bewertung herangezogenen Mietpreis enthalten sind.

Als besonderes Problem stellt sich die Entscheidung bezüglich der Instandhaltung/Instandsetzung der EDV-Maschine dar. Die Vergleichszahlen, die zugunsten der Eigeninstandhaltung tendieren, weichen von der Unternehmenspraxis in Österreich durchaus ab. Neben dem Kostenvergleich: Instandhaltungs/Servicevertrag mit dem Herstellerunternehmen und Selbstinstandhaltung sind folgende nicht näher quantifizierte Kriterien bestimmend:

- Qualität und Lokalisierung des betriebsfremden Service-Dienstes: Durchschnittliche Dauer der Schadensbehebung = Zeit zwischen Maschinenbruch und Wiederaufnahme des Betriebes einschließlich der Zeit des notwendig gewordenen wiederholten Maschinenlaufes. Die Fragen der Zeit zwischen Schadensmeldung und Eintreffen des Servicedienstes und die Frage der Arbeitsaufsicht bei der Schadensbehebung.
- die Größe der eigenen EDV-Maschine. Erst ab einer bestimmten Maschinenkonfiguration scheint die Einrichtung eines unternehmensinternen Servicedienstes rentabel.
- Notwendige Mindestgröße (Kapitalbildung etc.) des Unternehmens durch die Notwendigkeit eines unternehmensinternen Ersatzteillagers.

3.3.8.4 Das Vergleichsmodell von Moneta

Zur Quantifizierung der Entscheidungsunterlagen bedarf es Bewertungsverfahren für die Beeinflussungsfaktoren. Während sich die beschreibende Literatur ausreichend mit dem Problem Miet/Kaufentscheidung beschäftigte, sind quantifizierende Ansätze äußerst selten zu finden. Aus diesem Grund sei im folgenden das Miet/Kauf-Vergleichsmodell von *Moneta* [72, S. 236 ff.] beschrieben, der ein geschlossenes Bewertungskalkül entworfen und an Hand von aktuellen Zahlen verifiziert hat.

Der Vorteil des Modells ist die Quantifizierung von bestimmenden Einflußfaktoren, sowie die Durchrechnung an Hand von aktuellen Werten, aus der eine entscheidungsrelevante Aussage abgeleitet werden kann. Der Nachteil ist, daß sich *Moneta* auf nur drei Einflußfaktoren, nämlich:
- die (technische) Lebensdauer
- die Instandhaltungskosten und
- den internen Zinsfuß

beschränkt. Die Vernachlässigung der weiteren, oben angeführten Einflußfaktoren führt zu einem rechenhaft einfachen, aber unvollständigen Ergebnis. Die wirtschaftliche Lebensdauer wird von *Moneta* expressis verbis allerdings ohne Beweis als bislang überwertet klassifiziert und nicht in das Modell aufgenommen. Zur Dynamisierung des Modells wird ein interner Zinsfuß angenommen und für verschiedene Werte (4–15%) durchgerechnet. Die zum Ende der Darstellung angeführten Durchrechnungstabellen erlauben die Variation nach verschiedenen erwarteten Lebensdauern, allerdings ohne Rücksicht, ob es sich um die Technische, Wirtschaftliche oder Applikationslebensdauer handelt.

Die allgemeine Miet/Kaufkosten-Differenzengleichung

Moneta baut sein Modell auf dem Begriff der Miet/Kauf-Kostendifferenz auf. Die Berechnung dieses Wertes an Hand der einzusetzenden Parameter (t_{techn}, K_{maint}, i) ergibt den auf einen Wert reduzierten Entscheidungsparameter.

$$\Delta_{MK} = K_K - K_M \qquad (1)$$

Δ_{MK} . . . . . Miet/Kaufkostendifferenz
K_K . . . . . . Kaufkosten
K_M . . . . . . Mietkosten

Der oben dargestellten Aufsplittung der Kosten in finanzierungsunabhängige und finanzierungsabhängige wird gefolgt. Durch Einführung dieser Unterscheidung wird die Formel (1) erweitert:

$$\Delta_{MK} = (K_{K_a} + K_{K_u}) - (K_{M_a} + K_{M_u}) \qquad (2)$$

Da ex definitione finanzierungsunabhängige Kostenelemente (K_{K_n}, K_{M_n}) gleich sein müssen, sind sie aus der Gleichung (2) eliminierbar, sie erhält daher folgendes Aussehen:

$$\Delta MK = K_{K_a} - K_{M_a} \qquad (3)$$

K_{K_a} . . . . . finanzierungsabhängige Elemente der Kauftotalkosten
K_{K_u} . . . . . finanzierungsunabhängige Elemente der Kauftotalkosten
K_{M_a} . . . . . finanzierungsabhängige Elemente der Miettotalkosten
K_{M_u} . . . . . finanzierungsunabhängige Elemente der Miettotalkosten

Moneta definiert nun vier Kostenelemente als finanzierungsunabhängige Elemente, nämlich

bezüglich der Kaufvariante:

- Anschaffungskosten
- die Zinsen der Anschaffungskosten (bei hypothetischer Alternativinvestition)
- Instandhaltungs/Instandsetzungskosten

bezüglich der Mietvariante, ausschließlich

- der Mietpreis,

wobei unterstellt wird, daß Instandhaltungs/Instandsetzungsverträge für Mietverträge charakteristisch, wenn nicht konstitutiv sind. Die reduzierte Mietkaufkosten-Differenzgleichung erhält somit folgende Form:

$$\Delta_{MK} = K_A + Z_{K_A} + K_I - K_M$$

K_A ...... Anschaffungskosten

Z_{K_A} ..... Zinsen auf Anschaffungskosten

K_I .... Instandhaltungs/Instandsetzungskosten

K_M ...... Mietkosten, repräsentiert durch den Mietpreis

Die erweiterte Miet/Kaufkosten-Differenzgleichung

Zur Berechnung müssen zunächst die Kaufkostenbestandteile in mit den Mietkosten (die monatlich, bzw. jährlich anfallen vergleichbare Werte umgerechnet, d.h. ebenfalls annualisiert werden:

Die Aufteilung der Anschaffungskosten, variabel nach zugrunde gelegter technischer, wirtschaftlicher oder Applikationslebensdauer, unter Berücksichtigung der Zinsen auf die Anschaffungskosten erfolgt durch:

$$K_{a_{K_A}} = (K_A - W_R) \frac{i(1+i)^n}{(1+i)^{n-1}} + iW_R$$

$K_{a_{K_A}}$ .... annualisierte und abgezinste Anschaffungskosten

K_A....... Anschaffungskosten

W_R ...... Restwert

i .... Zinsfuß

Daraus geht hervor, daß

$$K_{a_{K_A}} = f(K_A, W_R, i)$$

K_A und W_R sind in der Gleichung berücksichtigt und können für jede zur Auswahl stehende EDV-Maschine bestimmt werden. Und zwar K_A mit Sicherheit, W_R mit einem Unsicherheitsfaktor; i wird berücksichtigt, aber ist nicht endgültig bestimmbar, weshalb für die Ausarbeitung einer aussagekräftigen Entscheidungsunterlage die Durchrechnung nach mehreren Zinsfußvarianten vorgesehen ist.

Instandsetzungs- und Instandhaltungskosten sind Kosten per Monat bzw. per Jahr und brauchen nicht annualisiert zu werden.

Die erweiterte Miet/Kaufkosten-Differenzengleichung stellt sich also unter Einbeziehung der annualisierten Anschaffungskostenbeiträge unter Berücksichtigung von Restwert und Zinsen auf die Anschaffungswert/Restwertdifferenz wie folgt dar:

$$\Delta_{KM} = (K_A - W_R) \frac{i(1+1)^n}{(1+i)^{n-1}} + i\,W_R - K_M$$

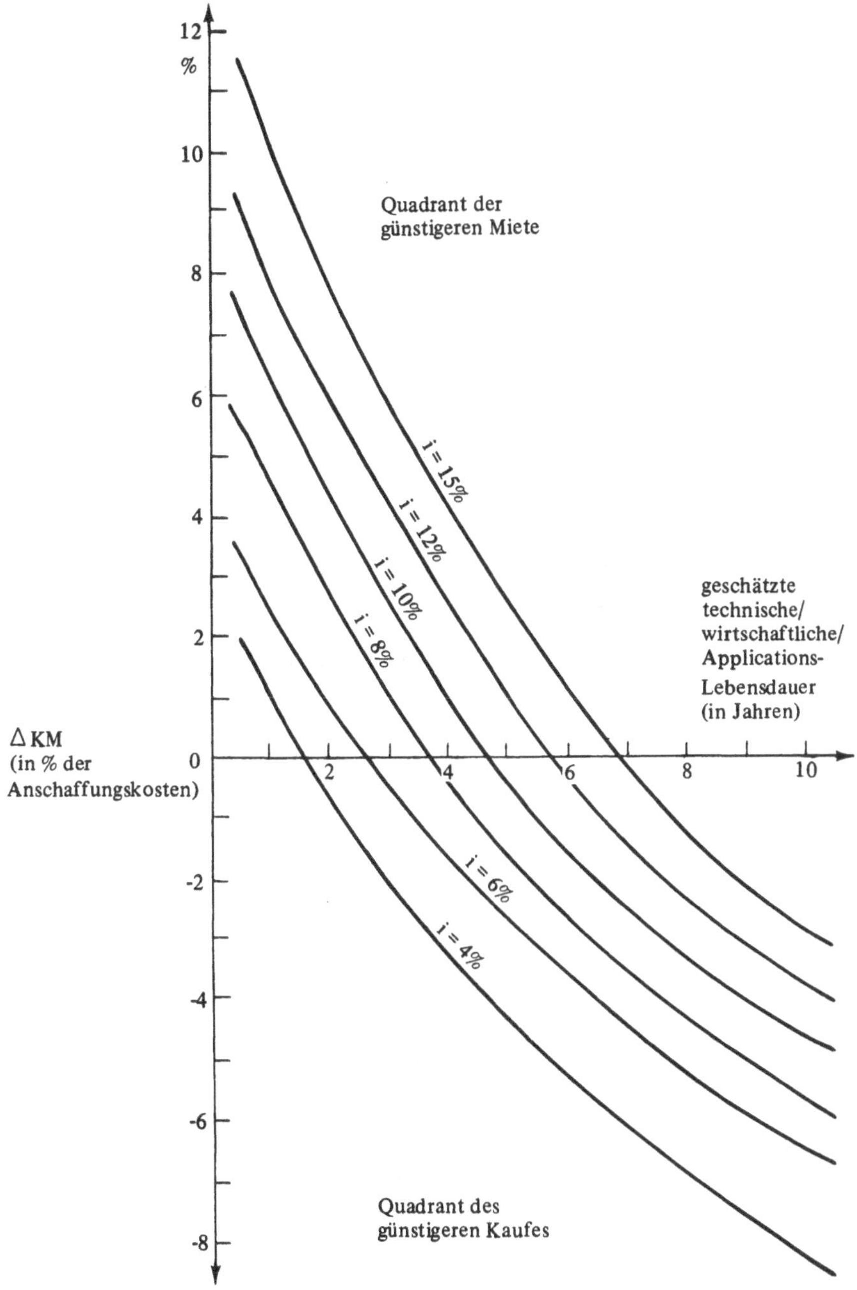
12
%
10
8
6
4
2
0
-2
-4
-6
-8
Δ KM
(in % der
Anschaffungskosten)
Quadrant der
günstigeren Miete
i = 15%
i = 12%
i = 10%
i = 8%
i = 6%
i = 4%
geschätzte
technische/
wirtschaftliche/
Applications-
Lebensdauer
(in Jahren)
2
4
6
8
10
Quadrant des
günstigeren Kaufes

TABELLE DER KOSTENDIFFERENZ KAUF/MIETE EINER EDV-ANLAGE IN PROZENT DES KAUFPREISES

i = Zinsfuß

n = Technische Lebensdauer (in Jahren)

j = Instandhaltungskosten in Prozent des Mietpreises

i ↓	1	2	3	4	5	6	7	8	9	10	j ↓
4%	+ 1.00	- 1.35	- 3.30	- 5.11	- 6.63	- 7.84	- 9.00	- 9.99	- 10.78	- 11.59	8%
4%	+ 1.50	- 0.85	- 2.80	- 4.61	- 6.13	- 7.34	- 8.50	- 9.49	- 10.28	- 11.09	10%
4%	+ 2.00	- 0.35	- 2.30	- 4.11	- 5.63	- 6.84	- 8.00	- 8.99	- 9.78	- 10.59	12%
4%	+ 2.75	+ 0.40	- 1.55	- 3.36	- 4.88	- 6.09	- 7.25	- 8.24	- 9.03	- 9.84	15%
4%	+ 4.00	+ 1.65	- 0.30	- 2.11	- 3.63	- 4.84	- 6.00	- 6.99	- 7.78	- 8.59	20%
6%	+ 3.00	+ 0.48	- 1.61	- 3.51	- 5.11	- 6.39	- 7.59	- 8.61	- 9.43	- 10.25	8%
6%	+ 3.50	+ 0.98	- 1.11	- 3.01	- 4.61	- 5.89	- 7.09	- 8.11	- 8.93	- 9.75	10%
6%	+ 4.00	+ 1.48	- 0.61	- 2.51	- 4.11	- 5.39	- 6.59	- 7.61	- 8.43	- 9.25	12%
6%	+ 4.75	+ 2.23	+ 0.14	- 1.75	- 3.36	- 4.64	- 5.84	- 6.86	- 7.68	- 8.50	15%
6%	+ 6.00	+ 3.48	+ 1.39	- 0.51	- 2.11	- 3.39	- 4.59	- 5.61	- 6.43	- 7.25	20%
8%	+ 5.00	+ 2.31	+ 0.09	- 1.91	- 3.58	- 4.91	- 6.95	- 7.20	- 8.03	- 8.86	8%
8%	+ 5.50	+ 2.81	+ 0.59	- 1.41	- 3.08	- 4.41	- 5.45	- 6.70	- 7.53	- 8.36	10%
8%	+ 6.00	+ 3.31	+ 1.09	- 0.91	- 2.58	- 3.91	- 5.95	- 6.20	- 7.03	- 7.86	12%
8%	+ 6.75	+ 4.06	+ 1.84	- 0.16	- 1.83	- 3.16	- 4.10	- 5.45	- 6.28	- 7.11	15%
8%	+ 8.00	+ 5.31	+ 3.09	+ 1.09	- 0.58	- 1.91	- 3.95	- 4.20	- 5.03	- 5.86	20%
10%	+ 7.00	+ 4.14	+ 1.80	- 0.29	- 2.03	- 3.41	- 4.67	- 5.74	- 6.59	- 7.42	8%
10%	+ 7.50	+ 4.64	+ 2.30	+ 0.21	- 1.53	- 2.91	- 4.17	- 5.24	- 6.09	- 6.92	10%
10%	+ 8.00	+ 5.14	+ 2.80	+ 0.71	- 1.03	- 2.41	- 3.67	- 4.74	- 5.59	- 6.42	12%
10%	+ 8.75	+ 5.89	+ 3.55	+ 1.46	- 0.28	- 1.66	- 2.92	- 3.99	- 4.84	- 5.67	15%
10%	+ 10.00	+ 7.14	+ 4.80	+ 2.71	+ 0.97	- 0.41	- 1.67	- 2.74	- 3.59	- 4.42	20%
12%	+ 9.00	+ 5.98	+ 3.52	+ 1.34	- 0.45	- 1.88	- 3.17	- 4.25	- 5.11	- 5.93	8%
12%	+ 9.50	+ 6.48	+ 4.02	+ 1.84	+ 0.05	- 1.38	- 2.67	- 3.75	- 4.61	- 5.43	10%
12%	+ 10.00	+ 6.98	+ 4.52	+ 2.34	+ 0.55	- 0.88	- 2.17	- 3.25	- 4.11	- 4.93	12%
12%	+ 10.75	+ 7.73	+ 5.27	+ 3.09	+ 1.30	- 0.13	- 1.42	- 2.50	- 3.36	- 4.18	15%
12%	+ 12.00	+ 8.98	+ 6.52	+ 4.34	+ 2.55	+ 1.12	- 0.17	- 1.25	- 2.11	- 2.93	20%
15%	+ 12.00	+ 8.74	+ 6.11	+ 3.82	+ 1.94	+ 0.45	- 0.86	- 1.95	- 2.82	- 3.62	8%
15%	+ 12.50	+ 9.24	+ 6.11	+ 4.32	+ 2.44	+ 0.95	- 0.36	- 1.45	- 2.32	- 3.12	10%
15%	+ 13.00	+ 9.74	+ 7.11	+ 4.82	+ 2.94	+ 1.45	+ 0.14	- 0.95	- 1.82	- 2.62	12%
15%	+ 13.75	+ 10.49	+ 7.86	+ 5.57	+ 3.69	+ 2.20	+ 0.89	- 0.20	- 1.07	- 1.87	15%
15%	+ 15.00	+ 11.74	+ 9.11	+ 6.82	+ 4.94	+ 3.45	+ 2.14	+ 1.05	+ 0.18	- 0.62	20%

TABELLE DER ABGEZINSTEN KOSTENDIFFERENZ (BARWERTE) – KAUF/MIETE EINER EDV-ANLAGE IN PROZENT DES KAUFPREISES

i = Zinsfuß ↓ | n = Technische Lebensdauer (in Jahren) | j = Instandhaltungskosten in Prozent des Mietpreises ↓

i	1	2	3	4	5	6	7	8	9	10	j
4%	+ 0.96	- 2.55	- 9.16	- 18.55	- 29.52	- 41.10	- 54.26	- 67.26	- 80.15	- 94.01	8%
4%	+ 1.44	- 1.60	- 7.77	- 16.73	- 27.29	- 38.48	- 51.02	- 63.90	- 76.43	- 89.95	10%
4%	+ 1.92	- 0.66	- 6.38	- 14.92	- 25.06	- 35.86	- 48.02	- 60.53	- 72.71	- 85.90	12%
4%	+ 2.65	+ 0.75	- 4.30	- 12.20	- 21.73	- 31.92	- 43.51	- 55.48	- 67.14	- 79.81	15%
4%	+ 3.85	+ 3.11	- 0.83	- 7.66	- 16.16	- 25.37	- 36.01	- 47.06	- 57.84	- 69.67	20%
6%	+ 2.83	+ 0.88	- 4.30	- 12.16	- 21.52	- 31.42	- 42.37	- 53.47	- 64.14	- 75.44	8%
6%	+ 3.30	+ 1.80	- 2.97	- 10.43	- 19.42	- 28.96	- 39.58	- 50.36	- 60.74	- 71.76	10%
6%	+ 3.77	+ 2.71	- 1.63	- 8.70	- 17.31	- 26.50	- 36.79	- 47.26	- 57.34	- 68.08	12%
6%	+ 4.48	+ 4.09	+ 0.37	- 6.10	- 14.15	- 22.81	- 32.60	- 42.60	- 52.24	- 62.56	15%
6%	+ 5.66	+ 6.38	+ 3.72	- 1.77	- 8.98	- 16.67	- 25.62	- 34.84	- 43.74	- 53.36	20%
8%	+ 4.63	+ 4.12	+ 0.23	- 6.33	- 14.29	- 22.70	- 32.02	- 41.38	- 50.16	- 59.45	8%
8%	+ 5.09	+ 5.01	+ 1.52	- 4.67	- 12.30	- 20.39	- 29.41	- 38.50	- 47.04	- 56.10	10%
8%	+ 5.56	+ 5.90	+ 2.81	- 3.01	- 10.30	- 18.03	- 26.81	- 35.63	- 43.92	- 52.74	12%
8%	+ 6.25	+ 7,24	+ 4.74	- 0.53	- 7.31	- 14.15	- 22.81	- 32.60	- 42.60	- 52.24	15%
8%	+ 7.41	+ 9.47	+ 7.96	+ 3.61	- 2.32	- 8.83	- 16.40	- 24.14	- 31.42	- 39.32	20%
10%	+ 6.36	+ 7.19	+ 4.48	- 0.92	- 7.70	- 14.85	- 22.73	- 30.62	- 37.95	- 45.59	8%
10%	+ 6.82	+ 8.06	+ 5.72	+ 0.67	- 5.80	- 12.67	- 20.30	- 27.96	- 35.07	- 42.52	10%
10%	+ 7.27	+ 8.92	+ 6.69	+ 2.25	- 3.90	- 10.50	- 27.87	- 25.29	- 32.19	- 39.44	12%
10%	+ 7.95	+ 10.23	+ 8.83	+ 4.63	- 1.06	- 7.23	- 14.21	- 21.29	- 27.87	- 34.84	15%
10%	+ 9.09	+ 12.04	+ 11.94	+ 8.59	+ 3.68	- 1.79	- 8.13	- 14.62	- 20.67	- 27.16	20%
12%	+ 8.04	+ 10.11	+ 8.46	+ 4.07	- 1.62	- 7.73	- 14.47	- 21.11	- 27.23	- 33.50	8%
12%	+ 8.48	+ 10.95	+ 9.66	+ 5.59	+ 0.18	- 5.67	- 12.19	- 18.63	- 24.56	- 30.68	10%
12%	+ 8.93	+ 11.80	+ 10.86	+ 7.11	+ 1.98	- 3.62	- 9.90	- 16.15	- 21.90	- 27.85	12%
12%	+ 9,60	+ 13.06	+ 12.66	+ 9.38	+ 4.69	- 0.53	- 6.48	- 12.42	- 17.90	- 23.62	15%
12%	+ 10.72	+ 15.18	+ 15.66	+ 13.18	+ 9.19	+ 4.60	- 0.78	- 6.21	- 11.24	- 16.55	20%
15%	+ 10.44	+ 14.21	+ 13.95	+ 10.91	+ 6.50	+ 1.70	- 3.58	- 8.75	- 13.46	- 18.17	8%
15%	+ 10.88	+ 15.02	+ 12.33	+ 8.18	+ 3.59	- 1.50	- 6.51	- 11.07	- 15.66	- 15.09	10%
15%	+ 11.31	+ 15.84	+ 16.23	+ 13.76	+ 9.85	+ 5.49	+ 0.58	- 4.26	- 8.69	- 13.15	12%
15%	+ 11.96	+ 17.06	+ 17.94	+ 15.90	+ 12.37	+ 8.32	+ 3.70	- 0.90	- 5.11	- 9.39	15%
15%	+ 13.05	+ 19.09	+ 20.80	+ 19.47	+ 16.56	+ 13.05	+ 8.90	+ 4.71	+ 0.86	- 3.11	20%

Drei mögliche Werte sind bestimmend für die Entscheidungsfindung Kauf/Miete d.h. sie bilden den Entscheidungsvektor:

Wert von ΔKM	Entscheidung für
Δ KM $>$ 0	MIETE
Δ KM = 0	MIETE, KAUF – gleichwertig
Δ KM $>$ 0	KAUF

Moneta arbeitet in einer Durchrechnung seines Modells einen Aspekt heraus, der bislang in der Literatur unberücksichtigt geblieben ist, nämlich die Abhängigkeit der Mietkaufentscheidung vom zu Grunde gelegten Zinsfuß. Dies zeigt auch das Diagramm auf Seite 249, das den Verlauf der Miet/Kaufkostendifferenz auf Basis der Anschaffungskosten, unter der Annahme von 8-20% Instandhaltungs/Instandsetzungskosten auf Basis der Anschaffungskosten, und für die Varianten (4, 6, 8, 10, 12, 15%) des zu Grunde gelegten Zinsfußes, darstellt.

3.3.8.5 Sonderprobleme der Finanzierung

Leasing als Finanzierungsvariante

Die Mietentscheidung wurde in der ersten Periode der EDV-Maschineninstallationen beeinflußt durch

- die Vertriebspolitik der Herstellerunternehmen und durch
- die Auswahlpolitik der Anwenderunternehmen, für die zunächst keine Daten bezüglich technischer, wirtschaftlicher und Applikationslebensdauer vorhanden waren, die Mietverträge aber über die Instandhaltung/Instandsetzungsverträge hinaus den Ersatz der vorhandenen Maschinen durch die jeweils neuesten garantierten.

Mit dem Aufkommen des Leasing-Systems in den USA wurden die kapitalintensiven EDV-Maschinen in das Angebot der Leasing-Unternehmen aufgenommen. EDV-Maschinen werden bei diesem Verfahren mehrstufig verkauft. Das Leasing-Unternehmen kaufte die Anlage von der Herstellerfirma und gab sie in einem Kaufmietvertrag an das Anwenderunternehmen weiter. Bei der Finanzierung durch das Anwenderunternehmen müssen daher folgende Parameter berücksichtigt werden:

- Mietpreis (bei Miete vom Herstellerunternehmen)
- Leasingpreis (bei Kaufmiete vom Leasing-Unternehmen)
- Abschreibungsbetrag reduziert auf Miet/Leasingpreisbasis (beim Kauf vom Hersteller-Unternehmen).

Die im folgenden angeführte Aufstellung der Differenzbeträge Mietpreis/Leasingpreis zeigt eine hohe Differenz zugunsten eines Leasingsvertrages. Nach Ansicht des Verfassers resultiert dies aus der Basis der Berechnung eines 8-Jahres-Vertrages, was einer Entwicklungsperiode, in der die ursprünglich ausgelastete EDV-Maschine auf Grund von Erfahrungswerten technisch bereits überholt ist, entspricht. Da jedoch die herstellergemieteten EDV-Maschinen laufend durch die neueste Entwicklung ersetzt werden, kann allein die Tatsache, daß die EDV-Maschinen schließlich in das Eigentum des Anwenderunternehmens eingehen, nicht als Vorteil in das Entscheidungskalkül eingesetzt werden.

Tab. Vergleich Mietpreis/Leasingpreis [83, S. 30]:

Basisdaten:	Leasingdauer	8 Jahre
	Kaufpreis	308.068 $
	Mietpreis/m	69.672 $ (bei 1Schichtbetr.)
		83.604 $ (bei 2Schichtbetr.)
		97.536 $ (bei 3Schichtbetr.)
	Leasingpreis/m	48.910 $ (unabhängig von Auslastung)

Jahr	Miet/Leasingpreisdifferenz		
	bei 1-Schichtbetr.	bei 1 1/2-Schichtbetr.	bei 2-Schichtbetr.
1	$ 20.762	$ 34.694	$ 48.626
2	$ 41.524	$ 69.388	$ 97.252
3	$ 62.286	$ 104.082	$ 145.878
4	$ 83.048	$ 138.776	$ 194.504
5	$ 103.810	$ 173.470	$ 243.130
6	$ 124.572	$ 208.164	$ 291.756
7	$ 145.334	$ 242.858	$ 340.382
8	$ 166.096	$ 277.552	$ 389.008

Der positiven Miet/Leasingpreisdifferenz muß der Abschreibungsbetrag der schließlich gekauften EDV-Maschine gegenübergestellt werden. Für die kumulierten Leasing/Mietpreisdifferenzen wird sinngemäß der Restwert eingesetzt. Der break-even-Punkt ist der Schnittpunkt der Funktionen R und S (Restwert-R, Kumulativ-Differenzen-S) d.h. dort wo gilt

$$R = S$$

Das bedeutet genau der Zeitpunkt, an dem die eingesparten Mietbeträge den geminderten Restwert ausgleichen. Mit den Angaben aus der Gegenüberstellung erhalten wir folgendes Diagramm (Linearer Abschreibungsverlauf unterstellt) [83, S. 32]:

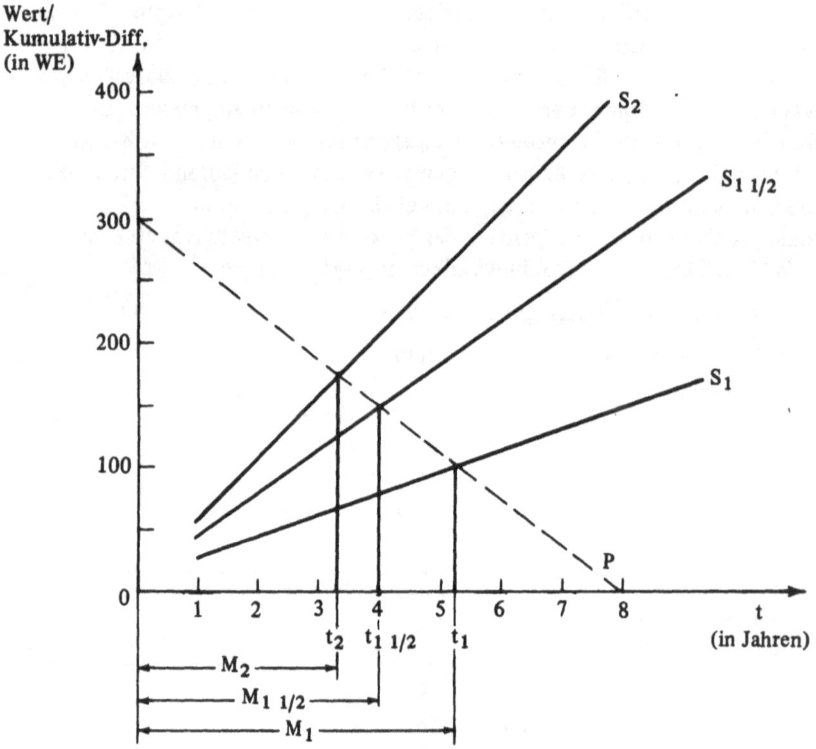

Die Leasing/Mietentscheidung wird damit zur Funktion der

- *Auslastung* (1-, 2-, 3-Schichtbetrieb)
- *Entwicklung* (technische, wirtschaftliche etc. Entwicklungszyklus klein/gleich/größer als Anzahl der Jahre bis zum break-even-Punkt)
- *Miet/Leasingspreisdifferenz*

Für die Finanzierungswahl des Anwenderunternehmens bei wie im angeführten Beispiel gegebenen Miet/Leasingpreisdifferenzen reduziert sich die Entscheidung auf eine Beurteilung der zukünftigen Entwicklung im Unternehmen (Auslastungsgrad) und der Entwicklung auf dem EDV-Maschinenmarkt (Entwicklungszyklus), also auf das Problem des wirtschaftlichen Horizontes.

Die Inanspruchnahme von DV/Rechenunternehmen als Finanzierungsvariante

Die Inanspruchnahme eines DV/Rechenbetriebes (Rechenzentrum, Servicebüro) kann deshalb die Wahl einer Finanzierungsvariante und nicht Frage der Ausgliederung einer Unternehmensfunktion darstellen, weil es funktionell irrelevant ist, an welchem Ort und zwar in- oder außerhalb des Unternehmensareals sich die in den Unternehmensprozess integrierte EDV-Maschine für genau die Zeit, in der sie durch Programme des Unternehmens beansprucht wird, befindet. Auch etwaige Systemunterstützung durch Personal des Außerunternehmens-„DV/Rechenzentrums" beeinflußt nicht den Finanzierungscharakter der Entscheidungen, da in aller Regel die Systemumstellarbeit auch bei Vorhandensein einer EDV-Maschine *im* Unternehmen (= DV/Rechenabteilung) unter Heranziehen von externen Beratern erfolgt. Die Entscheidung, verwenderunternehmenseigene EDV-Maschine oder Inanspruchnahme eines unternehmensfremden DV/Rechenunternehmens, das in einem anderen Unternehmen eine DV/Rechenabteilung sein kann, erfolgt ausschließlich im Zusammenhang mit der Wirtschaftlichkeitsbeurteilung und der Finanzierungsfrage. An Stelle der Kostenertragsrechnung bei DV/-Rechenabteilungen tritt eine Preis/Ertrags-Überlegung. Finanzierungsrelevant wird das Problem dadurch, daß der Finanzierungsbedarf auf die für das Anwenderunternehmen variablen Verarbeitungspreise der Programmläufe reduziert wird.

Arten der DV/Rechenunternehmen [89, 1. Blatt ff.]

Nach den Eigentumsverhältnissen und damit nach finanzierungsunabhängigen Komponenten können die Erscheinungsformen von DV/Rechenunternehmen gruppiert werden:

- DV/Rechenunternehmen mit Eigentumsanteil der Anwenderunternehmen:
  - DV/Rechenunternehmen aus freiwilliger/nichtinstitutionalisierter zwischenbetrieblicher Kooperation. Übergangsform: Mehrere Anwenderunternehmen legen ihre DV/Rechenabteilungen *lokal* am Aufstellungsort der EDV-Maschine zusammen. *Ziel:* Kostenminimierung durch Vollauslastung der eigenen EDV-Maschine.
  - DV/Rechenunternehmen aus freiwilliger/institutionalisierter zwischenbetrieblicher Kooperation (Institutionalisierte Vereinigungen, mit DV/Rechenunternehmen zur Erfüllung/Lösung gemeinsamer Probleme) *Ziel:* volle Ausgliederung von bestimmten EDV-Maschinen aus dem Anwenderunternehmen (Möglichkeit des völligen Verzichts auf eigene Problemlösungen) – Kostenminimierung (mittelbares Eigentum durch Vereinigungsmitgliedschaft)
- DV/Rechenunternehmen ohne Eigentumsanteil der Anwenderunternehmen:
  - DV/Rechenunternehmen der Herstellerunternehmen

Ziel: Gewinnmaximierer als selbständige Unternehmen im Besitz der Herstellerunternehmen
Installationshilfe durch Übernahme von bestimmten Problemlösungen während der Installation einer EDV-Maschine, die durch die besitzende Herstellerfirma verkauft wurde

Marketing: Übernahme von Anwenderproblemlösungen mit dem Ziel, den Anwenderunternehmer auf die Einrichtung einer unternehmensinternen DV/Rechenabteilung mit eigener EDV-Maschine vorzubereiten
- DV/Rechenunternehmen als selbständige Unternehmen:
Ziel: Gewinnmaximierer als Dienstleistungsbetrieb. Ziel der Verwender: Ausschaltung des eigenen Finanzierungsproblems.

Arten der durch die DV/Rechenunternehmen angebotenen Leistungen

In höherem Maße als die Finanzierungsaufteilung ist die Abwälzung des Finanzierungsproblems durch Inanspruchnahme von DV/Rechenunternehmen ohne Eigentumsanteil der Anwenderunternehmen relevant. Deren angebotene Leistungen stehen dem Anwenderunternehmen zur Auswahl und sind die Grundlage der Entscheidung zur möglichen bzw. rationalen Inanspruchnahme. In Anspruch können genommen werden:

○ Hard-ware (mit EDV-Maschinen-Soft-ware-Grundausstattung)
Miete von Maschinenzeit
(in diesem Falle ist das Heranziehen eines DV/Rechenunternehmens *ausschließlich* eine Finanzierungsentscheidung)

○ Soft-ware (über die EDV-Maschinen-Soft-ware-Grundausstattung hinausgehend) und zwar:
- die Benutzung von bereits erstellten Programmen
- die Erstellung von anwenderunternehmensadäquaten Sonderprogrammen.

In beiden Fällen handelt es sich um gemischte Formen:

○ Soft-ware-Miete/Programmierermiete – Ausgliederung der unternehmerischen Funktion „Organisation"

○ Hard-ware Miete zur Produktion der obigen Programme, Lösungsvorschläge etc. – Finanzierungsentscheidung.

Vorteile der Finanzierungsform „Inanspruchnahme von DV/Rechenunternehmen"
[84, S. 23 ff; 74, S. 179; 54, S. 340]

Der als Zielsetzung unterstellte Vorteil der Finanzierungsmethode ist die Auflösung des Finanzierungsrahmens einer für das Anwenderunternehmen anzuschaffenden EDV-Maschine in einzelne, den organisierten Systemen direkt zurechenbaren Preise für verschiedenartige Inanspruchnahme und die Reduktion des Problems auf die Finanzierung *dieser* Teilleistungen. Dazu tritt das vollkommene Abwälzen des Investitionsrisikos vom Anwenderunternehmen auf das DV/Rechenunternehmen, das in den Preisen für Inanspruchnahme nur teilweise rückgewälzt wird, da das Risiko vom EDV/Rechenunternehmen auf alle Kunden aufgeteilt werden kann.

Auf die Möglichkeit der Erzielung von Schattenerträgen und den zusätzlichen Erträgen aus den dabei möglich werdenden Reinvestitionen sei hingewiesen.

Zusätzliche Vorteile seien demonstrativ aufgezählt [55, 2. Blatt ff.]:

- Vermeiden von Investitionen
  - in die Sachapparatur
  - in die Personalinfrastruktur (Personalkosten *und* Personalausbildungskosten)
- Vermeiden der Probleme:
  - optimale Anlagenauswahl
  - optimale Installation
  - optimaler Produktionsbetrieb (Arbeitsvorbereitung und optimale Kapazitätsauslastung)
- Vermeiden der Probleme der Instandhaltung/Instandsetzung
- Wegfall von Stehzeiten bzw. des Risikos des Maschinenbruchs, das bestehen bleibt, auch wenn durch einen Instandhaltungs/Instandsetzungsvertrag die Kosten der Reparatur durch die Herstellerunternehmen getragen werden.

Kapazitätsüberlegungen als Entscheidungsgrundlage für die Finanzierungsform „Inanspruchnahme von DV/Rechenunternehmen"

Das gewinnmaximierende DV/Rechenunternehmen bietet dem Anwenderunternehmen seine Dienstleistung bzw. seine Kapazität variabel z.B. pro Buchungszeile, pro Statistikwert, pro PERT-Rechenlauf an. Dem Entscheidenden steht dagegen der sprungfixe Kostenverlauf seiner eigenen Aggregate gegenüber. EDV-Maschinen, die nach dem Baukastenprinzip ausgelegt sind, entsprechen dieser Annahme.

Es zeigt sich daher für alle Teilbereiche, wie Lochen, Prüfen, Sortieren, Mischen, Rechnen, Verknüpfen, Peripher Speichern, folgender charakteristischer Verlauf eines Vergleiches.

Vergleich: Kosten von anwenderunternehmensinternen EDV-Maschinen. Preis bei Inanspruchnahme eines DV/Rechenbetriebes [89, 2. Blatt]:

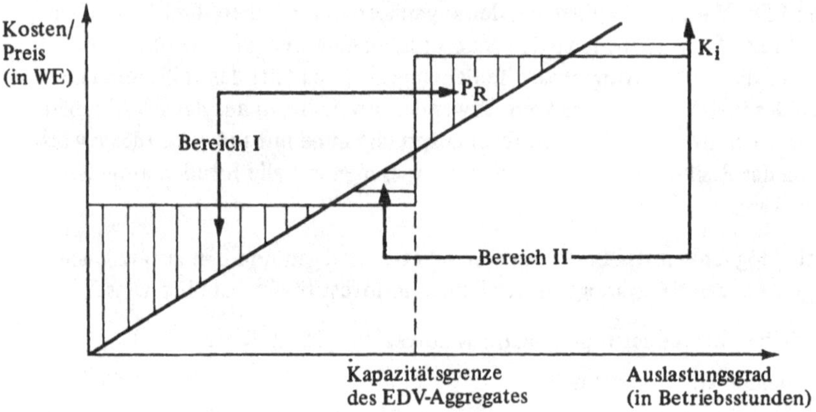

P_R .... Preis bei Inanspruchnahme eines DV/Rechenbetriebes

K_I .... Kosten (für gleiche Leistung) bei anwenderunternehmensinternen EDV-Aggregaten

Bereich I.... Inanspruchnahme des DV/Rechenbetriebes ist günstiger

Bereich II ... anwenderunternehmensinterne EDV-Aggregate sind günstiger

Preisstrategie der Herstellerunternehmen

Zur Frage der Finanzierungsmöglichkeiten der EDV-Maschinen tritt das Problem der Transparenz der Angebote und Angebotsverfahren im Markte.

Der EDV-Maschinen-Markt hat spezifische Angebots/Preisstrategien entwickelt: (s. Abb. auf nächster Seite).

Die Entwicklung auf dem EDV-Maschinen-Markt seit 1960 hat gezeigt [82, S. 41 ff.], daß die Herstellerunternehmen, ungeachtet eines versteckten Ausgleichs durch Höhersetzen des entsprechenden Preises bei ungünstiger Angebotsstrategie, diese Varianten unterschiedlich schätzen. Und zwar in der Reihenfolge Variante 111, Variante 112, ... Variante 220. Das scheint dadurch bewiesen zu sein, daß sich die Strategien mit der Entwicklung des EDV-Anlagenmarktes vom Monopolmarkt zum Oligpol mit *einem* dominierenden Anbieter in dieser Reihenfolge herausgebildet haben.

Auf ein besonderes Problem weist im Zusammenhang mit den Angebotsstrategien *Sharpe* [82, S. 243] hin; wie aus der folgenden Abbildung hervorgeht, werden kapazitätsbedingte Mietpreise P_m nicht erstellt, um die höheren Instandhaltungskosten/Instandsetzungskosten abzugelten, sondern um den höheren Nutzen der Anlagenausnutzung durch das Anwenderunternehmen abzuschöpfen.

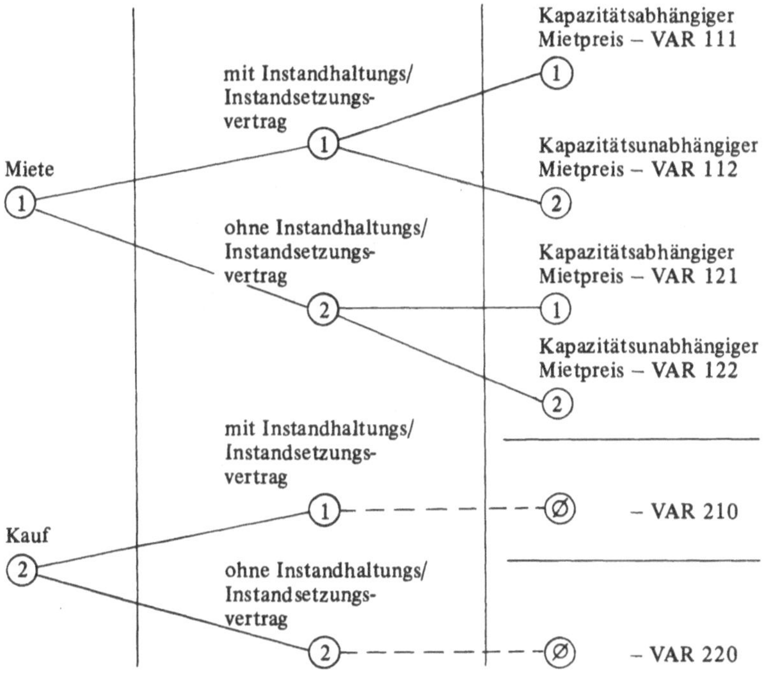

Beweis: die Instandhaltungs/Instandsetzungskosten K_j rückgerechnet aus dem Mietpreis mit Instandsetzungs/Instandhaltungsvertrag $P_{m(i)}$ bzw. dem Mietpreis ohne Instandsetzungs/Instandhaltungsvertrag P_m ändert sich unterproportional mit der steigenden Anlagenauslastung.

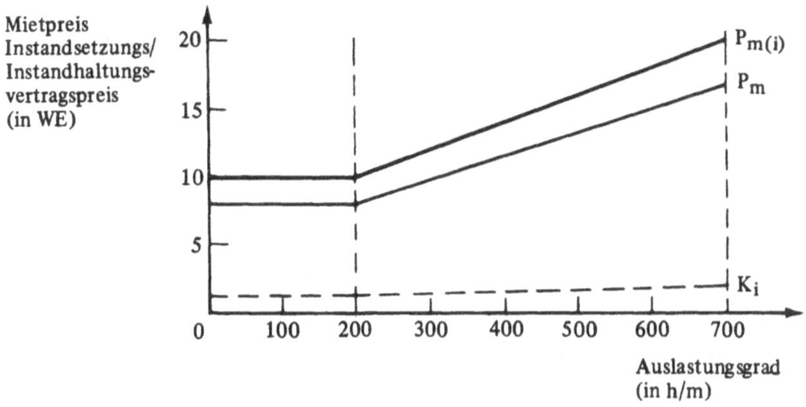

Literaturverzeichnis

Bücher

[1] *Angermann, A.:* Entscheidungsmodelle. Frankfurt a.M. 1963.
[2] *Ackoff, R.L.* (ed.): Progress in Operations Research I. New York, London
[3] *Busse von Colbe, W. u. R. Mattesich* (Hrsg.): Der Computer im Dienst der Unternehmensführung. Bochum 1968.
[4] *Danø, S.:* Linear Programming in Industry. Theory and Application. An Introduction. Wien, New York 1968.
[5] *Frelink, T. P.* (ed.): The Economics of Automatic Data Processing. Papers presented at the International Computation Centre Rome. Amsterdam 1965.
[6] *Futh, H.:* Elektronische Datenverarbeitungsanlagen II: Organisation der Datenverarbeitung. München, Wien 1965.
[7] *Görtler, H.* (Hrsg.): Leitfäden der Angewandten Mathematik und Mechanik. Stuttgart 1964.
[8] *Hertz, D. B., a. R. T. Eddison* (ed.): Progress in Operations Research II. New York, London, Sydney
[9] *Illetschko, L. L.:* Unternehmenstheorie. Elemente rationaler Betriebslenkung. Wien 1964
[10] *Kraus, Herbert:* Einführung in die betriebliche Datenverarbeitung. Wien 1966.
[11] *Kraus, H. u.a.:* Arbeitsaspekte. Festgabe zum 65. Geburtstag von L.L. Illetschko. Wien 1967.
[12] *Lindemann, Peter:* Aufbau und Arbeitsweise Elektronischer Datenverarbeitungsanlagen. In: Praxis der Elektronischen Datenverarbeitung. Hrsg. v. Ausschuß für Wirtschaftliche Verwaltung. 1967.
[13] *Littmann, H.E.* (Hrsg.): Handbuch der Maschinellen Datenverarbeitung. Stuttgart 1964 ff. (Lose-Blatt-Ausgabe)
[14] *Schneider, Rudolf:* Computer sinnvoll nutzen. Technik und Anwendung Informationsverarbeitender Maschinen. Düsseldorf, Wien 1966.
[15] *Steinbuch, Karl* (Hrsg.): Taschenbuch der Nachrichtenverarbeitung. Berlin, Göttingen, Heidelberg 1962.
[16] *Wenger, P.:* An Introduction to Symbolic Programming. Griffin's Statistical Monographs and Courses.
[17] *Wentzel, J.S.:* Elemente der Dynamischen Programmierung. München, Wien 1966.
[18] *Wiener, N.:* Cybernetics or Control and Communication in the Animal and the Machine. New Yor, Paris 1948.
[19] *Wilson, I.G., a. M.E. Wilson:* Information, Computers and System Design. New York, London, Sydney 1965.
[20] *Winkler, Heinz:* Anleitung zum praktischen Gebrauch von PL/1. München, Wien 1967.

Zeitschriftenaufsätze und Beiträge in Sammelwerken

[21] *Allon, Y.:* Goals and Criteria in ADP Systems in The Economics of A.D.P. Amsterdam 1965.
[22] *Appleton, W.J.:* Measurement of Profitability in A.D.P. Approaches and Criteria of Assessing Profitability in A.D.P. In: The Economics of A.D.P. Amsterdam 1965.
[23] *Archibald, R.D.:* Pert and the Role of the Computers. In: Computers and Automation for July 1963.

[24] *Bauer, Heinhold, Samelson, Sauer:* Moderne Rechenanlagen. In: Leitfäden der angewandten Mathematik und Mechanik. Stuttgart 1964.

[25] *Bellmann, R.:* Computers and Decision Making. In: Computers and Automation for January 1963.

[26] *Bemer, R.W.:* Economics of Programming Production. In: The Economics of A.D.P. Amsterdam 1965.

[27] *Benay, J.:* General Considerations on the Economics of A.D.P. In: The Economics of A.D.P. Amsterdam 1965.

[28] *Berkeley, E.C.:* The Programming Language LISP. An Introduction and Appraisal. In: Computers and Automation for September 1964.

[29] *Berkmann, H.G.:* The Economics of A.D.P. in Public Administration in the U.S.A. in: The Economics of A.D.P. Amsterdam 1965.

[30] *Bottenbruch, H.:* Programmierung. In: Taschenbuch der Nachrichtenverarbeitung. Berlin, Göttingen, Heidelberg 1962.

[31] *Brandon, D.H., a. F. Kirch:* Performance Standards. In: Computers and Automation for July 1964.

[32] *Brandon, D.H. a. F. Kirch:* Standards for Computer Programming I. In: Computers and Automation for April 1964.

[33] *Brandon, D.H. a. F. Kirch:* Standards for Computer Programming II. In: Computers and Automation for May 1964.

[34] *Brandon, D.H. a. F. Kirch:* System Analysis Standards. In: Computer and Automation for December 1963.

[35] *Brenner, J.R.:* Towards a Value Theory of Information. In: The Economics of A.D.P. Amsterdam 1965.

[36] *Brenza, J.G.:* An Analysis of File Storage Equipment Selection and Data Allocation Strategies for Shared Computer Systems. In: The Economics of A.D.P. Amsterdam 1965.

[37] *Boullet, B.:* An Example of Computer Use for Mass Processing Aiming at Maximum Profitability. In: The Economics of A.D.P. Amsterdam 1965.

[38] *De Bruijn, W.K.:* The Choise between Renting and Buying Computers. In: The Economics of A.D.P. Amsterdam 1965.

[39] *De Jaeger, P.:* Experience with Control on Efficient Computer Use with a Large Computer Center. In: The Economics of A.D.P. Amsterdam 1965.

[40] *Dixon, P.:* Decision Tables and their Application. In: Computers and Automation for April 1964.

[41] *Dopping, O.:* Selection of the most Economical Type of Direct Access Storage. In: In: The Economics of A.D.P. Amsterdam 1965.

[42] *Dupin de Saint Cyr, J.:* An Attempt to Lay the Foundations for a Realistic Study of the Economics of A.D.P. in Banking. In: The Economics of A.D.P. Amsterdam 1965.

[43] *Ehrlich, H.:* Aufbau und Programmierung von Datenverarbeitungsanlagen. In: Der Computer im Dienste der Unternehmensführung. Bochum 1968.

[44] *Farr, L. a. H.J. Zagorski:* Quantitative Analysis of Computer Programming. A Progress Report. In: The Economics of A.D.P. Amsterdam 1965.

[45] *Faust, B.:* Der Einsatz Elektronischer Datenverarbeitungsanlagen 1. In: Zeitschrift für Organisation-ZfO 32, 1963.

[46] *Faust, B.:* Der Einsatz Elektronischer Datenverarbeitungsanlagen 2. In: Zeitschrift für Organisation-ZfO 33, 1964.

[47] *Faust, B.:* Elektronik. Die Organisation Permanenter Datenverarbeitung 1. In: Zeitschrift für Organisation-ZfO 33, 1964.

[48] *Faust, B.:* Elektronik. Die Organisation Permanenter Datenverarbeitung 2. In: Zeitschrift für Organisation-ZfO 33, 1964.

[49] *Faust, B.:* Elektronik. Die Organisation Permanenter Datenverarbeitung 3. In: Zeitschrift für Organisation-ZfO 33, 1964.

[50] *Favre, M.:* The Economics of A.D.P. and the Development of Criteria for Profitability Analysis. In: The Economics of A.D.P. Amsterdam 1965

[51] *Gartner, G.J.:* Economic Analysis of an A.D.P. Expansion Program. In: The Economics of A.D.P. Amsterdam 1965.

[52] *Griffin, W.D.:* Analysis of an Investment Analysis Investment. In: The Economics of A.D.P. Amsterdam 1965.

[53] *Gscheidle, K., u. A. Jordt:* Datenverarbeitung als Organisationsproblem. In: Zeitschrift für Organisation-ZfO 34, 1967.

[54] *Huskey, H.D.:* Economics of On-Line and Batch Processing Computing in an University. In: The Economics of A.D.P. Amsterdam 1965.

[55] *Kerscht, H.W.:* AC-Service, Gesellschaft für Automatische Datenverarbeitung. In: Handbuch der Maschinellen Datenverarbeitung. Stuttgart 1964 ff. (Lose-Blatt-Ausgabe)

[56] *Kettel, E.:* Funktionsgruppen von Analogsystemen. In: Taschenbuch der Nachrichtenverarbeitung. Berlin, Göttingen, Heidelberg 1962.

[57] *Kliem, H.:* Kostenanalyse der Datenerfassung. In: Organisation und Betrieb–O+B 11, 1967.

[58] *Klinger, Hans:* Programmierte Kontrollen bei Elektronischer Datenverarbeitung. In: Handbuch der Maschinellen Datenverarbeitung. Stuttgart 1964 ff. (Lose-Blatt-Ausgabe)

[59] *Kraus, Herbert:* Probleme der Ordnungsmäßigen Buchführung bei Einsatz Elektronischer Datenverarbeitungsanlagen. In: Wirtschaftlichkeit. Organ des Österr. Kuratoriums für Wirtschaftlichkeit, (ÖKW), des Österreichischen Produktivitätszentrums (ÖPZ) und des Instituts für Betriebswirtschaft, Steuerrecht und Organisation der Kammer der Wirtschaftstreuhänder 4, 1966.

[60] *Kraus, Herbert:* Die Elemente der wirtschaftlichen Nutzung von elektronischen Datenverarbeitungsanlagen. In: Arbeitsaspekte. Wien 1967.

[61] *Layton, R.A.:* Some Aspects of The Economics of a System Study from the Point of View of the Equipment Supplier. In: The Economics of A.D.P. Amsterdam 1965.

[62] *Lelard, L.:* Choice of a Storage Utility for very Large Files in Management Applications. In: The Economics of A.D.P. Amsterdam 1965.

[63] *Lindemann, Peter:* Planung einer Elektronischen Datenverarbeitungsorganisation. In: Handbuch der Maschinellen Datenverarbeitung. Stuttgart 1964 ff. (Lose-Blatt-Ausgabe)

[64] *Littmann, H.E.:* Organisation und Wirtschaftlichkeit bei Maschineller Datenverarbeitung. In: Handbuch der Maschinellen Datenverarbeitung. Stuttgart 1964 ff. (Lose-Blatt-Ausgabe)

[65] *Marwedel, H.:* Die Wirtschaftlichkeit von Elektronischen Datenverarbeitungsanlagen. In: Der Computer im Dienst der Unternehmensführung. Bochum 1968.

[66] *Mattesich, R.:* Systemsimulation und neue Aufgaben des Betrieblichen Rechnungswesens. In: Der Computer im Dienst der Unternehmensführung. Bochum 1968.

[67] *Matzloff, Ch.:* Computers and Business Organization. In: The Economics of A.D.P. Amsterdam 1965.

[68] *Meeuwis, A.:* Organizing for Information Systems. In: The Economics of A.D.P. Amsterdam 1965.

[69] *Meyringer, Erich:* Kontrollen in der Modernen Datenverarbeitung. In: Organisation und Betrieb–O+B 7, 1967.

[70] *Mirani, A. u. H.E. Schmidt:* Investitionsrechnung. Ein Anwendungsfall für den Computer. In: Der Computer im Dienst der Unternehmensführung. Bochum 1968.

[71] *Molnar, T.P.:* Advanced Application for Computers. The Economic Justification for Further Expansion. In: The Economics of A.D.P. Amsterdam 1965.

[72] *Moneta, J.:* Hire or Purchase of A.D.P. Equipment. In: The Economics of A.D.P. Amsterdam 1965.

[73] *Morgenthaler, G.W.:* The Theory and Application of Simulation in Operations Research. In: Progress in Operations Research I. New York, London

[74] *Moshammer, G.W.:* Elektronische Datenverarbeitung auch für Klein- und Mittelbetriebe. In: Wirtschaftlichkeit 4, 1966.

[75] *Norman, S.:* The Theory of Computability. In: Computers and Automation for January 1963.

[76] *Piloty, R.:* Datenverarbeitung. In: Taschenbuch der Nachrichtenverarbeitung. Berlin, Göttingen, Heidelberg 1962.

[77] *Price, D.G.:* The Development of Computer Centralization. In: The Economics of A.D.P. Amsterdam 1965.

[78] *Sammet, J.E.:* Roster of Programming Languages. In: Computer and Automation for June 1967.

[79] *Schang, K.E.:* Economics of A.D.P as Experienced with Trygg-Fylgia Ins. in Stockholm In: The Economics of A.D.P. Amsterdam 1965.

[80] *Schneller, H.:* Unterschiedliche Organisationserfordernisse bei maschineller und manueller Datenverarbeitung. In: Organisation und Betrieb – O+B 10, 1967.

[81] *Schreiter, D.:* Simulationsmodelle als Bestandteil von Systemen der Elektronischen Datenverarbeitung. In: Impuls. Informationsorgan für Organisation, Automation, Datenübermittlung und Datentechnik 4, 1967.

[82] *Sharpe, W.F.:* Computer Prizing Policies from an Economist's Point View. In: The Economics of A.D.P. Amsterdam 1965.

[83] *Sheridan, R.:* The Economics of Lease vs. Rental of Computers. In: Computers and Automation for July 1964.

[84] *Smith, A.P.:* Choosing a Service Bureau. In: Computers and Automation for December 1964.

[85] *Sprague, R.E. a. R.R. Crane:* Information Utilities. In: The Economics of A.D.P. Amsterdam 1965.

[86] *Statland, N.:* Methods of Evaluating Computer Systems Performance. In: Computers and Automation for February 1964.

[87] *Steiner, C.F.:* Netzplantechnik. In: Impuls. Informationsorgan für Organisation, Automation, Datenübermittlung und Datentechnik 4, 1967.

[88] *Steiner, C.F.:* Netzplantechnik (Nachtrag). In: Impuls. Informationsorgan für Organisation, Automation, Datenübermittlung und Datentechnik 5, 1967.

[89] *Teske, H.:* Datenverarbeitung außer Haus. Der dritte Weg. In: Handbuch der Maschinellen Datenverarbeitung. Stuttgart ab 1964 ff. (Lose-Blatt-Ausgabe)

[90] *Thuring, B.:* Theorie der typen-unabhängigen Programmiersprachen und ihre Abgrenzung gegen Lebende Sprachen. In: Der Computer im Dienst der Unternehmensführung. Bochum 1968.

[91] *Turnham, D.J.:* Making an ADP Installation Work on a Profitable Basis. In: The Economics of A.D.P. Amsterdam 1965.

[92] *Ulam, St.M.:* Electronic Computers and Scientific Research 1. In: Computers and Automation for August 1963.

[93] *Ulam, St.M.:* Electronic Computers and Scientific Research 2. In: Computers and Automation for September 1963.

[94] *Van Court, Hare Jr.:* Systems Analysis. In: Progress in Operations Research II. New York, London, Sydney

[95] *Van de Kamp, J.A.:* Elektronische Datenverarbeitung als Führungsinstrument. Information für die Unternehmensspitze. In: Wirtschaftlichkeit 2, 1965.

[96] *Viesi, D.:* Progress in Automation with Banco di Roma. In: The Economics of A.D.P. Amsterdam 1965.

[97] *Vlcek, J.:* Systems Analysis in an Economic Management Automation Design. In: The Economics of A.D.P. Amsterdam 1965.

[98] *Vysusil, J.:* Aggregate Models From Partial Models. In: The Economics of A.D.P. Amsterdam 1965.

[99] *Weber, Karl:* Projektanalyse mit PERT. In: Industrielle Organisation. Schweizerische Zeitschrift für Betriebswissenschaft. 5, 1967.

[100] *Weber, Karl:* Projektanalyse unter Verwendung des Theorems von Bayes. In: Industrielle Organisation. Schweizerische Zeitschrift für Betriebswissenschaft. 7, 1967.

[101] *Weinwurm, G.F.:* The Management of Information Processing. In: The Economics of A.D.P. Amsterdam 1965.

[102] *Williams, Qu.N.*, a.o.: A Methodology for Computer Selection Studies. In: Computers and Automation for May 1965.

[103] *Zuse, K.:* Die Entwicklung der Programmgesteuerten Rechenanlagen. In: Der Computer im Dienst der Unternehmensführung. Bochum 1968.

[104] Characteristics of General Purpose Digital Computers. In: Computers and Automation for June 1967.

[105] Over 1200 Applications of Computers. In: Computers and Automation for June 1967.

[106] Vorbereitung für die Umstellung auf eine Elektronische Rechenanlage. In: Zeitschrift für Organisation-ZfO 2, 1967.

Dissertationen und Diplomarbeiten

[107] *Bezold, P.:* Die Betriebswirtschaftliche Einsetzbarkeit des Elektronischen Analogrechners. Diss. Hochschule für Welthandel. Wien 1967.

[108] *Fick, Ingrid:* Die Datenverarbeitung in Österreich. Das Untersuchungsergebnis. Diplom-Hausarbeit Hochschule für Welthandel. Wien 1969.

[109] *Heinz, Johann:* Die Ermittlung der Wirtschaftlichkeit Elektronischer Rechenanlagen bei Einsatz im Betrieb. Diss. Hochschule für Welthandel. Wien 1967.

[110] *Schweidlenka, Bernd:* Die Wirtschaftlichkeit von Informationsprozessen. Diss. Hochschule für Welthandel. Wien 1967.

Firmenbroschüren und Sonstiges

[111] *Artmann, Walter, u. Manfred Klee:* Ist die Installation einer EDV-Anlage ein Wagnis? Erfahrungsbericht der Winterthur-Versicherung Direktion für Deutschland. In: IBM-Nachrichten, 192, Dezember 1968.

[112] *Baucke, W.H.:* Die Optimierung der Aufnahmefrequenz von Checkpoints. In: IBM-Nachrichten 194, April 1969.

[113] *Claes, M. e. G.E. Ortner:* Essais pour l'Urbaine & la Seine. Siemens-France-Document interne. Paris 1967 (nicht veröffentlicht).

[114] *Forner, H.:* CSMP-Blockorientierte Sprachen zur Digitalen Simulation Dynamischer Systeme. In: IBM-Nachrichten 187, Februar 1968.
[115] *Glowatzki, E.:* Vorbereitung, Organisation und Betrieb eines Rechenzentrums. In: IBM-Nachrichten 136, August 1958.
[116] IBM-Systems Reference Library: System/360 Timing Information File S360–01– Form a22–6825–1.
[117] IBM: General Purpose Systems Simulator II. Data Processing Application 1963.
[118] IBM: Ausbildungsprogramm der IBM-Österreich für 1969. Wien 1969.
[119] *Klingberg, Günter:* Strukturen eines Betriebssystems 2. Die weiteren Systemfunktionen des DOS/360. In: IBM-Nachrichten 187, Februar 1968.
[120] *Lutz, Th. u. P. Miottke:* Management Information System. Der Weg zu einem MIS. In: IBM-Nachrichten 196, 1969.
[121] *Müller-Schönberger, G.:* Kybernetik und Organisation. In: Data Report. Siemens-Information über Datentechnik 3, 1966.
[122] *Nelson, E.A.:* (The Rand Corporation) A Working Definition of Real Time Control. Santa Monica 1965.
[123] RCA: Radio Corporation of America Assembly System Reference Manual (POS/TOS/ TDOS) 70–00–602. December 1966.
[124] RCA: Radio Corporation of America/ 70–00–08 Tape Operating System (TOS) – Tape-Disc Operating System (TDOS). File Control Processor and Executive Communication Macros Reference Manual. December 1966.
[125] *Sessler, H., e. M.Manier:* Programmes de Service–TRI.Siemens–France (Document interne) Paris 1967 (nicht veröffentlicht).
[126] Siemens & Halske Aktiengesellschaft – Wernerwerk für Telegraphen- und Signaltechnik. Siemens System 4004–Allgemeine Beschreibung. April 1966.
[127] Die Österreichische DV-Kartei. Ergebnisse der EDV-Erhebung Österreich 1969/70. Wien 1969 ff. (nicht veröffentlicht)

Namenregister

Sachregister

FSC
www.fsc.org
MIX
Papier | Fördert gute Waldnutzung
FSC® C083411

Kolibri 360 GmbH
Ferdinand-Jühlke-Straße 7
99095 Erfurt, Deutschland
produktsicherheit@kolibri360.de